高等职业教育酒店管理专业教学改革教材

餐饮服务与管理

主　编　花立明　胡晓涛
副主编　黄艳婷　李　征　李　丽

中国轻工业出版社

图书在版编目（CIP）数据

餐饮服务与管理/花立明，胡晓涛主编. —北京：中国轻工业出版社，2022. 2
高等职业教育“十三五”规划教材
ISBN 978 - 7 - 5184 - 1032 - 3

Ⅰ. ①餐…　Ⅱ. ①花…　②胡…　Ⅲ. ①饮食业—商业服务—高等职业教育—教材
Ⅳ. ①F719. 3

中国版本图书馆 CIP 数据核字（2016）第 164142 号

策划编辑：张文佳
责任编辑：张文佳　李　红　　责任终审：孟寿萱　　封面设计：锋尚设计
版式设计：王超男　　　　　　责任校对：吴大朋　　责任监印：张京华

出版发行：中国轻工业出版社（北京东长安街 6 号，邮编：100740）
印　　刷：北京君升印刷有限公司
经　　销：各地新华书店
版　　次：2022 年 2 月第 1 版第 5 次印刷
开　　本：787 × 1092　1/16　印张：14. 75
字　　数：330 千字
书　　号：ISBN 978 - 7 - 5184 - 1032 - 3　　定价：35. 00 元
邮购电话：010 - 65241695
发行电话：010 - 85119835　传真：85113293
网　　址：http：//www. chlip. com. cn
Email：club@ chlip. com. cn
如发现图书残缺请与我社邮购联系调换
220131J2C105ZBW

前言

随着中国的国际化开放式旅游概念的形成，中国旅游业的快速发展对旅游酒店人员的素质提出了更高的要求，培养高素质酒店人才已成为我们的光荣使命。作为培养高职酒店管理人才的摇篮，我们认为有义务将自己长期的教学改革实践成果总结提炼出来，与大家共同分享与探讨。

本书以传授“必需、够用、实用”的知识为原则，从酒店餐饮各岗位的任务和职业能力分析入手，以职业领域工作过程为参照，遵循“循岗导教”的原则来确定教材内容。全书分为餐饮岗位认知、基本操作技能、综合服务技能、餐饮经营设计、餐饮日常管理五个学习项目，21 个学习性工作任务。在教材的编写中，通过收集餐饮服务与基层管理岗位大量的工作素材及行业中发生的经典案例来充实教材内容。在培养学生掌握必要的基础理论和专业知识的基础上，培养学生良好的综合职业素养。与同类教材相比较，本书具有如下特点：

（1）以真实的工作任务及其工作过程为依据重新整合、序化教学内容。教材内容突出职业能力培养，切合企业真实的工作任务及工作过程，重新序化和整合教学内容，贯穿整个教材内容的一条主线是岗位认知—服务技能—经营设计—管理技能，由浅入深，将符合同一类型职业能力的相关内容组合成独立的项目。

（2）突出以能力为本位的职业教育理念，重视实践能力的培养。理论知识以必需和够用为度，突出了实践性教学内容，努力营造酒店职场的氛围，采用任务驱动方式引出主要知识点，有效填补教学与学生实际工作岗位的脱节。

（3）根据行业发展趋势，力求教材内容与时俱进。教材内容的编写，结合最新的信息和发展趋势，力求将最新的研究成果和管理方法展现在读者面前，尽可能多地在教材中充实新理念、新知识、新方法，并力求贴近实际岗位的变化和新的要求，以便更好地提升酒店从业人员的岗位竞争能力。

（4）贯彻国家关于职业资格证书与学历证书并重的精神，兼顾酒店课程内容与职业资格应试内容，满足酒店从业人员教育和相关职业资格考试的需求。

本书由校企人员共同开发，花立明、胡晓涛担任主编，黄艳婷担任副主编，全书由花立明负责统稿和定稿。本书的编写具体分工为：餐饮岗位认知由胡晓涛（江苏食品药品职业技术学院）编写，基本操作技能由花立明（长春职业技术学院）编写，综合服务技能由黄艳婷（无锡南洋职业技术学院）编写，餐饮经营设计由李征（长春职业技术学院）编写，餐饮日常管理由李征、花立明、李丽（长春职业技术学院）编写，本书附录由花立明编写。

本书在编写过程中，融合了作者对《餐饮运行与管理》课程的研究、教学、实践活动的成果和经验，也广泛吸取了国内外现有的研究成果，引证了大量的文献资料，参考文献一并在书后列出，谨向这些作者致以诚挚的感谢！

由于编者学识水平有限，书中疏漏和不足之处在所难免，恳请专家和读者批评指正。

编者

2016 年 5 月

目录

项目一　餐饮岗位认知 …… 1
任务一　餐饮发展概述 …… 1
任务二　餐饮工作任务 …… 8
任务三　餐饮经营特点 …… 10

项目二　基本操作技能 …… 20
任务一　托盘端托技能 …… 20
任务二　餐巾折花技能 …… 24
任务三　斟酒服务技能 …… 43
任务四　摆台操作技能 …… 48
任务五　菜肴服务技能 …… 58
任务六　撤换餐具用具 …… 65

项目三　综合服务技能 …… 69
任务一　中餐零点服务 …… 70
任务二　中餐宴会服务 …… 90
任务三　西餐零点服务 …… 96
任务四　西餐宴会服务 …… 108

项目四　餐饮经营设计 …… 118
任务一　餐饮企业选址 …… 118
任务二　厨房环境设计 …… 124
任务三　餐厅空间布局 …… 131
任务四　菜单筹划设计 …… 137

项目五　餐饮日常管理 ………………………………………………………… 153
任务一　餐饮原料管理 ………………………………………………………… 154
任务二　餐饮生产管理 ………………………………………………………… 167
任务三　餐饮销售管理 ………………………………………………………… 177
任务四　餐饮服务管理 ………………………………………………………… 194

附录 ………………………………………………………………………… 212
附录 1　餐厅服务员国家职业标准 ……………………………………………… 212
附录 2　中国饭店行业服务礼仪规范——餐饮部分 ……………………………… 222

参考文献 …………………………………………………………………… 228

项目一 餐饮岗位认知

情境描述

餐饮岗位认知是学生从事餐饮职业岗位工作入门学习的必备内容，进入餐饮岗位工作之前，学生要了解餐饮业发展概况，知晓餐饮经营特征，明确餐厅工作任务及餐饮组织架构和岗位职责。为了实现教学目标，该学习单元设置了餐饮发展概述、餐饮工作任务及餐饮经营特点三个学习任务。

教学目标

【知识目标】

1. 了解中外餐饮发展概况。
2. 了解中国餐饮行业发展态势。
3. 知晓餐厅表现形式。
4. 明确餐饮部工作任务。
5. 熟悉餐饮部的经营特点。
6. 明确餐饮组织架构及岗位职责。

【技能目标】

能够准确描述餐饮部工作任务及核心岗位的岗位职责。

【素质目标】

1. 认识餐饮服务工作的重要性，树立良好的服务意识。
2. 培养学生具有良好的职业素养。

任务一　餐饮发展概述

餐饮业是利用餐饮设备、经营场所，为客人提供饮食产品和消费服务的生产经营服务性行业。餐饮业的发展追随着社会经济的发展和人类文明的进程，从最初生理上的果腹需求发展到今天精神上、文化上的享受，而餐饮业也随着这个进程完成了从低级到高级、从简单到复杂、从无序化到行业化的蜕变，成为人类社会活动的重要组成部分。

一、中外餐饮发展概况

（一）国内餐饮业发展历程

我国餐饮业的发展历程如图 1－1 所示。

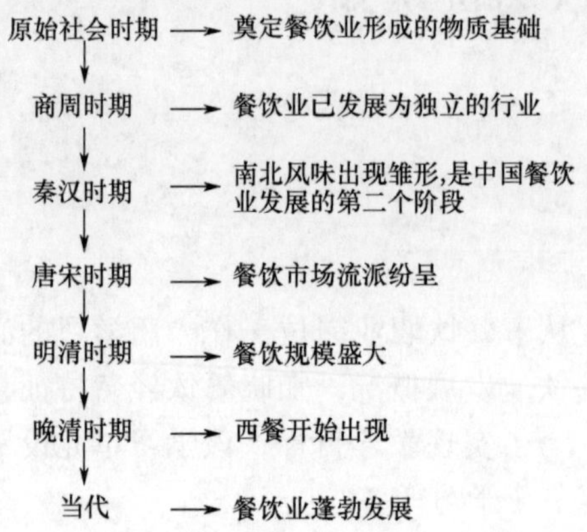

图 1－1　我国餐饮业的发展历程

1. 萌芽与积累阶段

50 万年前的北京人已经知道用火烧熟的食物味道比生食好，烹饪由此发端。

商周时期，餐饮业的萌芽已见端倪。随着社会生产力的发展，出现了剩余产品，以商品交换为目的的外出活动逐渐增多。外出者常借宿于寺庙或民家，且由其提供简陋的饭食，只偶尔支付一点微薄的酬劳。

秦汉时期，餐饮业开始具有商业目的。生产力的发展，使得商人、官宦往来络绎不绝，在各处通商大邑出现了“客舍”或“亭栈”等小旅店，为来往的官宦和客商提供基本食宿，换取一些利润。餐饮业主已经有了经营意识，开始采取一些取悦客人的经营方法。此时中原已开始与西域进行通商贸易，这不但使原产西域的各种原料传入中原，而且繁荣的商业也促进了餐饮业的发展。

到了唐宋时期，餐饮业进入了一个鼎盛时期，餐饮业的体系结构、档次更加健全，除了提供普通饮食服务的店家，还出现了只卖酒或面食的“专卖店”；有的店家开始在饮食服务中添加其他内容，如西湖游船将游览带入用餐过程；档次方面也进行了细化，如接待达官贵人的是高级酒店，接待普通民众的是普通酒店，而为社会底层服务的就是走街串巷的饮食挑子。

晚清时期，餐饮业的发展百花齐放。列强入侵，为中国的餐饮业带来了多元化的元素，在通商口岸及沿海城市出现了西餐馆。随着封建统治的灭亡，我国进入了军阀混战时期，人员的大量流动使得各地方的菜式快速融合交流。

总的来看，历经千年，虽然餐饮业得到了一定的发展，表面上形成了行业的格局，但从现实意义上来说，它只是弱、小、散的个体企业，只是家庭谋生的手段，并且没有行业规范和管理法规。

2. 餐饮行业的发展与繁荣阶段

新中国成立初期，国内经济开始缓慢复苏，餐饮业的发展基本处于停滞状态，直到改革开放后才迅速加快发展步伐。改革开放以来，国家政策的放开、社会经济的发展、行业协会的规范、外资和国际品牌的进入以及消费观念和消费方式的转变等因素推动了餐饮行业的快速扩张和发展。时至今日，我国餐饮业已经成为国民经济发展新的增长点，是扩大内需、吸纳社会就业的重要途径，更是发展我国外向型经济的一个重要领域。改革开放 30 多年来，我国餐饮业的发展经历了起步、发展、腾飞三个阶段。

（1）起步。20 世纪 70 年代末至 80 年代，国家经济政策率先在餐饮业上放开，允许个体私营经济形态的存在。市场的开放催生了一大批个体私营饭馆，普遍以家庭经营为主，呈现出规模小、档次低、烹饪技术含量不高（以家常菜为主）的特点，它们以价格优势和方便实惠的定位赢得了市场的认可。社会餐饮的大量产生虽然使传统的公有制餐馆受到了不小的冲击，但它们活跃了市场，丰富了行业结构，为餐饮业的行业构建和长足发展打下了坚实的基础。正是在这样的背景下，经万里、王震、习仲勋等党和国家领导同志的倡导，原商业部部长刘毅精心策划，中国烹饪协会于 1987 年正式宣告成立，地方餐饮行业协会也如雨后春笋般建立。这意味着中国的餐饮市场从此走上了行业化发展的道路，有了正规的行业规范和管理法规。

（2）发展。20 世纪 90 年代，随着收入水平的提高和消费观念的改变，人们对餐饮的需求量不断攀升，并且在档次、风味和服务上有了更高的要求。餐饮投资大幅增加，国际品牌纷纷进入，外资和合资企业涌现。一些本土品牌和国际品牌在全国范围内实施连锁经营，以扩大规模、占领市场。这些餐饮企业以不同的服务档次和风格各异的经营特色充实了餐饮行业。餐饮市场愈加繁荣，从业人员数量剧增，餐饮收入逐年上升，带动了大批相关行业的发展。餐饮业开始成为国民经济新的增长点，是拉动内需的重要方式。

（3）腾飞。进入 21 世纪以来，我国餐饮业增长势头不减，发展更加成熟，而市场的竞争也更加激烈。餐饮企业在进行外延发展的同时，更加注重内涵文化建设，努力打造企业形象、培育企业品牌，积极推进产业化、国际化和现代化进程，开始输出品牌与经营管理，品牌创新和连锁经营力度增强，现代餐饮发展步伐加快。如果说连锁经营是数量上的扩张，那么品牌竞争就是质量上的提升。在这样的发展态势下，“北京全聚德”“内蒙古小肥羊”“重庆小天鹅”等一大批餐饮企业不断提升自我、发展品牌，竞相扩大经营规模，足迹也延伸至国外。2008 年，我国餐饮业尽管受到南方低温雨雪冰冻、汶川大地震等严重自然灾害以及物价上涨、劳动力成本提高的影响，企业经营出现了一定程度的波动，但餐饮市场仍呈现出平稳增长的良好态势。我国餐饮业在社会需求和经济发展的大背景下，行业总体规模日益扩大，拉动消费、繁荣市场、安置就业和带动产业经济发展的能力越来越突出，在国民经济中的地位和作用得到不断提升和加强。

（二）国外餐饮业发展历程

国外餐饮业起源于古代地中海沿岸的繁荣国家，基本定型于中世纪，其发展除受本土因素影响外，还受到世界科学技术、经济发展的影响，它的步伐追随着整个西方的文明进程，在不同历史时期涌现出的中心国家的餐饮业最具代表性。

公元前3000年，埃及成为统一的国家。当时宫廷饮食十分丰富，法老每餐进食30种菜肴，并饮用啤酒、葡萄酒、果酒等酒水。公元前1700年，古埃及已有酒店存在，考古发现了同一时期或更早时期的菜单，上面记载的基本是面包、禽类、羊肉、烤鱼和水果等食物。

继古埃及之后，古希腊成为西方文明的中心。酒店多设在各种庙宇旁边，体现了浓厚的宗教色彩。牲畜首先被送到庙宇中敬奉神灵，祭祀之后再把牲畜抬到酒店烹制，让大家分享。煎、炸、焖、蒸、烤、煮、炙等多种烹调方法已出现，技艺高超的名厨深受人们尊敬。约在公元前3世纪，雅典人发明了第一辆冷盘手推车，厨师把用甜葡萄酒浸过的面包片、海扇贝和鲟鱼装在盘子里，推入餐厅供人们选择享用，这对今天的餐饮业仍有影响。当时古希腊的酒店主已经开始向旅行者提供食品和饮料，主要包括地中海地区的谷物、橄榄油、葡萄酒、奶酪、蔬菜和肉食等。受希腊文化的影响，古罗马逐渐重视烹饪文化，餐饮业的发展颇具规模。庞贝古城的考古发现表明当时的客栈、餐馆和酒店十分兴盛，至今仍能分辨出118家此类遗址。

14世纪，随着奥斯曼帝国的扩张和伊斯兰教传播的影响，土耳其形成了以食羊肉为主、以烤羊肉为其传统名菜的独特烹饪风格，对形成和发展伊斯兰教国家的餐饮习俗和餐饮业有重大影响，因而土耳其被公认为世界三大烹饪王国之一。

16世纪中叶，意大利成为欧洲文艺复兴的中心，艺术、科学的繁荣和商业经济的发展，使烹饪技艺博采众长，吸收世界各地的烹饪精华，形成了追求奢华、注重排场、典雅华丽的风格，意大利因此而被誉为“欧洲烹调之母”，同时也被认为是西餐的发源地。

18世纪中期，法国成为欧洲政治、经济和文化中心。法国发达的农牧渔业为烹饪和餐饮业的发展创造了优越的物质条件。法国菜选料广泛，烹饪方法考究，大量使用复合调料，使菜肴味道浓郁、丰富多彩，烹饪技艺和菜肴组合比较科学，并注意保留食品的热量和营养成分，形成了独具特色的法国餐饮风格。20世纪60年代，法国又提出“自由烹饪”的口号，改革传统烹饪工艺，力求烹制时间短、味道鲜，以适应现代生活的要求。法国菜受到人们的普遍欢迎，在世界上广为传播，法国也被公认为是世界烹饪王国。

20世纪，美国成为世界第一工业强国，它的烹饪和餐饮是世界各地移民（主要来自欧洲、非洲和亚洲）和土著印第安人传统习惯的大融合。为适应社会经济迅速发展、生活节奏加快的需求，餐饮业出现了革新性的变化，注重营养、求新、求快。至今，其“营养丰富、快速简便”的餐饮特色，随着国际经贸交流的迅猛发展推向世界各地。如麦当劳快餐就是在欧、亚各国小吃基础上的新创造，以营养丰富、快速简便、口味统一的特色在世界各地得到普遍认可。

如今，在全球影响较大的应是美国餐饮业。以麦当劳、肯德基为代表的美国快餐企业凭借雄厚的资本优势和先进的管理模式，以连锁经营的方式，在国际餐饮市场上不断扩张，占据了相当可观的份额，成为国际餐饮市场的绝对主流。其中，麦当劳是世界零售食品服务业的领先者，在全球超过118个国家和地区拥有31 000多家餐厅，每天为5 600万顾客提供优质食品。

补充资料

西餐发展简史

据有关史料记载，早在公元前5世纪，在古希腊的西西里岛上就出现了高度发达的烹饪文化。在当时很讲究烹调方法，煎、炸、烤、焖、蒸、煮、熏等烹调方法均已出现，而技术高超的名厨师在社会上很受尊重。许多王公贵族在自己家中试做调味品，每种调味品都由多种原料复合而成。尽管当时烹饪文化有了相当的发展，但人们的用餐方法仍是以手抓食为主。西餐餐桌上的刀、叉、匙都是由厨房用的工具演变而来的。

15世纪时出现了餐桌共用餐刀。个人用的餐刀，大约出现在17世纪。那时的餐刀是尖头形，后来，据说法国红衣主教黎希留，看到有的就餐者在宴会上用餐刀尖剔牙，觉得很不雅观，于是，他便下令将餐刀由尖头形改为圆头形，于是圆头形餐刀一直沿用到现在。

勺子作为厨房用具，在远古时期早已被人们使用，餐桌上用的汤匙是在17世纪才出现的。至于茶匙，则是红茶传入欧洲后的产物。

叉子原来只在厨房中使用。10世纪拜占庭时期，餐桌上曾出现过较小型的银质叉子，但只是昙花一现。直到1894年，英国还不允许水兵使用餐叉和餐匙，据说使用这些餐具给人的感觉不像男子汉。

餐巾早在古罗马时期就出现了，不过一直没有被大多数人接受。15世纪，人们习惯于用舌头舔手，或用上衣擦手，还有的用面包片擦手。在上层社会仍有部分人有用手抓食的习惯。在当时，就餐桌旁几乎都有狗的存在，这是因为人们就餐时用手抓食后，就用面包片擦手，然后把脏面包片丢给狗，故而出现了人在桌上用餐、狗在桌下吞食面包片及残骨、碎肉的场面。

15世纪中叶是欧洲的文艺复兴时期，饮食同文艺一样，以意大利为中心发展起来，在贵族举行的宴会上涌现出各种名菜、细点，驰名世界的空心面就是在那时出现的。

到了16世纪中叶，法国安利二世的王后卡特利努·美黛希斯非常喜欢研究烹调方法。她从意大利雇用了7批技艺高超的烹调大师，在贵族中传授烹调技术，不仅使宫廷的菜点质量显著提高，同时使烹饪技法广为流传，促使法国的烹饪业迅速发展起来。与此同时，她为了改变不文明的用餐陋习，还明文规定了用餐规则，规定用手抓食、舔手或用上衣擦手都是不文明行为，只有用餐巾才是有礼貌的表现。

后来，法国有位叫蒙福特的人，在举行宴会时，为了让客人预先知道宴席的所有菜品，让管家在宴会前用羊皮纸写好菜名，放置在每个座位前。据说这就是最初的西餐菜单。

在这期间，伟大的艺术家达·芬奇的油画杰作《最后的晚餐》描绘了餐桌上的面包、仔牛肉、冷盘、葡萄酒、餐刀及玻璃杯等物。这个当时基督教徒欢度复活节的圣餐场面，已经大体具备了现代西餐的雏形。

1638—1715 年，由于讲究饮食而被人们称为“美食家”的法国国王路易十四在宫廷中发起了烹饪大赛，给予优胜者奖章及奖赏，从而推动了烹饪业的蓬勃发展，一时间宫廷内佳肴层出不穷。当时研制出来的菜肴称为宫廷菜，独成一系，在宫廷举行宴会时，一餐往往有60 多道菜肴。在宫廷的影响下，上层社会盛行大摆宴席，菜单上有冷盘、汤、肉食、禽类、水果、点心，品种已接近现代西餐，西餐逐步趋于完善。

宫廷和上层社会的烹饪热，直接推动了整个社会的烹饪业发展，1765 年法国出现了餐厅。1789 年法国大革命后，面对一般顾客的餐厅像雨后春笋般发展起来，供餐形式采取每人一份的方法。不久出现了零点的菜肴，但只是简化了的宫廷菜。19 世纪初期，餐桌上的规矩大致与现在相同。第二次世界大战以后，才出现了许多新的餐具，不仅配套，而且还有着严格的摆放及使用方法。

现在的西餐中大量使用精美的瓷器餐具，包括菜盘、汤盘、点心盘、面包盘、茶盘、茶碗、咖啡碗及双耳清汤碗等。事实上，在中国青花瓷器传入欧洲之前，西餐中使用的用具只有金属器皿、玻璃器皿和软质陶器。陶器在西餐中广泛使用，和瓷器相比显得粗糙、厚重、丑陋。到了16 世纪，淡雅、精美的中国青花瓷传入欧洲，受到了欧洲人的喜爱，于是欧洲人便开始了瓷器的研制。1710 年德国出现了欧洲最早的瓷窑——曼斯窑。1717 年，法国建起了赛尔窑。接着，英国烧制出了洁白的骨灰瓷器，造型、质地不断更新，目前世界十大名骨瓷全在英国。美国、意大利随后也开始生产瓷器，逐渐地，瓷器餐具便在西餐中安家落户了。

资料来源：www. xici. net/u7350054/d45248667. htm.

二、中国餐饮行业发展态势分析

前瞻产业研究院发布的《2014—2018 年中国餐饮行业发展前景与投资预测分析报告》数据显示，2013 年全国餐饮收入累计实现 25 392 亿元，同比增长 9%（图 1－2）。其中限额以上企业（单位）餐饮收入累计达到 8 181 亿元，同比下降 1. 8%。

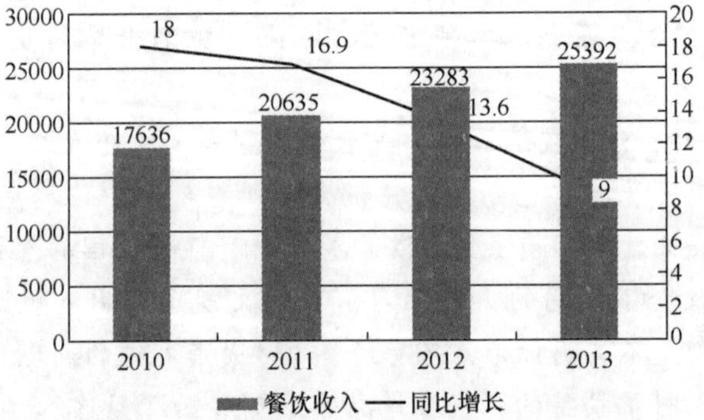

图 1－2　2010—2013 年中国餐饮业发展状况（单位：亿元,%）

资料来源：前瞻产业研究院

（一）品牌力成制胜法宝，文化餐饮将更具竞争性

现在的餐饮消费已进入到第三重阶段，即看不见、摸不着的整体消费意识阶段，消费者在离开消费场所后在头脑中形成的整体感知回应是什么，这便体现出餐饮店的品牌文化，所以商家的独特体系已不仅仅是菜品、味道、服务、环境、音乐等，而是综合因素的整体体现。随着人们在就餐环境、体验等方面的要求越来越高，名气大、品牌响的餐厅越做越大。餐馆档次也体现在环境上，文化成为餐饮业装潢视觉的重要元素，“吃环境”将是餐饮业的发展趋势之一。根据定位不同，体现不同文化，成为许多餐馆的竞争手段。餐饮市场的竞争，必将回归于品牌间的竞争，品牌力更强就有更广阔的市场。

（二）大众化餐饮为餐饮市场的主流

在2014年商务部的重点工作中，早餐工程、厨房改造工程、绿色饭店是财政支持的重点项目，引导更多的餐饮企业加入到早餐工程、社区餐饮、商务快餐等领域，加快大众化餐饮连锁步伐。

（三）连锁经营是发展趋势

连锁经营不仅可提高效率、降低成本，更能帮助餐饮业突破发展中的管理瓶颈。连锁经营具有成本优势、价格优势、品牌优势，应该是餐饮业经营模式的主要发展方向。餐饮行业整体由单纯的价格竞争、产品质量的竞争，发展到产品与企业品牌的竞争，文化品位的竞争，由单店竞争、单一业态竞争，发展到多业态、连锁化、集团化、大规模的竞争。

（四）口碑营销、网络营销被广泛应用

“导吃顾问”“美食侦察”为餐厅带来创新，改良菜品、营销餐厅。网络营销也被看重，用网络搜索自己中意的餐厅、美食已是常见景象。企业应当及早充分认识到微博、微信在餐饮行业的营销中将会发挥的重要作用。

（五）菜品定位精细化，健康养生餐饮引导餐饮新趋势

特色是传统餐饮立身之本，这种强调口味的做法，仍是宣传之道。但口味一旦被复制，特色也成了平常。关注地方风味、精细化定位、拥有特色菜肴，精细化的创新定位渐成趋势。养生概念从原材料的健康养生发展到全面的养生体系，即菜品原辅料养生、烹饪加工数字化养生、餐饮服务养生推介，再融汇绿色装修材料、个人养生食谱打造、养生礼品等系列产业的开发，把餐饮业真正打造成绿色养生产业。

（六）餐饮微利时代，信息化带动作用日趋明显

信息化的应用将覆盖企业预订、采购、点餐、人员绩效考核、财务管理及客户关系管理等各个环节，促进餐饮企业实现降低运营成本、提高管理效益率、优化服务流程。

（七）中外餐饮企业竞争加剧

现在餐饮市场上基本都是以国外知名品牌连锁为主，它的模式简单，可复制性强，加上其产品本土化及主题餐厅策略的推出，未来在中国的发展更有势不可挡的趋势。面对这样来势汹汹的“洋快餐入侵”，中国餐饮业将面临巨大挑战。但同时，国外餐饮企业进入中国后，对我国餐饮经营理念、服务质量、文化氛围、饮食结构、从业人员

素质要求等产生了深刻的影响。洋餐饮让本土餐饮的视角变得更为宽广，经营创新的渠道也更为多元。洋为中用、中西合璧的趋向在餐饮行业也明确体现。

任务二 餐饮工作任务

餐饮部是现代饭店中的一个重要部门。它不仅要满足客人对餐饮产品和服务的要求，为饭店在社会上树立良好的企业形象提供一个窗口，它还要为饭店创造良好的经济效益，其经营管理的好坏，直接关系到饭店经营的成败。

一、餐饮部在饭店中的地位

（一）餐饮部生产满足人们基本生活需要的产品

饭店作为旅游者的“家外之家”，餐饮场所是宾客主要的用餐地点。现代饭店的餐饮部拥有中餐厅、西餐厅、宴会厅、咖啡厅、自助餐厅，还有酒吧、音乐茶座、KTV包房、房内用餐服务等餐饮设施与服务项目，这些都为饭店所在地的各行各业、各种阶层、各种消费层次的人们提供了良好的餐饮消费环境。因此，拥有一个完善的、与饭店经营定位和客人要求相适应的餐饮部，是搞好饭店经营的基本要求。

（二）餐饮收入是饭店收入的重要组成部分

我国星级饭店的餐饮收入约占总收入的三分之一，一些发达地区的饭店餐饮收入甚至会超过客房收入，占整个饭店收入的二分之一左右。因为饭店客房数量基本是固定不变的，其最高收入是一个常量。而餐饮部的最高收入则是变量，虽然餐位数是固定不变的，但餐饮部可通过提高工作效率、提高服务质量、提高菜肴质量等措施，使餐位的周转率和人均消费水平得以提高，最终使餐饮部的营业收入达到最大值。

（三）餐饮部的服务水平影响饭店的声誉

餐厅服务员为宾客提供面对面的服务，一举一动、一言一行都会在宾客的心目中产生深刻的印象，宾客可以根据餐饮部为他提供的餐饮产品的种类、质量以及服务态度等来判断饭店服务质量的优劣及管理水平的高低，因此，餐饮服务的好坏不仅直接影响餐饮部的经济效益，更会影响饭店的形象和声誉。

（四）餐饮部是向国内外宾客介绍和宣传中国饮食文化的重要场所

随着我国经济的迅猛发展，饮食文化将呈现出前所未有的更新、更丰富、更活跃的发展趋势。中国的美味佳肴，代表了中华民族五千年的文明史，中国的烹饪艺术闻名遐迩，为世人所称道。它将在继承民族优秀文化传统的基础上，多方面吸纳现代科学技术的成果，不断完善自身，展示出更加迷人的饮食文化风采。

针对国内饮食市场的特点，餐饮部在经营方式中，应适应不同的消费需要，不拘一格。通过举办“美食节”等活动，通过美食文化的弘扬，来宣传自己。餐饮部肩负着弘扬中华饮食文化的重任，在饭店中有着极其特殊的地位。

（五）餐饮部是饭店吸纳劳动力最多的部门

增加就业机会，广泛吸纳劳动力是餐饮行业的主要特点之一。近年来随着我国社会经济的稳步发展和人民生活水平的不断提高，餐饮业也保持着持续快速发展的态势，行业规模、从业人员和经营领域日益扩大。由于餐饮业对员工需求量大，并且这些岗位对员工文化程度的要求不高，使得这一行业的可进入性相对较强，很受社会上普通劳动力的欢迎。

二、餐饮部的主要任务

餐饮部的任务是以市场开发和客源组织为基础，以经营计划为指导，利用餐饮设施、场所和食品原料，科学合理地组织餐饮产品的生产和销售，满足国内外客人日益增长的、多层次的物质和文化生活的需要。

（一）掌握市场需求，合理制定菜单

要满足宾客对于餐饮服务的各种需求，首先必须了解饭店目标市场的消费特点和餐饮需求，掌握不同年龄、不同性别、不同职业、不同民族和宗教信仰的宾客的消费习惯和需求，并在此基础上制定出能够迎合广大宾客的菜单，作为确定餐厅种类和规格、餐饮内容和特色、选购设备、配备人员的依据和指南。

（二）开发餐饮新品种，创造经营特色

餐饮部的餐饮产品要具有吸引宾客并与其他饭店、餐厅、餐馆竞争的能力，最重要的是必须具有自己的特色。如果自己的餐饮产品毫无独特之处，那么其附近甚至较远的饭店、餐馆便能轻而易举地吸引走它的宾客。所以餐饮部应该努力挖掘潜力，积极继承传统，研究开发新品种、新项目，独树一帜，从而形成自己的经营特色。

（三）保持并不断提高食品质量和服务质量

能否保持并不断提高食品质量是餐饮部经营管理成败的关键之一。因此，餐饮部管理者可以考虑以岗位责任制为中心，建立相应的规章制度，制定各岗位的操作规程和质量标准，严格检查制度。仓库应抓好采购、验收、储藏、发放过程中的原料质量检查，以保证原料符合食品加工烹调的要求；厨房应抓好原料粗加工、细加工和烹调的质量技术，督促厨师严格按照菜谱要求操作，并努力改进烹调技术，做好生产过程的组织工作，不断提高食品质量；餐厅服务应坚持按照服务规程进行，不断改善服务细节，提高餐饮产品的内在质量。

（四）加强餐饮推销，增加营业收入

餐厅的推销活动是饭店营销活动的一个重要组成部分，也是对餐饮部人员提出的更高要求。即在饭店营销计划的指导下，研究客人的需求特征，选择推销目标，制定外部和内部推销计划，开展促销活动，积极承办各种宴会，抓好节假日和特色餐饮的宣传推销，以争取更多的宾客并提高宾客平均消费额。

（五）合理组织人力，提高劳动生产率

餐饮部应做好营销量预测，并据此做出厨房生产计划和餐厅接待计划，根据劳动定额指标合理组织人力和安排员工工作时间，在保证食品质量和服务质量的前提下，最经济地使用资源，以降低人工费用，提高盈利水平。

（六）控制成本，增加利润

餐饮成本控制是降低食品成本、增加酒店盈利的必要措施，也是餐饮管理的重要内容。成本控制涉及一系列的业务环节，因此，餐饮部应根据制定的标准成本率，确

定合理的食品销售价格；控制食品原料采购价格；加强原料验收、储藏、发放管理，以避免和降低原料损耗浪费；抓好原料粗加工环节，控制原料加工损耗率；厨房要严格按照标准菜谱要求操作，并做好成本核算和成本分析，以在保证食品质量、数量符合标准的前提下，尽量减少损耗，降低成本，使酒店增加盈利。

（七）确保食品卫生和饮食安全

餐饮卫生和安全在餐饮管理中占据重要位置，卫生工作的好坏，不仅直接关系到客人的身心健康，而且也关系到酒店的声誉和经济效益。因此，餐饮部工作人员必须遵循饭店制定的餐饮操作程序、操作规范，接受经常性的食品卫生教育，确保餐厅食品的卫生和安全。

任务三　餐饮经营特点

一、餐饮部经营特点

餐饮部的经营，除了餐饮服务之外，还承担着即制即销加工烹饪的食品和饮料业务。这些实物产品，不可能按照工业生产的标准进行大批量生产和储存，需要一定的生产设备和进餐场所，并通过服务的各个环节按一定程序配合完成。因此，餐饮产品在生产、销售和服务上都独具特点。

（一）餐饮生产特点

1. 种类多、批量小

餐饮部为客人提供的食品、饮料的品种多达几十种甚至上百种，但客人需要的数量较小，而且大多数产品不能成批生产，这给餐饮产品的质量管理和标准的统一带来诸多不便。因此要求在生产中严格地按照标准食谱操作，把产品质量的误差减小到最低限度，同时还要保证产品生产成本的一致性。

2. 生产时间短

餐饮产品的生产、销售、服务等连续过程是在同一地点完成的。一般从粗加工、细加工到烹饪出各种产品，从服务、消费到结账收款的整个过程所花费的时间很短，这给餐饮产品的生产带来了一定困难。这就要求把生产和销售结合在一起，在最短的时间内生产、销售符合客人要求的菜式品种，缩短客人的进餐时间，增加单位时间内的营业收入。

3. 缺乏专利性

餐饮产品没有专利性。一款特色菜肴或点心一经出现，很快就会有其他餐厅的人来学习，并在原来的基础上进行改良，使原来的餐饮产品失去了竞争的优势。因此，企业应加强对品牌的保护，同时在竞争中必须时刻跟上社会潮流，摸准市场脉搏，不断更新菜点。另外，菜点虽然可以照搬、模仿，但文化与服务是复制不了的，所以餐饮企业可在菜点的服务上想办法，赋予菜点、餐厅更多的文化内涵。

4. 生产量难以预测

每日进餐的客人多少不一，消费品种各不相同，消费量也各不相同，因此餐饮部的生产量随机性很强。餐饮生产量难以预测给餐饮生产的计划性带来很大困难，餐厅只能根据淡旺季预测最低销售量、最高销售量及一般销售量来调整生产，以保证食物原材料的充足而又不造成浪费。要保持相对稳定的客源并不断吸引客人，除了提供物美价廉的菜肴和优质的服务外，还要进行积极的产品促销，如扩大销售渠道、实行优惠供应、延长销售的高峰时间等，从而增加销售额。

5. 原材料不易保存

餐饮产品大多选用鲜活原料，具有时间性和季节性特点，部分原料还极易变质腐烂。而餐饮产品烹制成成品后必须马上出售，因其色、香、味、形都易改变，不易保存。因此原料的购买一定要以精心设计的菜单来控制，根据菜单分析研究菜点的销售、成本和利润情况，从而购买相应的原料，避免因浪费而造成的成本增加。

6. 产品质量评价具有复杂性

餐饮产品在生产过程中大都借助手工操作来完成，在相当一段时期内，都不可能用机械化生产来替代，因而餐饮产品本身质量具有不稳定性；另外宾客的口味也会影响对菜点质量的评价，因此餐饮产品质量评价具有复杂性。只有加强技术培训，提高技艺和熟练程度，才能保证产品质量，缩短产品生产所需要的劳动时间，降低成本，从而增加经营利润。

7. 生产过程管理难度较大

餐饮部的生产从食品原料的采购到验收、储存、保管、领用、粗加工、切配、烹饪、销售服务和收款，整个过程中业务环节很多，管理要求不尽相同，任何一个环节出现差错都会影响到产品的质量，所以就带来了管理的困难。只有进行有效的管理，不断改善生产、经营和服务状况，充分发挥人、财、物力的积极作用，才能提高质量，扩大收入，增加利润。

（二）餐饮销售特点

1. 餐饮销售量受经营场所的限制

餐厅销售量受经营场所的限制因素主要包括餐厅的面积、餐位数，餐厅的可进入性，停车场的大小等。因此在既定的硬件接待条件下，必须努力改善就餐环境，提高服务质量，提高餐桌的利用率和上座率，增加餐饮的销售量。

2. 餐饮销售量受时间的限制

餐饮的就餐时间和经营状况具有明显的间歇性。具体表现在：

第一，菜点的生产时间。一份菜点的制作往往只需要几分钟或十几分钟，即使是一次宴会也不过几小时。

第二，销售量受进餐时间的限制。餐饮产品的销售量主要限定在早餐、午餐、晚餐的时段，其他时间一般没有销售量。

第三，每周的波动。周一的客人少些，周五和周六、周日的生意又会达到高峰，其他时间相对稳定。

第四，销售量受淡旺季的影响。

因此餐厅必须积极引导客人消费，合理确定餐厅营业时间，利用正常用餐时间以外的时间推出新的组合产品，才能使餐饮部的销售量得以提高。

3. 餐饮销售受就餐环境的影响

就餐环境是现代消费者选择就餐场所的一个重要因素。客人在就餐过程中，除了购买食品、饮料等实物产品外，还领略了餐厅的餐饮实物所特有的色、香、味、形，接受了服务员的服务，体验了餐厅的环境、气氛等，在心理、生理和感官上都得到了不同程度的满足，才会对整个餐饮服务水平做出一个完整的评价。因此在努力提高餐饮产品和服务质量的同时，必须要注意就餐环境的布置，尽量给客人提供一个干净、整洁、明亮、舒适的就餐环境，使每一位客人在享受精美食品和周到服务的同时，能对餐厅环境产生深刻印象，乐于再次光临。

4. 餐饮销售毛利率高，资金周转较快

餐饮部的毛利率一般都较高，在50%～60%，因此营业利润率高。餐厅的销售收入，大多以现金交易，产品现生产现销售，而相当部分的原料是当天采购，当天生产销售，因此资金回笼快，周转快。

5. 餐饮经营中固定成本高，变动费用比例较大

餐厅、厨房的设备、贮存设备的投资，使得餐饮经营活动中固定成本占有一定比重。另外，餐饮变动费用如员工的报酬，水、电、天然气等消耗，餐饮原料的支出等均占有相当幅度。要想提高餐饮部的经济效益，必须尽量减少原材料的消耗，降低各项费用指标，提高各级人员的工作效率，以节支的方法达到增收的目的。

（三）餐饮服务的特点

餐饮服务可分为直接对客的前台服务和间接对客的后台服务。前台服务与后台服务相辅相成，后台服务是前台服务的基础，前台服务是后台服务的继续和完善。只有高质量的菜点，没有良好的服务不行；只有良好的服务，没有高质量的食物也不行。因此美味佳肴只有配以恰到好处的服务，才会受到宾客的欢迎。餐饮服务大致有如下特点。

1. 无形性

餐饮服务的无形性是指餐饮服务只能在就餐宾客购买并享用了餐饮产品后，凭生理和心理满足程度来评估其质量的优劣。餐饮服务的无形性给餐饮部经营带来了诸多困难，况且餐饮服务质量的提高是永无止境的。这就要求我们前台、后台一起抓，服务态度、服务技能一起抓，全方位提高餐饮服务水平。

2. 一次性

餐饮服务的一次性是指餐饮服务只能当次使用，当场享用。这同饭店的客房、客机的座位一样，如当日租不出去，或当班没满座，那么饭店或航空公司所失去的收入是无法弥补的。因此餐饮部应接待好每位宾客，在接待中应注意自己的言行举止，给客人留下美好的印象，从而使宾客再次光临，成为常客。

3. 同步性

餐饮服务的同步性是指餐饮部的绝大多数产品，其生产、销售、消费几乎是同步的，餐饮产品的生产过程，也就是就餐者的消费过程。同步性决定了餐饮部应搞好餐饮销售环境，使每位餐饮服务员上岗之后全身心投入到推销与服务中去，为企业售出更多的产品。

4. 差异性

餐饮服务的差异性是指同一饭店的餐饮部提供的服务存在着差异，主要从三个方

面反映出来：

第一，餐饮服务员由于受到年龄、性别、性格、受教育程度、培训程度及工作经历等不同条件的限制，因而他们为就餐者提供的服务肯定不尽相同。

第二，同一名服务员在不同的场合、不同的时间和不同的情绪中，其服务方式、服务态度等也会出现一定的差异。

第三，由于客人的差异性，导致不同的客人对同样服务的评价不同。

因此，餐饮部应制定出餐饮服务质量标准和操作程序标准，并对每位员工进行职业培训，使餐饮达到服务规范化，质量标准化，管理制度化；要求服务员头脑机灵，随机应变。

优质服务是指热情的接待、礼貌的微笑和周到的照料；是服务于客人还没有开口之前；是迅速的、及时的服务。它不仅体现在服务员的仪容仪表上，也体现在服务员的礼貌语言上，同时还体现在服务员之间的工作协调和互相帮助上。

二、餐厅表现形式

餐厅（Restaurant）源于拉丁语，原意为滋补、提神，它首先在法国，继而在欧洲，最终在全世界成为餐馆的专用名词。因此，我们可以把餐厅定义为：向客人提供食物、饮料及相关服务的公共就餐场所。餐厅的种类繁多，风格迥异，各国各地区有关餐厅的分类也不尽相同。了解餐厅的分类，对于我们进行餐饮市场的细分，确定目标顾客，进一步做好餐饮管理及市场营销具有重大意义。

（一）按经营特色分

1. 中餐厅（Chinese Restaurant）

中餐厅（图1-3）是我国旅游饭店的主要餐厅。中餐厅除了向客人提供菜肴以外，其环境、气氛和服务方式都注重体现中华民族历史传统特色和文化底蕴。中餐厅饭店一般只提供午、晚两餐服务。

图1-3　中餐厅

2. 西餐厅（Western Restaurant）

西餐厅（图1-4）以经营欧美主要国家的西式菜点为主，其装饰布置着重反映西方文明的经典与辉煌，服务及气氛强调优雅、浪漫。西餐厅一般可分为法式餐厅、俄式餐厅、德式餐厅以及意式餐厅等不同风味，其中，高档的法式餐厅被称为扒房（Gril

Room)，代表了西式菜肴和服务的最高水准。

图1-4　西餐厅

3. 宴会厅（Banquet）

宴会厅（图1-5）是饭店承办宴席的场所。宴会服务是同时为一批客人提供菜肴和服务的。根据一批客人的多少，宴会厅还可分为大型多功能厅（Function Room）和小宴会厅（Private Room）。前者是宴会部面积最大的活动场所，功能齐全，既可以举办中餐宴会、西餐宴会、冷餐酒会、鸡尾酒会等，还可以根据需要举行新闻发布会、时装展示会、学术会议等；后者又称为包间，可以满足小型中西餐宴会和其他餐饮活动的需要，不受外界干扰，很受客人欢迎。

图1-5　宴会厅

4. 咖啡厅（Coffee Shop）

咖啡厅（图1-6）是小型的西餐厅，主要是满足客人会客和非用餐时间段的餐饮消费，主要经营咖啡、酒类饮料、点心小吃、时尚美食。咖啡厅讲究服务快速，价位较低，营业时间长。

图1-6　咖啡厅

5. 特色餐厅（Specialty Restaurant）

特色餐厅（图1-7）有鲜明的主题，围绕一定时期、地域的人物、文化艺术、风土人情、宗教信仰、神话传说等设计菜单、服务方式和程序以及进餐氛围，满足客人对餐饮的多元化需求，并力图在社会公众中树立独特形象，如老三届餐厅、红楼餐厅、电影餐厅等。

图1-7　特色餐厅（老船坞餐厅）

6. 酒吧（Bar）

酒吧（图1-8）是出售酒水和各种下酒的小吃，让公众休息聚会的场所。按其所在位置不同可分为大堂吧（Lobby Lounge）、主酒吧（Open Bar）、服务酒吧（Service Bar）、宴会吧（Banquet Bar）、贵宾酒廊（VIP Lounge）、游泳池酒廊（Pool-side Bar）等，此外，还有花园酒吧、空中酒吧、啤酒吧、水吧等。

图1-8　酒吧

（二）按服务方式分

1. 豪华餐厅（Haute Cuisine Restaurant）（图1-9）

此类餐厅装潢豪华奢侈，就餐气氛高雅浪漫，菜单设计精美考究，菜肴和服务一流，用餐价格昂贵。所配备的服务人员要求训练有素、技术过硬，具有很强的敬业精神。

2. 餐桌服务性餐厅（Table Service Restaurant）（图1-10）

此类餐厅是餐厅种类中的主流，它讲究服务规格化、标准化、程序化。环境舒适

图 1－9 豪华餐厅

卫生，装潢雅致，价格适中。

图 1－10 餐桌服务性餐厅

3. 柜台式餐厅（Counter Service Restaurant）

此类餐厅的厨房通常设在餐厅中央或一边，采用全透明操作方式，厨房四周设柜台和餐椅，能让客人亲眼看到菜肴的全部制作过程。

4. 自助式餐厅（Self－service Restaurant）（图 1－11）

此类餐厅是将所有的菜肴、饮料、水果、甜品等食品分类摆放在装饰精美的食品台上，供客人自行挑选喜爱的食品，并按餐厅标明的固定标准收费。此类餐厅气氛轻松，服务快捷，菜肴品种繁多，客人选择余地大。

图 1－11 自助式餐厅

5. 快餐厅（Fast－food Chain）（图 1－12）

此类餐厅以提供中西餐简单菜肴为主，如国际快餐连锁店“麦当劳”“肯德基”，中式快餐“永和豆浆店”等。

图 1－12　快餐厅

（三）按经营方式分

1. 独立经营

独立餐厅指为个人或企业独立所有并独立经营的餐厅，它不为联合所有，也不参加任何一个特许经营系统。

2. 连锁经营

连锁经营指在本国或世界各地直接或间接控制或拥有两家以上的餐厅，以相同的店名、店标、统一的经营程序和管理水平，统一的操作程序和服务标准进行联合经营的企业。

3. 特许经营

特许经营是通过出让特许经营权，在全球推广其品牌，并统一产品规格、标准，统一市场形象、服务方式，提供组织营销及预订方面的帮助，如麦当劳、肯德基、必胜客等就是这种运行模式。

学习评价

一、基础知识测试

（一）填空题

1. 世界三大烹饪王国有（　　　　）、（　　　　）、（　　　　）。

2. 连锁经营指在本国或世界各地直接或间接控制或拥有两家以上的餐厅，以相同的（　　　　）、（　　　　）、统一的（　　　　）和（　　　　），统一的（　　　　）和（　　　　）进行联合经营的企业。

3. 按经营特色，餐厅可以分为（　　　　）、（　　　　）、（　　　　）、（　　　　）、特色餐厅和酒吧。

4. 餐饮服务的无形性是指餐饮服务只能在就餐宾客购买并享用了餐饮产品后，凭（　　　　）和（　　　　）满足程度来评估其质量的优劣。

5. 餐饮服务的一次性是指餐饮服务只能（　　　　　　），（　　　　　　）。

6. 餐桌服务性餐厅是餐厅种类中的主流，它讲究服务（　　　　　　）、（　　　　　　）、（　　　　　　），环境舒适卫生，装潢雅致，价格适中。

7. 麦当劳、肯德基、必胜客属于（　　）餐厅。

8. 优质服务是指（　　　　　　）、（　　　　　　）、（　　　　　　）。

9. 餐厅按经营方式分为（　　　　　　）、（　　　　　　）、（　　　　　　）。

10. 餐饮服务的特点有（　　　　　　）、（　　　　　　）、（　　　　　　）、（　　　　　　）。

（二）不定项选择题

1. 中国餐饮行业未来发展态势包括（　　）。

A. 品牌力成制胜法宝，文化餐饮将更具竞争性

B. 大众化餐饮为餐饮市场的主流

C. 连锁经营是发展趋势

D. 口碑营销、网络营销被广泛应用

2. 餐饮部的主要任务有（　　）。

A. 掌握市场需求，合理制定菜单

B. 开发餐饮新品种，创造经营特色

C. 控制成本，增加利润

D. 加强餐饮推销，增加营业收入

3. 满足客人会客和非用餐时间段的餐饮消费场所是（　　）。

A. 夜总会　　B. 西餐厅　　C. 咖啡厅　　D. 酒吧

4. 餐厅气氛轻松，服务快捷，菜肴品种繁多，客人选择余地大是（　　）餐厅的特点。

A. 中餐厅　　B. 西餐厅　　C. 咖啡厅　　D. 自助式餐厅

5. 餐饮销售量受时间的限制主要表现在（　　）。

A. 菜点的生产时间

B. 销售量受进餐时间的限制

C. 每周的波动

D. 销售量受淡旺季的影响

（三）判断题

1.（　　）以经营欧美主要国家的西式菜点为主的餐厅是西餐厅。

2.（　　）被誉为“欧洲烹调之母”的国家是英国。

3.（　　）菜品定位精细化，健康养生餐饮引导餐饮新趋势是未来的发展趋势。

4.（　　）我国星级饭店的餐饮收入约占总收入的二分之一。

5.（　　）餐饮服务的同步性是指餐饮部的绝大多数产品其生产、销售、消费几乎是同步的，餐饮产品的生产过程，也就是就餐者的消费过程。

二、能力训练

（一）个人能力训练

准确描述餐饮部的地位及工作任务。

（二）团队能力作业

以学习小组为单位完成如下任务：

1. 掌握餐饮基本概况，以此作为考察当地酒店餐饮和社会餐饮基本情况的理论基础。

2. 以小组为单位对当地酒店餐饮和社会餐饮进行考察：

地点：校外酒店餐厅、社会餐厅。

记录设备：纸、笔、照相机、摄像机。

3. 以小组为单位形成一份“×××（酒店）餐厅基本情况或概况”的书面考察报告。

项目二 基本操作技能

情境描述

餐饮服务的基本技能是餐厅服务员和管理人员必备的技能，是其在餐厅工作中做好对客服务和管理所必需的知识和技能。餐饮服务基本技能包括托盘、斟酒、餐巾折花、摆台、上菜和分菜六个方面，要求从事此项工作的人员在不同的时期分别做到：会、熟、精、绝四个层次。为了实现教学目标，该学习单元设置了托盘端托技能、餐巾折花技能、斟酒服务技能、摆台操作技能、菜肴服务技能、撤换餐具用具六个学习任务。

教学目标

【知识目标】

1. 掌握托盘、餐巾折花、摆台、斟酒、点菜、上菜与分菜、撤换餐具用具的相关知识。
2. 熟练掌握各项基本技能的操作程序和标准。

【技能目标】

能够在规定时间内按照技能标准要求完成单项服务技能的训练。

【素质目标】

1. 培养学生耐心细致的职业态度和吃苦耐劳的职业精神。
2. 培养良好的动手能力和行业素质。

任务一　托盘端托技能

任务布置

学生分成10人学习小组，完成如下项目训练：

1. 耐力训练：利用空的啤酒瓶装上水来进行，从少到多，从轻到重，练习耐力与检查操作姿势是否正确。

2. 行走平衡训练：练习时可采取绕大圈托盘装物行走、绕障碍物托盘装物行走等形式。

3. 取用平衡训练：预计托盘重心变化情况，及时做出反应，保持托盘平衡。

4. 服务平衡训练：当右手斟酒或做其他操作时，左手外伸避开客人身体，用少量的注意力保证托盘平衡，大量的注意力用于右手操作。

5. 展开练习：托盘内放入一定重量物品，学生一字排开，托盘由体前向体侧拉开，注意纠正学生的错误姿势，如不敢展盘，手臂伸不开等。

相关知识

托盘是餐厅服务人员在餐前摆台、餐中提供菜点酒水服务、餐后收台整理时必用的一种服务工具。为了提高服务质量和服务效率，正确使用托盘是每一位服务员所必须掌握的基本功，是规范化服务和文明操作的基本要求。

一、托盘的种类和用途

（一）托盘的种类

（1）按制作的原材料，分为塑料托盘、木制托盘、金属托盘（如镀金托盘、镀银托盘、铝托盘、不锈钢托盘等）、胶木托盘等。

（2）按规格的大小，分为大、中、小三种规格的托盘。

（3）按托盘的形状，分为方形托盘、长方形托盘、圆形托盘、异形托盘等。

（二）托盘的用途

小型的圆、方形托盘通常用来运送账单、信件和湿巾等小件物品；大中型的圆、方形托盘通常用来斟酒、上菜、展示饮品等；大中型的长方形托盘通常用来运送菜点、酒水和盘碟等较重的物品；异形托盘通常用于特殊的鸡尾酒会或其他庆典活动。

二、端托的方法

（一）轻托

轻托是指在餐厅服务工作中使用大小合适的托盘，专门为宾客上菜、斟酒、收餐具时使用的一种托盘运送物品的方法，因所托物品重量较轻，一般在5kg以内，故称轻托，又因需要平托于胸前，故又称胸前托或平托。

（二）重托

重托是指在餐厅服务工作中使用大型托盘，专门用于运送较重的菜点、酒水和盘碟等物品时使用的一种托盘运送物品的方法，因所托物品重量较重，一般在5kg以上，故称重托。目前，在饭店餐厅一般不用大型托盘进行重托服务，而多用小型手推车解决运送重物的问题，这样既安全又省力，工作效率也高。虽然如此，重托仍然是服务员的基本技能，需要不断地练习，以备不时之需。

三、托盘操作的注意事项

（1）左手端托，右手自然下垂，禁止行走过程中用右手扶托。

（2）不可将托盘越过客人头顶，以免发生意外，左手托盘应向后自然拉伸。

（3）端托行走时，目光应平视前方，切勿只盯托盘。随着托盘重量的增多或减少，要做到进出有序，掌握好重心，保持盘面平稳。

（4）端托时，不论缓急，不能抢路，不能不让路，不能跑步行进。

任务实施

一、托盘操作程序与标准

活动一　轻托（图2-1）

步骤1：理盘。

根据需要选择合适的托盘，将托盘洗净、擦干，垫上一块经过消毒的专用盘巾（胶木防滑托盘可不垫），洒些清水，以防滑动。

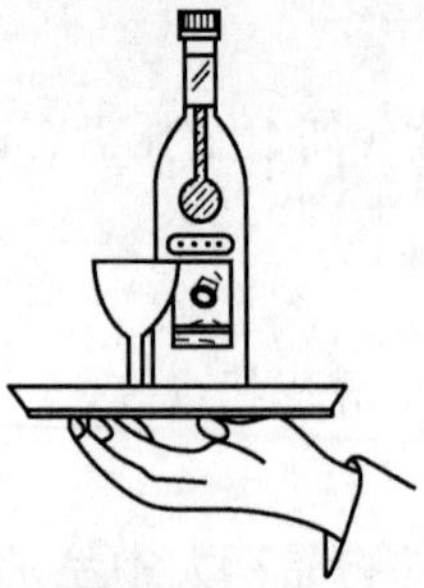

图2-1　轻托

步骤2：装盘。

装盘时，根据所需托送的物品形状、质量和体积合理装盘。同时必须遵循安全稳妥、便于托送、便于取用的原则。一般说来在数种物品同时装盘时，重物、高物放在托盘的里挡，轻物、低物放在托盘的外挡；先取用的物品在上、在前，后取用的物品在下、在后。用长条形托盘时，码放的物品应并排摆放，横竖成行；用圆形托盘时，码放的物品可成圆形。托运酒水时，商标朝外，显示给客人。

步骤3：起托。

起托时，身体成站立姿势站在与托盘保持一定距离的台前，左脚向前迈一步，身体向左前方前倾，左手放到与托盘同样的平面上，用右手将托盘慢慢移至左手上，按托盘操作要领托住盘底。托稳后用右手扶住托盘边缘起身，左脚撤回，调整好重心，松开右手放回体侧，身体成站立姿势。

步骤4：行走。

行走时，头正肩平，两眼目视前方，上身挺直，脚步轻快而稳健，托盘随着步伐在胸前自然摆动，但幅度要小，以防菜汁、汤水等液体溢出。

托盘行走常用步伐可以归纳为以下六种：

（1）常步：步距均匀，快慢适当，形同日常走路。此步伐用于餐厅日常服务工作。

（2）快步：即急行步。步距加大，步伐较快，但不能跑，应在稳中求快。此步伐多用于端送火候菜或急需物品。

（3）碎步：即小快步。步距小，步速快，行走时上身保持平稳。此步伐用于端送汤汁多的菜肴。

（4）跑楼梯步：身体略向前倾，重心前移，用较大的步距，一步跨两级台阶，一步紧跟一步，上升速度要快而均匀，巧妙利用惯性，省时省力。此步伐用于托送菜品上楼梯。

（5）垫步：当需要侧身通过时，右脚侧一步，左脚跟一步，一步紧跟一步，用于通过狭窄的通道。有时服务人员上菜送饭到桌，也需要用垫步的方法。

（6）巧步：托盘行走时，突然走来宾客或遇到其他障碍，需要临时停止或放慢脚步，灵活躲闪，避免发生冲撞。这种步伐还可用来防止运动中的盘面由于突然停止而使酒水、汤汁因惯性溢出。

步骤5：卸盘与落托。

托盘行走过程中，如果需要取用盘内物品称之为卸盘。卸盘时，用右手取走盘内所需物品，左手托盘应注意随着盘内物品的变化而用左手手指的力量来调整托盘重心，且应从前后左右交替取用。

托盘行走过程中，如需将托盘整个放到工作台上称之为落托。落托时，应左脚向前，用右手协助左手把托盘小心推至工作台面，放稳后按照从外到内的顺序取用盘内物品。

活动二　重托

步骤1：理盘。

重托所托物品经常与汤汁、菜品、碗碟接触，油腻比较大，使用前必须洗净、擦干、消毒，铺上专用洁净的盘巾（胶木防滑托盘可不垫），起到防油、防滑的作用。

步骤2：装盘。

装盘时，物品之间留有适当的间隔，以免行走时发生碰撞或声响。物品装盘要分类码放，重量均匀分布，重物、高物放在里档或托盘中心位置。切忌将所有物品不分大小、形状、体积混装在一个盘内，这样容易滑动，甚至翻盘。

步骤3：起托。

起托时用右手相助将托盘拉出台面，左手托住盘底，掌握好重心后，将托盘旋转送至左肩外上方，盘面顺左掌成“一”字形。起托时，不论左掌和托盘怎样转动，盘面应始终保持平稳，防止汤水外溢。

步骤4：行走。

行走时，表情自然，步伐不宜过大、过急，平稳自如。右臂自然下垂随身体自然摆动，或扶住托盘前内角，随时准备防止他人的碰撞，保持身体平稳。

步骤5：落托。

落托时，左脚向前迈一步，用右手扶住托盘边缘，左手向右转动手腕，同时托盘向右旋转，待盘面从左肩移至与台面平行时，再用左臂和右手将托盘推至台面。落托结束后，应及时将盘内物品整理好，并擦净盘面以备后用。

二、轻托技能考核评价标准（表2－1）

表2－1　　轻托技能考核评价标准

序号	考核项目	考核要求	分值	得分
1	理盘	洗净、擦干，垫好盘巾	10	
2	装盘	物品摆放合理，符合要求，重心均衡	10	
3	起托	左脚向前迈一步，右手将托盘拉出台面1/3	5	
		托盘重心位于掌心处，保持盘面平衡	5	
		左手掌呈凹形，不与盘底接触	10	
		托稳，右手放回体侧成站立姿势	10	

续表

序号	考核项目	考核要求	分值	得分
4	行走	头正肩平，上身挺直	10	
		步伐轻盈，稳健自如	10	
		目视前方，表情自然，精力集中，姿态优美	10	
		托盘随着步伐在胸前自然摆动	10	
5	卸盘	左脚向前迈一步，用右手协助左手把托盘小心推至工作台面	5	
		放稳托盘，卸下所托物品	5	
总分				

任务二　餐巾折花技能

任务布置

学生分成四人训练小组，五分钟完成十种花型的折叠，动、植物花型各五种，做到花型难易搭配、美观大方、动作熟练、技能娴熟、手法卫生。

相关知识

餐巾又称口布，是一种正方形布巾，边长从40cm到65cm不等，是供客人用餐过程中使用的一种卫生用品。客人用餐时将餐巾平铺于腿上或衣襟上，可防止汤汁、酒水弄脏衣服，同时也可擦嘴擦手，起到保洁的作用。餐巾最早是叠成方形平放在盘中，以后渐渐发展为叠成各种造型插在杯中或放在盘中，供客人餐前欣赏，起到装饰美化桌面的作用。

一、餐巾的作用与种类

（一）餐巾的作用

餐巾又名口布、茶巾、席巾等，其主要作用有以下几个方面。

1. 餐巾是餐饮服务中的一种卫生用品

宾客用餐时，餐厅服务员将餐巾放在宾客的膝上或胸前，餐巾可用来擦嘴或防止汤汁、酒水弄脏衣物。由于餐巾直接接触客人的手和嘴，因此在卫生程度上要特别注意。

2. 餐巾可以装饰美化餐台

形状各异的餐巾花摆放在餐台上，既美化了餐台，又增添了庄重热烈的气氛，给人以美的享受。若口布花型与美味佳肴相呼应、协调一致、美观统一，则会收到美食美器的良好效果。

3. 餐巾花型可以点化宴会主题并标出主宾席位

不同的餐巾花型，蕴含着不同的宴会主题。如用餐巾折成迎宾花篮、和平鸽等花型表示欢快、和平、友好，给人以诚悦之感；如折出比翼齐飞、鸳鸯等花型送给一对新人，可以表示出永结同心、百年好合的美好祝愿。

独特的口布花型及摆设，可以标志主宾的席位，宾客一步入餐厅就可从不同的花型中辨认出自己的位置。在折餐巾花时应选择好主宾的花型，主位花型高度应高于其他花型高度以示尊贵。

（二）餐巾的种类

（1）按质地分，餐巾可分为棉织品、化纤织品和纸面巾三种。棉织品餐巾吸水去污性强，浆熨后挺括，造型效果好，但折叠一次，效果才最佳。化纤织品色泽艳丽，透明感强，富有弹性，如一次造型不成，可以二次造型，但吸水去污性差，折花造型效果不如棉织品。纸面巾也可起到餐巾的作用，纸制的餐巾成本低，用后即弃，不用清洗，颜色多彩，造型效果也很美观，因此一般快餐厅和团队餐厅里使用得较多。

（2）按颜色分，餐巾颜色有白色与彩色两种。

二、餐巾折花的分类及应用

（一）餐巾折花的分类

（1）按摆放方式分类，可分为杯花、盘花和环花三大类。杯花一般需插入杯中才能完成造型，出杯后花形即散。由于杯花折叠手法繁杂，需反复折叠，因而在使用时其平整性较差，也容易造成污染。杯花一般用于中餐宴会。

盘花造型完整，成型后不会自行散开，可放于盘中或其他盛器及桌面上，常用于西餐或茶市等作台面摆设。因盘花简洁大方，美观适用，所以盘花呈现发展趋势。

环花是将餐巾平行卷好或折叠形成一个尾端，套在餐巾环内形成的餐巾造型。环花通常放置在衬碟或面包盘上，传统、雅致、简洁。

（2）按餐巾花外观造型，将餐巾分为植物、动物、实物三种。

（二）餐巾折花造型的选择

1. 根据宴会的规模选择花型

大型宴会可选择简洁、挺括的花型。可以每桌选两种花型，使每个台面花型不同，台面显得多姿多彩。如果是 1～2 桌的小型宴会，可以在一桌上使用各种不同的花型，也可以 2～3 种花型相间搭配，形成既多样又协调的布局。

2. 根据宴会的主题选择花型

主题宴会因主题各异，形式不同，所选择的花型也不同。

3. 根据季节选择花型

选择富有时令的花型以突出季节的特色，如春季宴会酒席可选择月季、迎春等花卉花型，以示春色满园；夏季可选择荷花、玉兰花等花型，给人以清爽之感；秋季可选择菊花，冬季选用梅花等。

4. 根据接待对象选择花型

饭店接待的宾客来自四面八方，他们在宗教信仰、风俗习惯以及性别年龄等方面都存在差异，这就需要服务人员根据实际情况区别对待。通常情况下，日本人喜樱花，忌用荷花，美国人喜山茶花，法国人喜百合花，英国人喜蔷薇花等。宗教信仰如果是信仰佛教的，勿叠动物造型，宜叠植物、实物造型；信仰伊斯兰教的，勿用猪的造型等。

5. 根据花色冷盘及菜肴特色选择花型

中式筵席往往是冷盘先上桌，宾客再入席。因此依据花色冷盘的形意选择花型，可收到整体美的效果。如上蝴蝶冷盘，可选择花卉的花型，使整个台面形成“花丛蝴蝶”的画面。此外，还可根据风味宴、名菜宴的菜单选择花型。如以海鲜为主的宴席，可选用鱼虾的花型等。花型与宴会内容配合，既可形成台面的和谐美、紧密配合宴会主题，又可突出中餐美食的特色。

6. 根据宾主席位选择花型

宴会主宾、主人席位上的花称为主花。主花一般选用品种名贵、折叠细致、美观醒目的花，达到突出主人、尊敬主宾的目的。如在接待国际友人的宴会上，叠和平鸽表示和平，叠花篮表示欢迎，为女宾叠孔雀表示美丽，为儿童叠小鸟表示活泼可爱，使宾主均感到亲切。

总之，要根据宴会主题设计折叠不同的餐巾花。要灵活掌握，力求简便、快捷、整齐、美观大方。

（三）餐巾花的摆放

餐巾是餐桌上的普通用品，餐巾折花则是一项艺术创作，它可以烘托宴会的气氛，增添宴会艺术效果，因此餐厅服务员要掌握餐巾折花摆放的基本要求。总的摆放要求是：整齐美观、位置适当、便于观赏、使用方便，尽可能与台布、器皿的色调和谐。

1. 突出主位

根据主宾席位选择花型。宴会上，主宾席位上的餐巾折花被称为主花，主花一般要选择品种名贵、折叠精细、美观醒目的花型，以达到突出主位、尊敬主宾的目的。

2. 注意协调

餐巾花的摆放要做到高低、大小错落有致，注意协调性。餐巾折花的协调性是指无论是大型还是小型宴会，除主位的餐巾折花外，一般都应高矮一致，大小一致，要把一个台面或一组台面当作一个整体来布置。一般主位的餐巾折花与其余的不同。

3. 观赏面朝向宾客席位

摆放餐巾折花，要使宾客正面观赏，如孔雀开屏、和平鸽等花型，要将正面朝向宾客。适合侧面观赏的，要将最佳观赏面朝向宾客。有头的动物一般要求头朝右。

4. 杯花要恰当掌握插入深度

餐巾折成花型后，放入杯内的深度要适中。露于杯外的是观赏部分，因而插放时应注意保持花型的完整；由于玻璃杯是透明的，因而杯内的部分要折叠整齐规范。

5. 摆放距离均匀

各种餐巾花之间的间距要均匀，做到花不遮餐具，不妨碍服务操作。

三、餐巾折花的基本技法

餐巾折花的基本技法有叠、推、卷、穿、翻、拉、捏、掰等。餐厅服务员应反复练习，达到技艺娴熟，运用自如，以增加摆台的工作效率和艺术性。

（一）叠

叠是最基本的餐巾折花手法，几乎所有的造型都要使用。叠就是将餐巾一折为二，二折为四，或折成三角形、长方形、菱形、梯形、锯齿形等形状。叠有折叠、分叠两种。叠时要熟悉造型，看准角度一次叠成，如有反复，就会在餐巾上留下痕迹，影响挺括。叠的基本要领是找好角度一次叠成。

（二）推

推是打褶时运用的一种手法，就是将餐巾叠面折成褶裥的形状，使花形层次丰富、紧凑、美观。打褶时，用双手的拇指和食指分别捏住餐巾两头的第一个褶裥，两个大拇指相对成一线，指面向外。再用两手中指接住餐巾，并控制好下一个褶裥的距离。拇指、食指的指面握紧餐巾向前推折至中指外，用食指将推折的褶裥挡住。中指腾出去控制下一个褶裥的距离，三个手指如此互相配合。推可分为直褶和斜褶两种方法，两头一样大小的褶用直推，一头大一头小或折半圆形或圆弧形的斜褶用斜推。推的要领是推出的褶裥均匀整齐。

（三）卷

卷是用大拇指、食指、中指三个手指相互配合，将餐巾卷成圆筒状。卷分为直卷和螺旋卷。直卷有单头卷、双头卷、平头卷。直卷要求餐巾两头一定要卷平。螺旋卷分两种，一种是先将餐巾叠成三角形，餐巾边参差不齐；另一种是将餐巾一头固定，卷另一头，或一头多卷，另一头少卷。使卷筒一头大，一头小。不管是直卷还是螺旋卷，餐巾都要卷得紧凑、挺括，否则会因松软无力、弯曲变形而影响造型。卷的要领是卷紧、卷挺。

（四）穿

将餐巾先折好后攥在左手掌心内，用筷子一头穿进餐巾的褶缝里，然后用右手的大拇指和食指将筷子上的餐巾一点一点向后拨，直至把筷子穿出餐巾为止。穿好后先把餐巾花插入杯子内，然后再把筷子抽掉，否则容易松散。根据需要，一般只穿 1～2 根筷子。穿的要领是穿好的褶裥要平、直、细小、均匀。

（五）翻

翻大都用于折花鸟造型。操作时，一手拿餐巾，一手将下垂的餐巾翻起一只角，翻成花卉或鸟的头颈、翅膀、尾等形状。翻花叶时，要注意叶子对称，大小一致，距离相等。翻鸟的翅膀、尾巴或头颈时，一定要翻挺，不要软折。翻的要领是注意大小适宜，自然美观。

（六）拉

拉一般在餐巾花半成形时进行。把半成形的餐巾花攥在左手中，用右手拉出一只角或几只角来。拉的要领是大小比例适当，造型挺括。

（七）捏

捏主要用于折鸟的头部造型。操作时先将餐巾的一角拉挺做颈部，然后用一只手的大拇指、食指、中指三个指头捏住鸟颈的顶端，食指向下，将巾角尖端向里压下，用中指与拇指将压下的巾角捏出尖嘴状，作为鸟头。捏的要领是棱角分明，头顶角、嘴尖角到位。

（八）掰

将餐巾做好的褶用左手一层一层掰出层次，呈花蕾状。掰时不要用力过大，以免松散。掰的要领是层次分明，间距均匀。

以上介绍的仅是折花的基本手法，其实在折花时往往是多种手法的有机结合与综合运用。如“孔雀开屏”就用了叠、折、翻、穿、拉、捏等多种手法。只要善于观察、常练习，熟练掌握各种技法，就能折制出挺括美观、种类繁多的花型来。

四、餐巾折花注意事项

（1）选择好餐巾，餐巾要干净、熨烫平整、无破损，并根据用餐的具体情况选定餐巾，既能点缀台面，方便来宾观赏使用，又不能遮住餐具和台上用品，且要方便服务员值台操作。

（2）做好操作前的准备工作，折花操作前，要洗净双手（不准留长指甲），操作中不能用嘴咬餐巾，也不要多说话，以防唾沫弄脏餐巾，放花入杯时，要注意卫生，手指不允许接触杯口，杯身不允许留下指纹。

（3）折花操作时要在干净的工作台或托盘上操作，并准备好辅助工具（筷子）。

（4）折花时，要姿势正确，手法灵活，用力得当，角度要算准，折褶要均匀，力争一次成型，减少折痕，快速熟练；折花要简单美观，拆用方便，造型生动，形象逼真。

（5）注意整理与放置，保持花型，餐巾折花放置在杯中高度的2/3处为宜，不宜插入过深。

（6）折花时要分清餐巾的正反面，姿势自然，手法轻巧灵活。

任务实施

一、餐巾折花实例

1. 扇面（图2－2）

（1）将餐巾对折成长方形。

（2）将正反面底边分别向上对折。

（3）沿曲线方向折四或五个裥。

（4）将正反夹缝中的巾角分别拉出。

（5）变成扇形。

（6）整理成型放入盘中。

2. 王冠（图2－3）

（1）将底边向上对折，与顶边对齐。

（2）按虚线所示将两巾角折叠。

（3）将两边从中缝处向背后折。

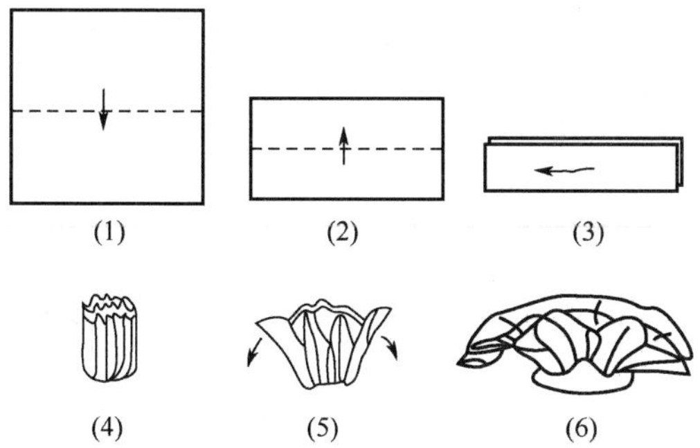

图 2－2　扇面

（4）将右巾角插入中间夹层中。
（5）左边巾角折向背面。
（6）将底部拉开成圆形。
（7）放入盘中，整理成型 。

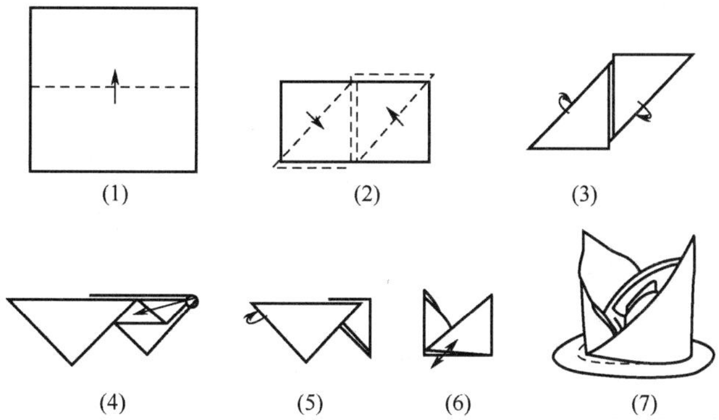

图 2－3　王冠

3. 帆船（图 2－4）

（1）将底边向上对折，与顶点对齐。
（2）从左向右对折。
（3）将右顶角处四巾角一起向下对折。
（4）将底边两巾角按虚线所示折叠。
（5）将底部向背后折上。
（6）将两边向下对拢。
（7）拉起夹层中的四层巾角。
（8）放入盘中，整理成型。

4. 香蕉（图 2－5）

（1）将餐巾折成三角形。
（2）将两底角折向顶角成正方形。
（3）将正方形的一角折向原顶角成三角形。

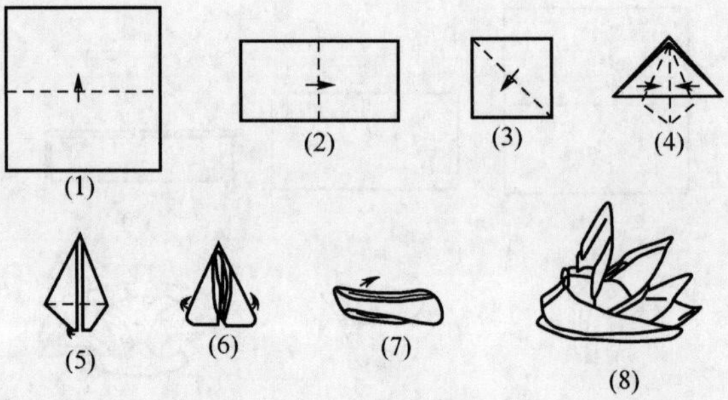

图2-4　帆船

（4）新折上的角再向下翻。
（5）将三角形的两底角插入夹层。
（6）翻拉成型。

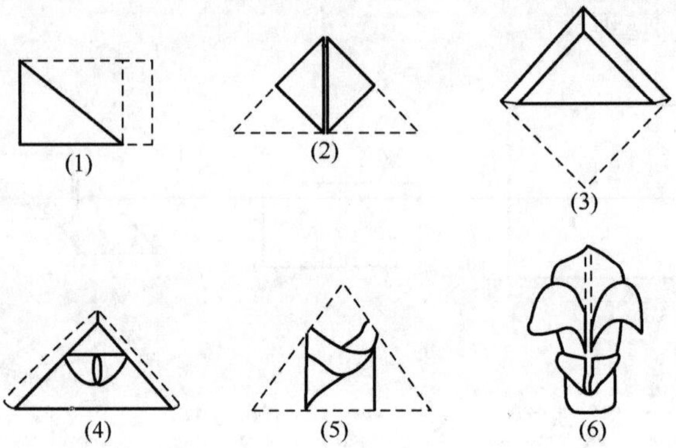

图2-5　香蕉

5. 三角篷（图2-6）

（1）将餐巾对折两次后成正方形，再折成三角形。
（2）将三角形折过右手大拇指。
（3）揿平折缝。
（4）开口或不开口的一面放在餐盘内面向客人。

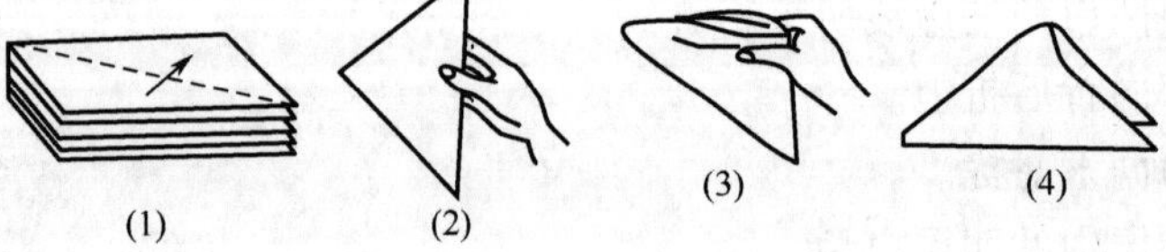

图2-6　三角篷

6. 池中填鸭（图2-7）

（1）将顶边向下对折，与底边对齐。
（2）从左向右对折。

（3）将上面三层巾角依次向上折。
（4）间距均为 1cm。
（5）将两边角向中间对拢。
（6）将横底边向内侧折。
（7）将两边向背后对折。
（8）拉上右巾角做头。
（9）放入盘中，整理成型。

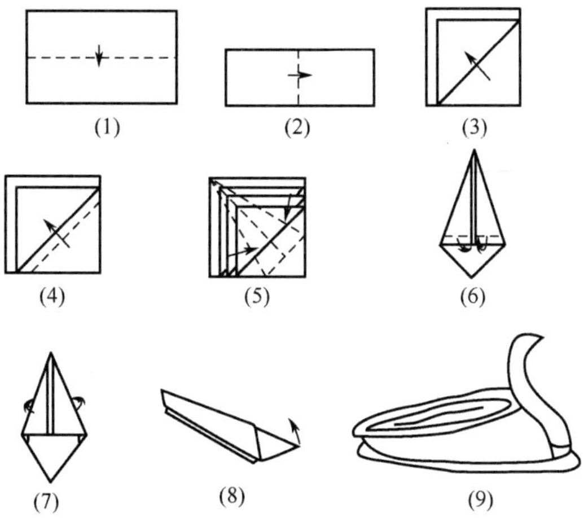

图 2－7　池中填鸭

7. 领带（图 2－8）

（1）将餐巾折成三角形。
（2）将三角形的底边向上折 3cm 左右。
（3）底边继续向上折 3cm 左右。
（4）左角向右折。
（5）右角向左交叉折叠。
（6）成此形状。
（7）倒过来放入盘中。

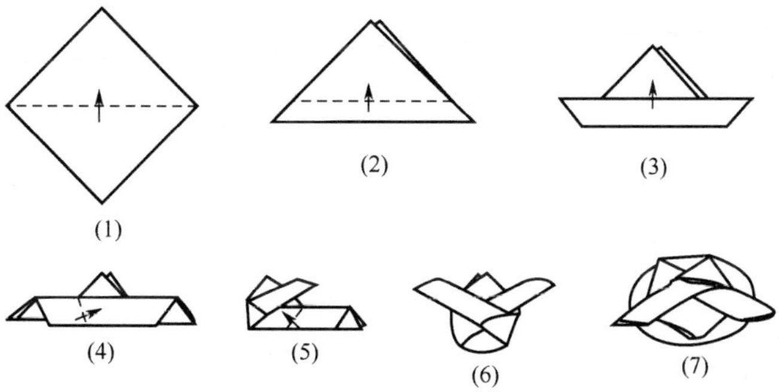

图 2－8　领带

8. 新春蓓蕾（图2－9）

（1）将底边向上对折。

（2）从左向右对折。

（3）上面两层一起翻折。

（4）下面两层向背后翻折。

（5）底左角向右。

（6）底右角向左插入夹层。

（7）夹层外翻。

（8）四巾角两边形。

（9）放入盘中，整理成型。

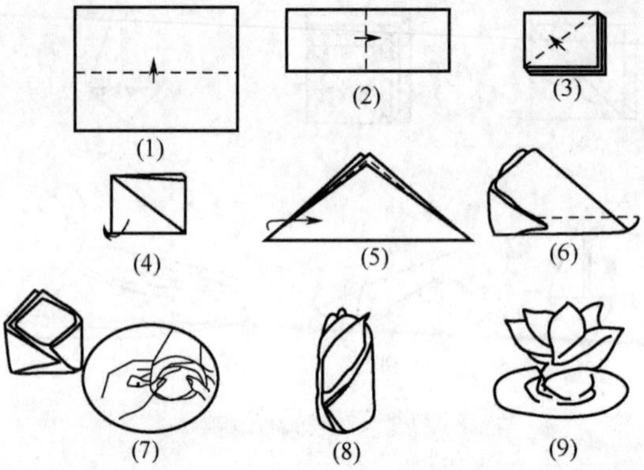

图2－9　新春蓓蕾

9. 出水芙蓉（图2－10）

（1）将餐巾四角向中点折。

（2）再将四角向中点折。

（3）翻一面。

（4）将四角向中点折。

（5）将背面折角向外翻出。

（6）变成形状（6）。

（7）放入盘中，整理成型。

10. 梅花玉树（图2－11）

（1）将两边巾角向中间对拢。

（2）将中间两巾角向上拉成三角形。

（3）将底角折上，与中间两巾角平行。

（4）将底边折上。

（5）将两边向背后折，一巾角插入另一巾角的夹层中。

（6）放入盘中，整理成型。

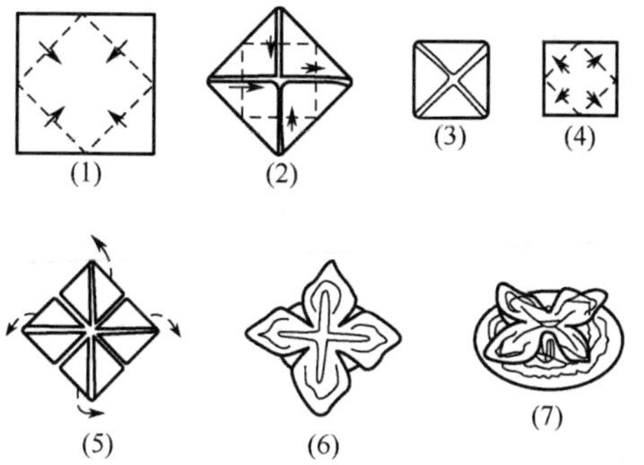

图 2－10　出水芙蓉

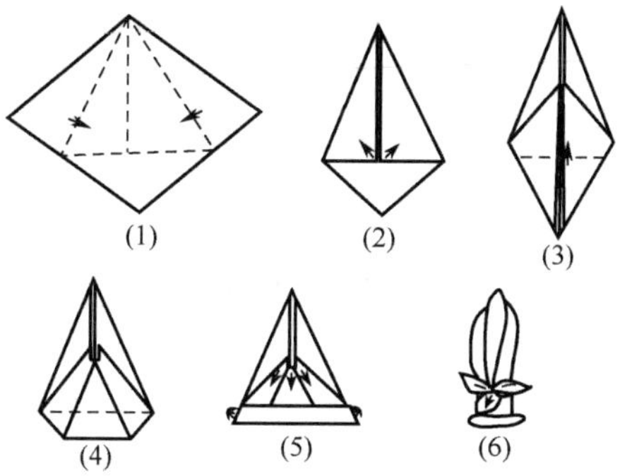

图 2－11　梅花玉树

11. 和服归箱（图 2－12）

（1）将底角向上对折，与顶角对齐。

（2）将底边向上折 1/5 左右。

（3）将方巾翻过背面。

（4）将两边巾角向中间交错对拢呈衣领状。

（5）将左右两边角向背后折，再按虚线的大概位置向背后折上底角，半插入折裥里。

（6）放入盘中，整理成型。

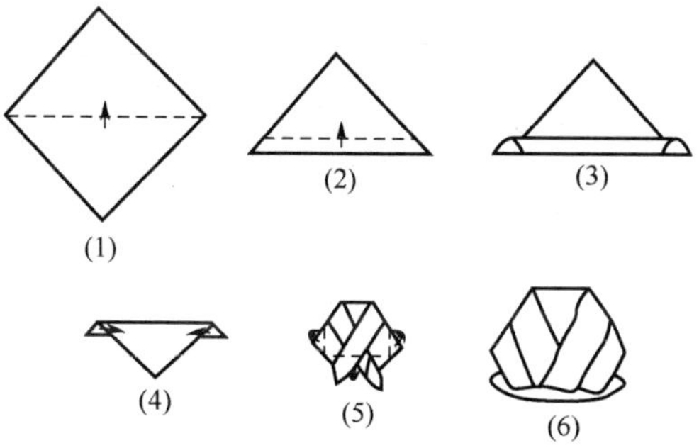

图 2－12　和服归箱

12. 雨后春笋（图2－13）

（1）将顶边向下对折，与底边对齐。

（2）从左向右对折。

（3）将底巾第一层上折，与顶角间距1cm左右。

（4）后面三层依次上折，间距相等。

（5）先将底部向背后折2cm左右，再将两边巾角向后折。

（6）将一巾角插入一巾角的夹层中。

（7）放入盘中，整理成型。

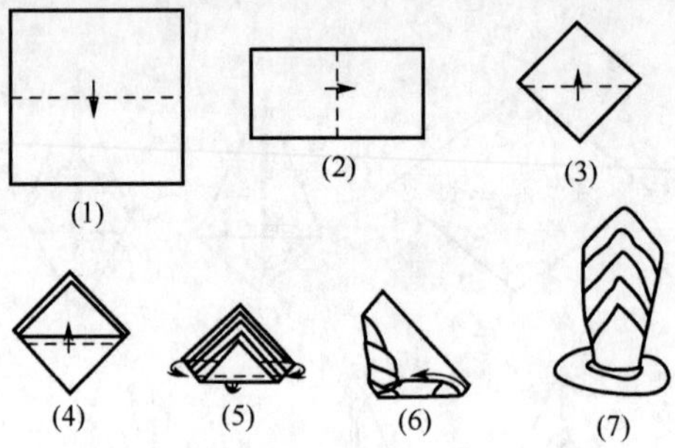

图2－13　雨后春笋

13. 寒冬冬笋（图2－14）

（1）将顶边微斜向下对折。

（2）从左向右对折。

（3）先翻上底角第一层两巾角。

（4）再将第二层折上与第一层间距2cm左右。

（5）将底部两角向背后折，一巾角插入另一巾角的夹层中。

（6）放入盘中，整理成型。

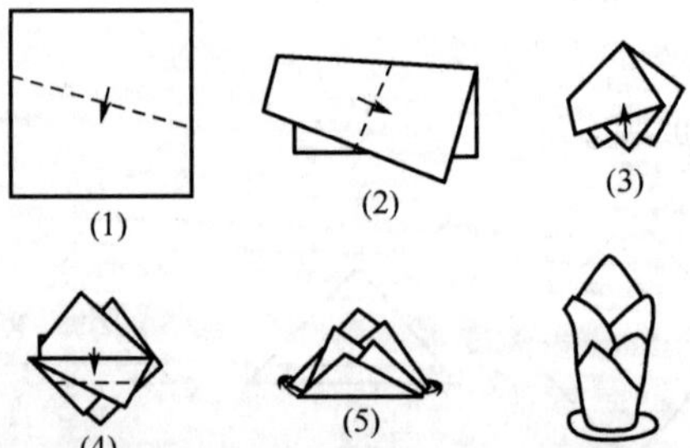

图2－14　寒冬冬笋

14. 烟叶（图2－15）

（1）将两边角向中间对拢。

（2）将底角向上折。

（3）再将底边向上折。
（4）将底边两巾角向后折，一巾角插入另一巾角的夹层中。
（5）放入盘中，整理成型。

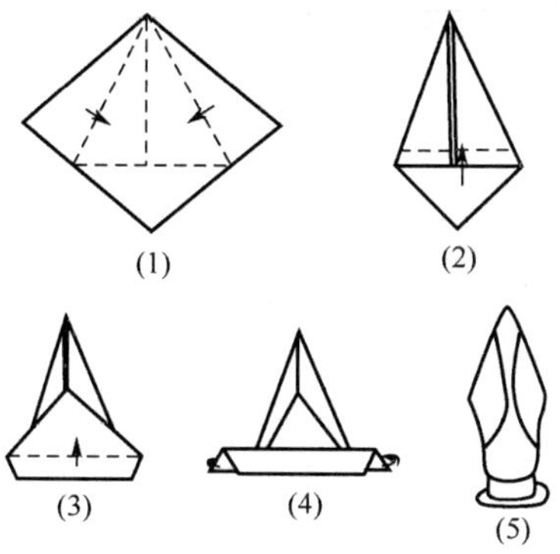

图 2－15　烟叶

15. 餐巾放入餐巾环中（图 2－16）

（1）将底边向上对折，与顶边对齐。
（2）从左边卷向右边，卷成长条状。
（3）准备瓷制、银制、象牙、塑料、骨制餐巾环。
（4）将卷成长条状的餐巾卷塞入餐巾环中。
（5）将餐巾环花放入盘中。

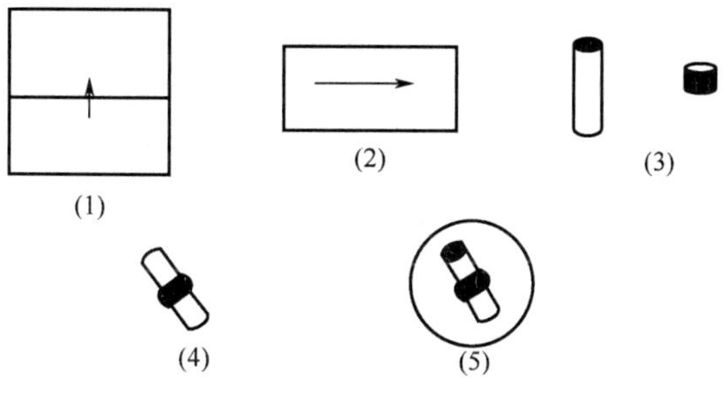

图 2－16　餐巾放入餐巾环中

16. 单荷花（图 2－17）

（1）将底边向上对折，与顶边对齐。
（2）从左向右对折。
（3）按曲线指示方向从中间向两边均匀捏折。
（4）将底角折上 1/3 左右。
（5）放入杯中，打开四巾角，整理成型。

17. 双荷花（图 2－18）

（1）将底边向上对折，与顶边对齐。

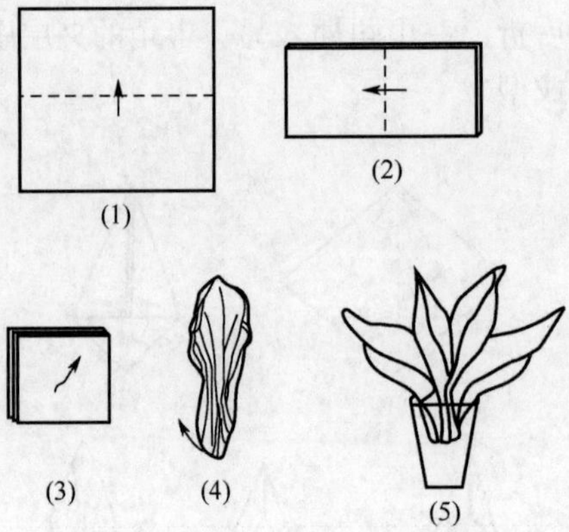

图 2－17　单荷花

（2）从左向右对折。

（3）将第一、二层巾角一起向下折；背面的两 层巾角，从背面同样下折。

（4）按曲线指示方向从中间向两边均匀捏折。

（5）分别将四个巾角向外翻开。

（6）放入杯中，整理成型。

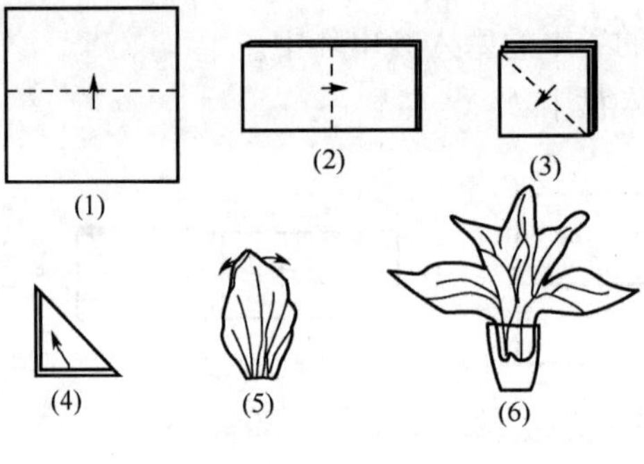

图 2－18　双荷花

18. 慈姑叶（图 2－19）

（1）将底边向上对折。

（2）从底边向顶边均匀捏折。

（3）变成图中的步骤（3）。

（4）将捏折的方巾弯成“3”字形。

（5）放入杯中，打开两巾角，整理成型。

19. 一片叶（图 2－20）

（1）将底角向上折 1/3 左右。

（2）将折后的底边再向上折过中线。

（3）在底边处从中间向两边均匀捏折。

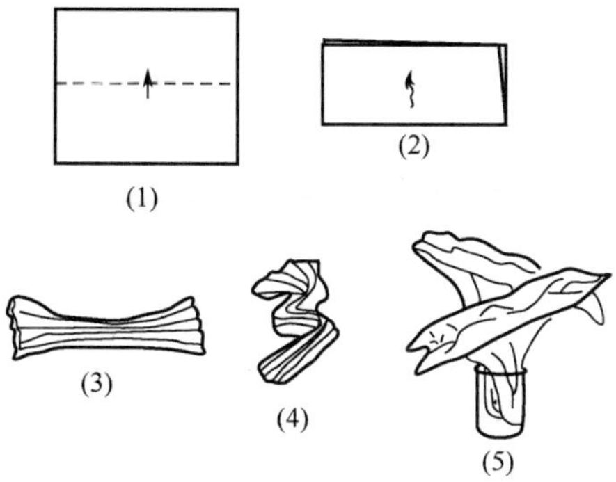

图 2－19　慈姑叶

（4）将余下的两边角向后包住底部。

（5）放入杯中，整理成型。

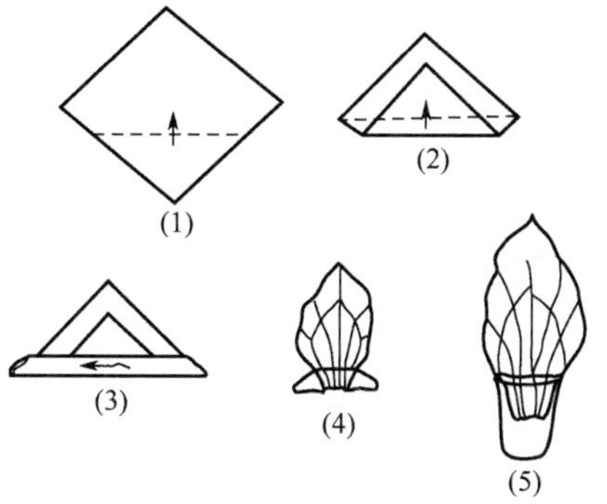

图 2－20　一片叶

20. 双叶（图 2－21）

（1）将底角向斜上方对折。

（2）将底边向上折 1/4 左右。

（3）从中间向两边均匀对折。

（4）将余下的巾角包住背面。

（5）放入杯中，整理成型。

21. 三叶（图 2－22）

（1）将底角向上对折。

（2）将底边两巾角向斜上方折。

（3）将底角向上折 1/3 左右。

（4）在底边处从中间向两边捏折。

（5）放入杯中，整理成型。

22. 马蹄莲（图 2－23）

（1）将底角向上对折，与顶角对齐。

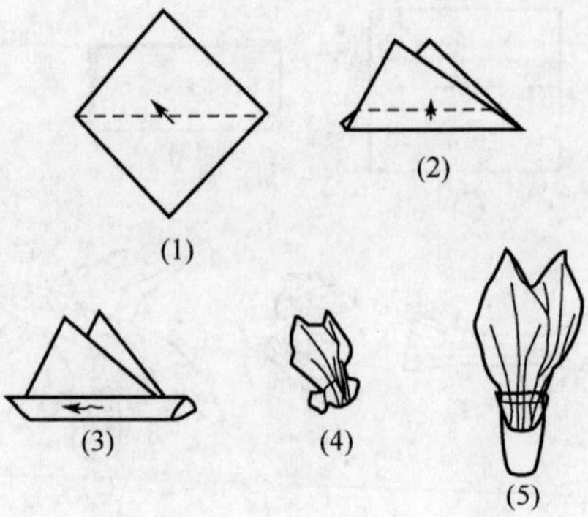

图 2－21　双叶

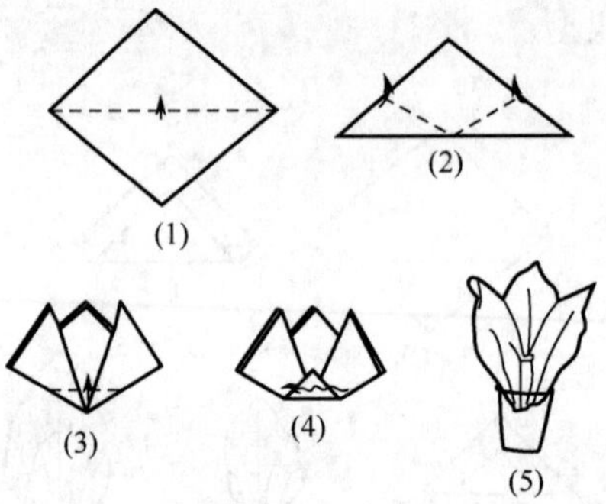

图 2－22　三叶

（2）从底边向上卷，留 1/5 左右的小角。

（3）将留下的巾角打开一层。

（4）将卷好的方巾折一个倒“∪”形。

（5）翻上两侧小角做叶。

（6）放入杯中，翻开卷着的巾角，整理成型。

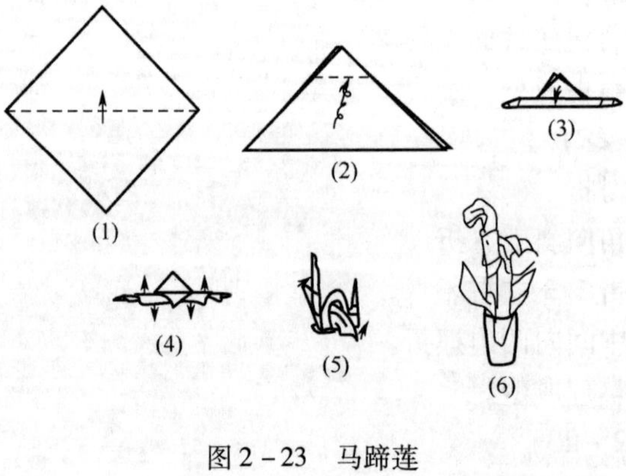

图 2－23　马蹄莲

23. 双芯花（图2－24）

（1）将底边向上对折成长方形。
（2）将上层巾角折向中点。
（3）下层巾角向背面折。
（4）从左向右折。
（5）呈三角形。
（6）从中间向两边折七裥。
（7）向两边分开两巾角。
（8）夹层外翻。
（9）放入杯中，整理成型。

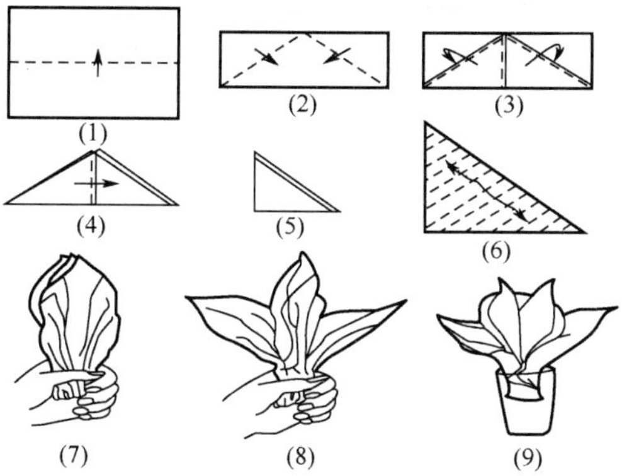

图2－24　双芯花

24. 扁豆花（图2－25）

（1）将底角向上对折，与顶角对齐。
（2）将底边两角从内侧向顶角折拢。
（3）按曲线指示方向，从中间向两边均匀捏折。
（4）翻下两侧外层巾角，打开中间两巾角。
（5）放入杯中，整理成型。

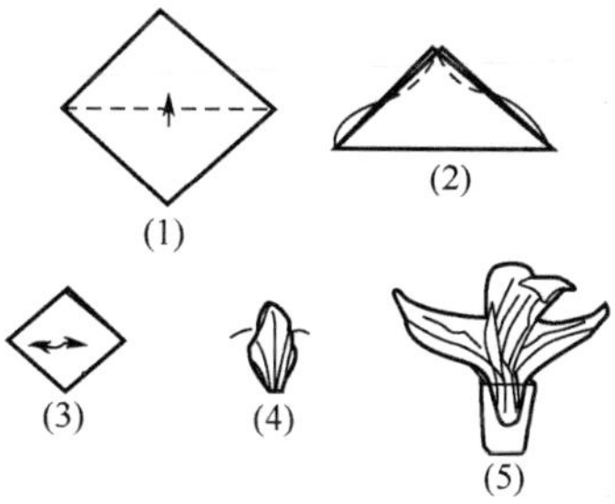

图2－25　扁豆花

25. 芭蕉叶（图2-26）

（1）将下巾角向上卷至餐巾中线。

（2）向上折六至七裥。

（3）向下对折拢。

（4）折成图中步骤（4）。

（5）插入杯中。

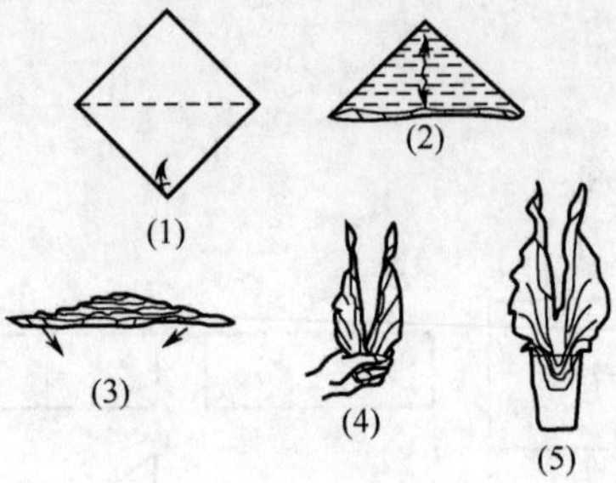

图2-26　芭蕉叶

26. 白鹤（图2-27）

（1）从一巾角的两边向中间斜卷。

（2）卷成上宽底尖两卷相并。

（3）将尖角翻折。

（4）将中部折成W形。

（5）将尖角捏成头。

（6）放入杯中。

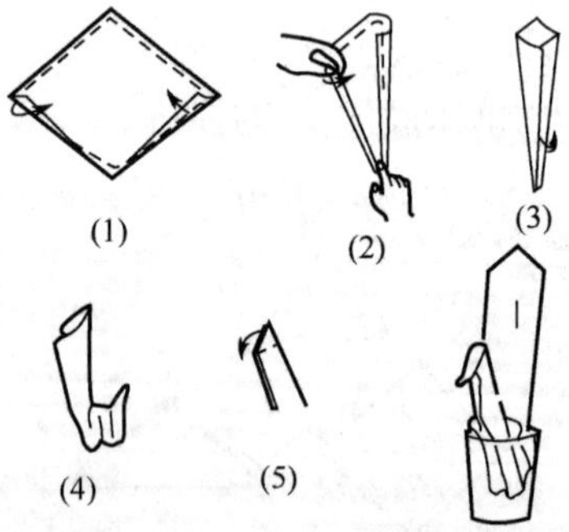

图2-27　白鹤

27. 孔雀（图2-28）

（1）按虚线所示向顶上压折一层。

（2）再将底角折上，与背面底边取齐。

（3）再将此角向下折2/3左右。

（4）继续将此角向上折 1/3 左右。

（5）按曲线所示从中间向两边均匀捏折。

（6）拉出夹缝中的巾角做头。

（7）放入杯中，整理成型。

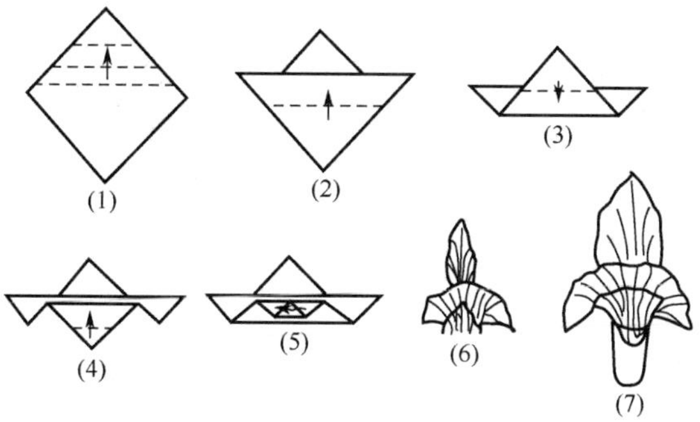

图 2－28　孔雀

28. 蝴蝶（图 2－29）

（1）将两边向中间对拢。

（2）按指示方向分别折下四巾角。

（3）从底边向上卷至 1/4 处。

（4）再继续向上均匀捏折。

（5）将两边向下对拢。

（6）放入杯中，整理成型。

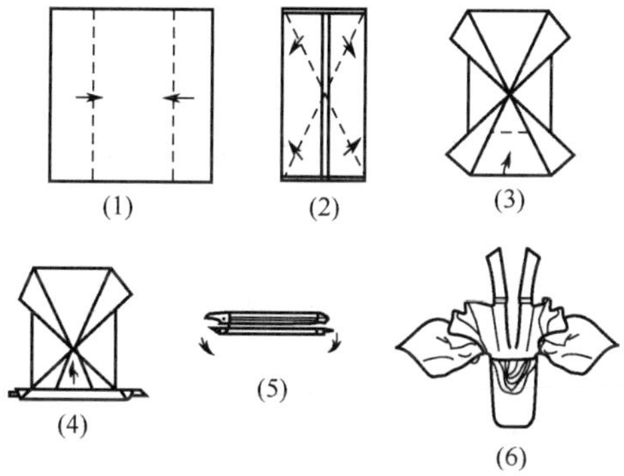

图 2－29　蝴蝶

29. 金鱼（图 2－30）

（1）将底边微斜向顶边对折。

（2）将左边向右折至虚线标明的位置。

（3）从中间向两边均匀对折。

（4）将左边巾角折上做头，右边巾角做尾。

（5）放入杯中，整理成型。

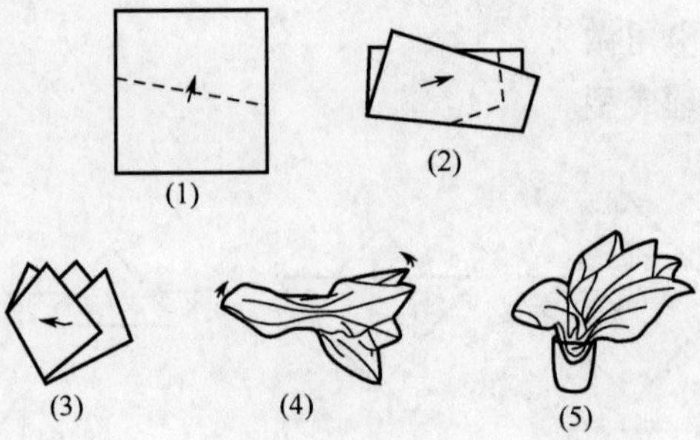

图2-30　金鱼

30. 鸵鸟（图2-31）

（1）将左右两边巾角向中间折拢。
（2）将底角折上。
（3）再将此角折下。
（4）从右向左对折。
（5）沿斜边向上做直线捏折。
（6）将底巾角拉上做头。
（7）放入杯中，整理成型。

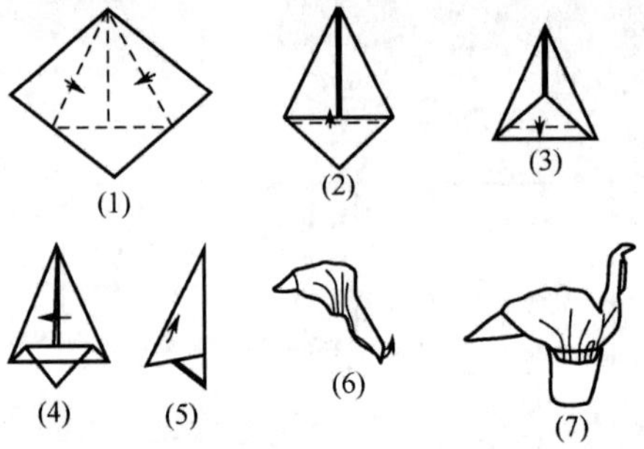

图2-31　鸵鸟

二、餐巾折花技能考核评价标准（表2-2）

表2-2　　餐巾折花技能考核评价标准

序号	考核项目	考核要求	分值	得分
1	手技要领	准确使用餐巾花折叠基本技法	15	
		操作娴熟、规范	10	
2	折花造型	折花造型美观、逼真、挺拔	20	
		操作熟练，一次成型	20	

续表

序号	考核项目	考核要求	分值	得分
3	折花速度	能够保证在规定时间内完成折花造型	15	
4	操作禁忌	操作手法卫生，不用口咬、下巴按，手不触及杯的上部	20	
总分				

任务三　斟酒服务技能

任务布置

学生分组完成如下项目的训练：

1. 徒手斟酒模拟训练。

要求：一分钟内完成十人位斟倒，做到动作标准优美，不滴不洒、酒量适度。

2. 托盘斟酒模拟训练。

要求：托盘内同时盛放两瓶酒水，手持一瓶酒水，1.5min 时间内完成十人位斟倒，斟倒时做到动作标准优美，不滴不洒、酒量适度。

相关知识

斟酒服务在餐饮服务工作中比较频繁，无论是中餐还是西餐，在就餐服务中都是由服务人员提供斟酒服务，尤其宴会服务中斟酒服务运用最多。斟酒服务要求不滴不洒，不满不溢。

一、斟酒标准

斟酒标准应视酒品的种类、杯具大小而定。一般来讲，中餐常用酒水——白酒、红酒、啤酒均斟 8 分满，以示对宾客的尊重；西餐斟酒不宜太满，一般红葡萄酒斟至杯的 1/2，白葡萄酒斟至杯的 2/3，白兰地酒斟倒酒杯容量的 1/5，斟香槟时，分两次进行，先斟至杯的 1/3，待泡沫平息后，再斟至杯的 2/3。中西餐饮料均斟 8 分满。

二、斟酒顺序与时机

（一）中餐斟酒顺序与时机

斟酒时机是指就餐过程中斟酒阶段的掌握。一般来讲分为餐前斟酒和就餐过程斟酒。

宴会开餐前 5min 将烈性酒和葡萄酒斟好，斟酒时，可以从主人位置开始，按顺时针依次进行。宾客入座后，再依次斟倒啤酒或饮料，斟酒一般是从主宾开始，按男主宾、女主宾，再主人的顺序进行斟倒，以示对客人的尊重。如果是两位值台员同时服务，一位从主宾开始，另一位从副主宾开始，按顺时针方向进行。如有冰镇酒或加温的酒，应在宴会开始上第一道热菜前依次为客人斟至杯中。宴会进行中的斟酒，应在客人干杯前后及时为宾客添斟酒水；每上一道新菜后也要添斟酒水；当客人杯中酒液不足半杯时也要及时添斟；在客人互相敬酒时，要尾随敬酒的宾客及时添斟。

一般酒席斟酒可根据宾客的饮食习惯和要求而定，通常是等宾客到齐后开始斟酒。

（二）西餐斟酒顺序与时机

西餐宴席用酒较多，几乎每道菜都跟有一种酒，讲究什么菜配什么酒，应先斟酒后上菜。斟酒时，则先斟女主宾、女宾、女主人，后斟男主宾、男宾、男主人。续酒时，可不拘次序。

三、斟酒时的注意事项

（1）斟酒时要注意瓶内酒量的变化情况，以适当的倾斜角度控制酒液的流出速度。当瓶内的酒液越少时流速越快，控制不好容易冲出杯外。

（2）斟啤酒时，由于泡沫较多，极易沿杯壁流出杯外，所以斟啤酒的速度要慢一些，也可以分两次将啤酒沿酒杯内壁倒入杯中。

（3）斟香槟酒或碳酸饮料时，应先向杯内斟倒 1/3，待泡沫消去后，再往杯中续斟，以八成满为宜。

（4）凡使用冰桶的酒水，从冰桶取出时，应以一块口布包住瓶身，以免瓶外水滴弄脏台布或宾客衣服。凡使用酒篮的酒，瓶颈下应垫一块餐巾或纸。

（5）由于操作不慎将酒杯碰翻时，应向客人表示歉意，立即将酒杯扶起，检查有无破损。如有破损应立即另换新杯，迅速用一块与台布同色的口布铺在酒迹之上，然后将酒杯放还原处，重新斟酒。如果宾客不慎将酒杯碰翻，服务员要立即上前安慰客人，并重复上述操作。

（6）随时观察每位客人的酒水饮用情况，当宾客酒水少于 1/3 时，应征询客人意见，及时续斟酒水。

（7）在斟软饮料时，根据宴会所备品种放入托盘，请宾客选择，待宾客选定后再斟倒。软盒饮料注意掌握力度，拿得太松会脱手，拿得太紧会控制不住流量。

（8）宴会进行中，一般宾主都要讲话，讲话结束时双方都要举杯祝酒，因此在讲话开始前，要将其酒水斟齐，以免祝酒时杯中无酒。讲话结束，服务员要及时将讲话者的酒水送上，若其要向各桌宾客祝酒，此时需要服务员托着酒水跟随，随时准备为客人添酒；各桌服务员在敬酒人到来之前应及时为桌上客人添酒，并示意。

（9）宾主讲话时，服务员要停止一切操作，端正静站在适当位置，不可抓耳挠腮或交头接耳。服务员应事先了解宾客的讲话时间，以便在讲话开始前停止操作。

任务实施

一、斟酒操作程序与标准

活动一　酒水准备与示酒

（一）准备工作

准备工作包括酒水的准备、酒杯的准备、酒水温度的处理。

步骤1：酒水准备。

从吧台领出酒水后，先检查酒水是否为客人所需要的酒水，如不是应及时调换；接着检查酒水的质量，如发现酒瓶有破裂或酒水中有浑浊沉淀物等变质现象时，也应调换。

服务员要将领出的酒水瓶身、瓶口擦干净。用托盘盛装酒水、饮料为客人服务或提供给客人选择时，要将瓶子较高的酒水饮料放在内侧，瓶子低的放在外侧，方便取用。

步骤2：准备酒杯。

备有为各种不同的酒而设计的酒杯（图2－32）对专门销售食品与酒水的餐厅是非常重要的。如啤酒杯的容量大，杯壁厚，这样可较好地保持它冰镇过的效果；葡萄酒杯做成郁金香花型，是考虑到当酒斟至杯中面积最大处时，可使酒与空气保持充分接触，让酒的香醇味道更好地挥发；烈性酒杯容量较小，玲珑精致，使人感到杯中酒的名贵与醇正。餐厅服务员应根据酒类品种配备酒杯，并检查酒杯的洁净和完好程度。

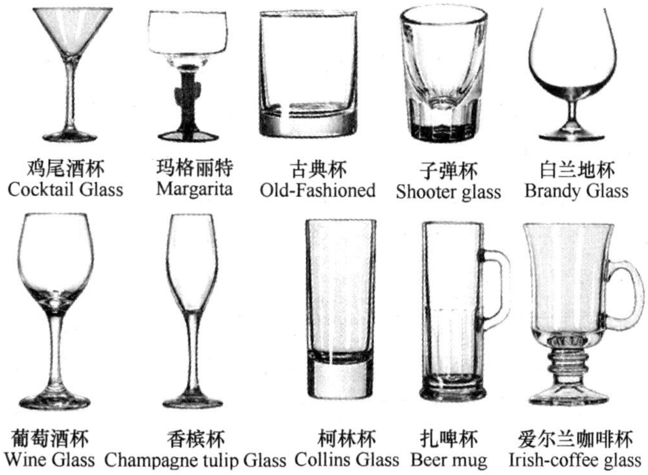

图2－32　各式酒杯

步骤3：酒水温度处理。

明确酒品的最佳饮用温度。白葡萄酒、玫瑰红葡萄酒、香槟酒和葡萄汽酒最佳饮用温度为10～12℃，红葡萄酒的最佳饮用温度为20℃。如果能在饮用前打开瓶塞，让酒液与空气接触片刻，红葡萄酒会更香醇。酒精度较高的加强葡萄酒，如波特酒和雪利酒最佳的饮用温度为室内温度（20℃）。白兰地、威士忌饮用温度通常为室内温度，也可根据客人需要加入冰块。中国烈性白酒及黄酒最佳饮用温度是室温或稍加热度。啤酒最佳饮用温度为8～10℃，夏天可适当降低，在4～10℃。在矿泉水服务中，其最佳饮用温度约是4℃，并当着客人的面开瓶。任何冷饮，尤其是矿泉水在没有得到客人同意时，不要在水中加冰块或柠檬片。

1. 升温处理

常见的对酒水做升温处理的方法有水烫、冲泡、火烤、燃烧四种方式。

（1）水烫。这种方式可采用中国传统的紫砂器和瓷器来进行。此类器皿一般都由两个部分组成，一是盛酒部分，即酒壶；二是盛水部分，可盛高温热水用于烫酒，称为水盂。服务员做水烫时，先把酒倒入酒壶部分，再在水盂中盛入适量高温热水，然后将酒壶放入水盂中，待壶中酒液温度升至40℃左右即可用于斟倒服务，一般适用于中国黄酒、白酒和日本清酒的服务。

（2）冲泡。这种方式是将热的酒液或饮料倒入冷的酒液或饮料中，此种方式在酒吧中较多见。

（3）火烤。这是先将酒液倒入耐热器皿中，再把器皿连同酒液一起在火上烤热的方法，此种方式在酒吧中较多见。

（4）燃烧。这是先将酒液（烈性酒）倒入酒杯中，再用火柴或打火机点燃的方法，此种方式在酒吧中较常见。

2. 降温处理

常见的降温方式有针对酒瓶进行处理和针对酒杯进行处理两种方式。对酒瓶进行处理常用的方法是冰镇。在西餐中为了获得大量冷杯，一般使用冰箱对酒杯进行处理的方式较多。

（1）冰镇。这种方式一般针对白葡萄酒和香槟酒两类洋酒进行，使用的冰桶为香槟桶。先在香槟桶内装入适量的冰块，把白葡萄酒瓶或香槟酒瓶斜放于冰块上面，再在酒瓶上面放上冰块并盖上餐巾，待15min后，可将酒瓶取出用于斟酒。

（2）擦瓶。这是用冰块擦抹酒瓶对酒瓶进行降温的处理方式。

（3）冰箱冷藏。这是将要用的瓶酒或酒杯放入冰箱一段时间，待符合要求后取出使用的方式。此种方式在酒吧使用较多。

（4）溜杯。服务员先取一个要用的酒杯拿在手上，再在酒杯中放入一个大小适中的冰块，然后举起酒杯并不停地摇动直至杯壁变冷或见霜的处理方式。此种方式主要在酒吧使用，主要针对一些特色利口酒。

（二）示酒

由于各种酒的品种和产地非常多，尤其是葡萄酒，因此在开瓶之前，都应让客人鉴定一下酒的名称、商标、产地、年限和级别等内容。示酒是指服务员站在点酒客人的右侧，左手托瓶底，右手扶瓶颈，酒标朝向客人，让客人辨认。这种服务程序的目的，是让客人鉴定该酒品的质量，同时也是表示对顾客的尊重。示酒是斟酒服务的第一道程序，它标志着服务操作的开始。实际上显示酒瓶商标也是开瓶服务的一部分。

活动二　开瓶

需要进行开瓶处理的酒水主要有带盖和带软木塞的酒瓶，这两类酒瓶在进行开瓶时都要使用开瓶器。常见的开瓶器主要有：扳手、酒钻和组合开瓶器三类，一般情况下扳手用以开带盖的酒瓶，酒钻用以开带软木塞的酒瓶，组合开瓶器可用于开以上两类酒瓶。因此，在酒吧等用酒量大的地方服务员在衣兜里都必备组合开瓶器作为服务时的常备工具。

1. 啤酒的开瓶方法

啤酒类酒瓶都为带盖酒瓶，一般都使用扳手进行开启。开启时，将扳手方口近柄处的突起部分插入瓶盖的凹孔内，再利用杠杆原理上抬扳手末端即可把瓶盖扳开、去掉。开盖后的酒瓶在对瓶口进行擦拭后才能用于斟酒。

2. 葡萄酒的开瓶方法

将葡萄酒瓶置于操作台上，使用酒钻进行开瓶。在开瓶时，先用刀割开瓶口处的锡箔纸，再将酒钻的螺旋部分旋入软木塞内大约2/3处，此时酒钻的带帽处已贴在瓶口上，酒钻的两翼也已打开。操作者见此情况后即可下压两翼，待软木塞松动后，立即将软木塞拔出。这样酒瓶即被打开，再用餐巾对瓶口进行擦拭处理后，这瓶酒就能用于斟倒了。用餐巾擦拭瓶口时，一定要由内向外擦拭，以免污物掉入酒液中。在开葡萄酒瓶时，只能在操作台或餐台上进行，不能在遇到困难时将酒瓶夹于腋下或夹于两腿之间进行开瓶。如遇软木塞断裂，可将酒瓶倒立，利用酒液的压力压住软木塞，再把酒钻的螺旋部分旋入软木塞，然后倒转酒瓶，拔出软木塞。

3. 香槟酒的开瓶方法

香槟酒也是用软木塞进行封装的酒类。开瓶时，一定要用左手大拇指压住瓶口处的软木塞，然后再进行开瓶。先将瓶以45°角对着自己，再用刀割去瓶口处的锡箔纸，去掉铁丝帽，轻微摇晃酒瓶，待右手手指感觉软木塞松动时，顺势拔出瓶塞。开启香槟酒瓶时一定要注意安全，要将瓶口朝向自己或天花板以免在瓶内压力过大时爆塞伤到客人。开瓶后遗留的杂物、污物需用盛器及时清理走，如锡箔纸、铁丝帽、断裂或拔出的软木塞等。使用冰镇方法降温的酒水，应连同冰桶一起放在餐台或冰桶架上，在餐台上的冰桶下面应加放一个接水盘。

4. 滗酒

陈酿红葡萄酒因储存时间较长，瓶内可能有酒渣存在，在斟酒前需进行过滤处理，这种利用器械（滗酒器）滤掉陈酒中酒渣的过程称为滗酒。滗好后的酒即可用于斟倒，但在斟倒前应先进行试酒。

活动三　斟酒

斟酒的方法分托盘斟酒和徒手斟酒。

1. 托盘斟酒

托盘斟酒时，服务员站在宾客的右后侧，右脚向前伸进两椅之间，侧身而上，左脚微微踮起。左手托盘向外撇，保持平衡；右手拿瓶斟酒，手势自然，握酒瓶中下部，酒标朝向客人，瓶口距杯口1～2cm，然后运用斟酒“四字诀”进行斟倒，这四个字是：“快、稳、慢、旋”。

（1）快。这是指酒液将从酒瓶口流出的瞬间，轻点瓶口，让握瓶手的倾斜度大一点，使酒液很快从酒瓶内流出。

（2）稳。这是指整个斟酒过程中握瓶的手的腕部要稳，让酒液始终保持均匀的、可控制的流速状态。

（3）慢。这是指斟酒量将要符合要求后，收酒时，上抬瓶口的速度要慢。

（4）旋。这是指收酒时为了让最后一滴酒液挂在瓶口，向内旋转酒瓶的动作和过程。

在操作时，只要能综合掌握上面四个字即能快捷地掌握斟酒技术。

2. 徒手斟酒

徒手斟酒多见于一桌宾客一次用同一瓶酒水。斟酒姿势要领同上，左手应持一块干净的餐巾放在身后，斟完酒后可以擦去瓶口的酒水。徒手斟酒又分为桌斟和捧斟两类。

桌斟是酒杯放在桌上为客人斟倒，斟酒时站在客人右后侧，既不可紧贴客人，也不可离客人太远。给每一位客人斟酒时都应站在客人的右后侧，而不能图省事，站在同一个地方左右开弓给多个客人同时斟酒。给客人斟酒时，不能将酒瓶正对着客人，或将手臂横越客人。每斟完一杯酒后，将握有瓶子的手顺时针旋转一个角度（约45°），与此同时收回酒瓶，这样可以使酒滴留在瓶口，不至于落在桌上，也可显得姿势优雅。

捧斟的方法是一手持瓶，另一手将酒杯捧在手中，站在宾客的右后侧，向杯内斟酒，然后将斟上酒水的酒杯放在客人的右手处。

二、斟酒技能考核评分标准

表2－3　斟酒技能考核评分标准

序号	考核项目	考核要求	分值	得分
1	斟酒顺序	能够按照先宾后主的顺序依次进行	20	
2	斟酒姿势	酒水商标朝外，面向客人显示	10	
		瓶口不要碰杯口，相距1～2cm	10	
		握瓶姿势正确，步法正确	15	
		收瓶姿势规范，动作优美	15	
3	斟酒标准	斟酒量八成满	15	
		不滴不洒、不少不溢	15	
总分				

任务四　摆台操作技能

任务布置

学生分组完成如下项目的任务训练：

1. 中餐宴会六人台台面铺设。

2. 中餐宴会十人台台面铺设。

3. 西餐宴会六人台台面铺设。

相关知识

餐台是餐厅为客人提供服务的主要服务设施之一，餐台的布置称为摆台，是将餐具、酒具以及辅助用品按照一定的规格整齐美观地铺设在餐桌上的操作过程，包括铺台布、餐台排列、席位安排、餐具摆放等。摆台要求做到清洁卫生、整齐有序、各就各位、放置得当、方便就餐、配套齐全，这样既可以保证用餐环境的方便舒适，又可以给就餐的客人以良好的心境感受，创造一个温馨舒适的就餐环境。摆台的基本要求如下：

（1）摆设的台面要清洁卫生。摆台所用的台布、餐巾、餐具、小件物品、调味品以及餐椅和其他各种装饰物品都要符合卫生要求，以防污染。

（2）餐台的布局要做到台形设计考究、合理、井然有序，既方便客人就餐，又能确保服务工作的顺利进行。

（3）台面的设计要尊重客人的民族习惯和饮食习惯，符合待客的礼仪要求。

（4）根据就餐规格和形式设计台面，所配餐具、用具，要配套、齐全。

（5）餐具摆放要求相对集中，餐具摆放距离相等，图案、花纹对正，符合规范。

（6）涉外宴会摆台要求符合各国、各民族的礼仪习俗，席位安排根据对方传统习惯来定。

任务实施

一、中餐摆台

（一）中餐摆台程序与标准

活动一　中餐零点早餐摆台

步骤1：骨碟摆放在餐位正前方，骨碟边沿距桌边1.5cm。

步骤2：汤碗、勺摆在骨碟左上方，距骨碟1～1.5cm，勺置于碗中，勺把向左。

步骤3：筷架摆放在骨碟右侧，筷子架在筷架上，筷子距餐碟3cm，筷尾离桌边1.5cm。

步骤4：餐巾通常叠一种统一的盘花或无餐巾。

步骤5：如摆茶碗，则扣放在餐碟中或茶碟中，杯耳朝右，茶碟距筷子及桌边均为2cm。

步骤6：摆牙签盅、调味壶、烟灰缸、花插。圆桌摆放：调味壶摆在餐桌的左侧，牙签盅在右侧，距转台3cm，烟灰缸摆放4只，两两对称成正方形。方桌摆放：调味壶摆在餐桌的右下角，牙签盅、烟灰缸放在左上角；花插居桌中而放，台卡放一侧，朝向餐厅门口。

步骤7：摆椅子。圆桌摆放：三三两两式。方桌摆放：两两一一式、对称式，椅面内沿紧贴桌布。

活动二　中餐零点午餐、晚餐摆台

步骤1：骨碟摆放在餐位正前方，骨碟边沿距桌边1.5cm。

步骤2：汤碗、勺摆在骨碟左上方，距骨碟1～1.5cm，勺置于碗中，勺把向左。

步骤3：筷架摆放在骨碟右侧，筷子架在筷架上，筷子距餐碟3cm，筷尾离桌边1.5cm，筷套上的文字正面朝上。

步骤4：用红酒杯定位，红酒杯摆在骨碟的正前方，杯柱中心应正对骨碟的中心，白酒杯摆在红酒杯的右侧，水杯在红酒杯的左侧。3个杯子之间的距离是1～1.5cm。

步骤5：餐巾花放在餐碟上或插入水杯中。

步骤6：茶碗扣放在餐碟中或茶碟中，杯耳朝右，茶碟距筷子及桌边均为2cm。

步骤7：花瓶摆在餐桌中央，席次卡放在餐桌下首，台号朝向厅堂入口。其他公用物品如烟灰缸、调味壶、特选菜单等的摆放以方便客人取用为宜。集体用餐或几位宾客共同进餐时，应在个人餐具上方或转盘上摆放筷架或公用盘，并放公用筷或公用勺、公用叉。一般十人桌对称摆放两套公用餐具。

活动三　中餐宴会摆台

步骤1：摆放桌椅。

一般来说，桌子在摆放时要注意四条腿构成的正方形与餐厅的四面墙平行，桌面牢靠稳固，不晃动。为体现餐厅的整体效果，椅子要摆放整齐，离门最远的中间餐位是主人位置，它对面的位置是副主人位置。以十人台为例，餐椅摆成三二式，即正副主人侧各放三把餐椅，另两侧各放二把餐椅，椅背在一条直线上。

步骤2：铺台布。

台布的规格及色泽的选择，应与餐桌的大小、餐厅的风格协调一致。常见的台布有正方形、长方形和圆形三种，可根据餐桌的大小、形状选用不同规格的台布，一块不够用时可随意拼接，但在拼接时应注意将接口处接压整齐。一般来说，台布以大于餐桌60cm为宜，台布铺于餐桌后，下垂30cm左右。

铺台布之前，将双手洗净，对准备铺用的每块台布进行仔细的检查，发现有残破、油液和皱褶的台布则不能继续使用。铺台布时，餐厅服务员站在主人位，用双手将台布打开并且拿好，身体略向前倾，运用双臂的力量，将台布朝副主人座位方向轻轻地抛抖出去。

（1）要求。正面向上，十字居中，四角下垂部分相等，并遮住桌腿，四边下垂部分相等，台布铺放平整挺括，桌布的凸折线指向正副主人座，圆形台布周边下垂均匀。

（2）中餐圆桌铺台面方法。中餐圆桌铺桌的常用方法有三种：

1）推拉式。服务员选好台布，站在副主人座位处，用双手将台布打开后放至餐台上，用两手的大拇指和食指分别夹住台布的一边，其余三指抓住台布，将台布贴着餐台平行推出去再拉回来。铺好的台布中间的折线对准主位，十字取中，四面下垂部分对称并且遮住台脚的大部分，台布自然下垂至餐椅边为最适合。这种铺法多用于零餐餐厅或较小的餐厅，或因有客人就座于餐台周围等候用餐时，或在地方窄小的情况下，选用这种推拉式的方法进行铺台。

2）抖铺式。服务员选好台布，站在副主人座位处，用双手将台布打开，用两手的大拇指和食指分别夹住台布的一边，其余三指将多余台布提拿于胸前，身体呈正位站立式，利用双腕的力量，将台布向前一次性抖开并平铺于餐台上。这种铺台方法适合于较宽敞的餐厅或在周围没有客人就座的情况下进行。

3）撒网式。服务员在选好合适台布后，站在副主人的位置处，呈右脚在前、左脚在后的站立姿势，将台布正面朝上打开，用两手的大拇指和食指分别夹住台布的一边，其余三指将多余台布提拿至左肩后方，上身向左转体，下肢不动并在右臂与身体回转时，台布斜着向前撒出去，将台布抛至前方时，上身转体回位并恢复至正位站立，这时台布应平铺于餐台上。这种铺台方法多用于宽大场地或技术比赛场合。

步骤3：放转台、打桌裙。

站在主人位，将转台摆放在餐桌的中央，转盘的中心和圆桌的中心重合，转盘边沿离桌边的距离均匀，误差不超过1cm，竖拿轻放，并试转转盘是否旋转灵活。将桌裙沿桌沿按顺时针方向（折扣向左）每个相隔4cm，用揌钉或尼龙搭扣固定在桌沿上即可。

步骤4：拉椅定位。

从主人位开始，用双手轻扶椅背，用膝盖辅助，将餐椅提起并拉出。顺时针绕台进行，餐椅前端距下垂桌布1cm，每把餐椅都直对桌心，相邻餐椅距离匀称，角度均等。

步骤5：骨碟定位。

用托盘或徒手用餐巾托骨碟，从主人座位开始，顺时针方向绕台进行，要求轻拿轻放，离桌边1.5cm，骨碟之间距离均匀。

步骤6：摆调味碟。

在骨碟纵向直径延长线上1cm处放调味碟，两碟中心对齐。

步骤7：摆放汤碗、汤勺。

在调味碟横向直径延长线左侧1cm处放汤碗、汤勺，汤勺勺柄向左，汤碗与调味碟横向直径在一条线上。

步骤8：摆放筷架、分勺、牙签袋、筷子。

在汤碗与调味碟横向直径右侧的延长线处放筷架、分勺、袋装牙签和筷子。勺柄与骨碟相距3cm，筷套离桌边1.5cm，并与骨碟纵向直径平行，袋装牙签与分勺末端平齐。

步骤9：餐巾折花。

中餐宴会餐巾花的选用应考虑宴会的规模和主题，如小型高规格的宴会可以选用餐巾环花；大型宴会常采用折叠简单和便于储存的盘花，以便提前准备；婚宴可选用百合花、玫瑰花和并蒂莲，而寿宴可选用寿桃和松鹤等；选择时要求注重色彩、美观大方、突出主位和烘托主题。

步骤 10：摆放三杯。

在调味碟纵向直径延长线上 2cm 处摆放红葡萄酒杯，红葡萄酒杯右下侧摆放烈性酒杯，在红葡萄酒杯左上侧摆放水杯，三杯成一直线，与水平线呈 30°，杯肚之间相距 1cm。

步骤 11：摆放公用餐具。

中餐宴会公用用具摆放因宴会的规格和服务方式不同而不尽相同，如不分菜的宴会应摆放公筷和公勺，主人位和副主人位各放一份菜单，具体摆放样式如图 2－33 所示。

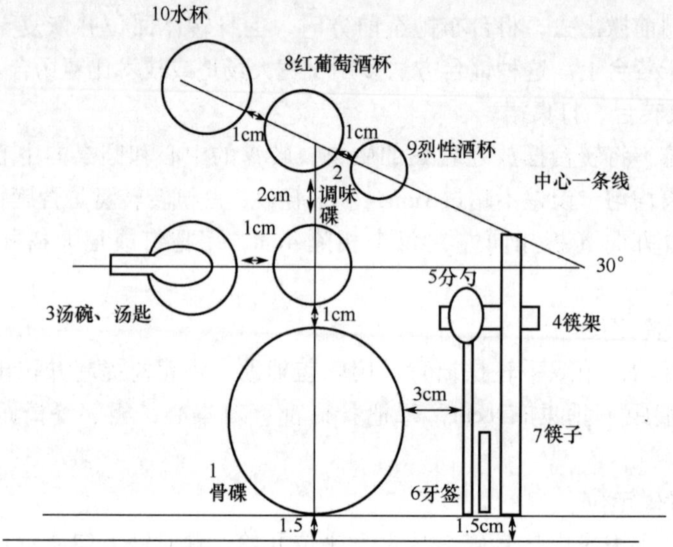

图 2－33　中餐宴会摆台

（二）中餐宴会摆台技能考核评分标准（表 2－4）

表 2－4　　中餐宴会摆台技能考核评分标准

序号	考核项目	考核要求	分值	得分
1	台布及装饰布	可采用抖铺式、推拉式或撒网式铺设装饰布、台布，要求一次完成	3	
		拉开主人位餐椅，在主人位铺装饰布、台布	1	
		装饰布平铺在台布下面，正面朝上，台面平整，下垂均等	3	
		台布正面朝上，定位准确，中心线凸缝向上，且对准正副主人位；台面平整，十字居中，台布四周下垂均等	3	
2	餐碟定位	从主人位开始一次性定位摆放餐碟，餐碟间距离均等，相对餐碟边与餐桌中心点三点一线	6	
		距桌沿 1.5cm	2	
		拿碟手法正确（手拿餐碟边缘部分）、卫生、无碰撞	2	

续表

序号	考核项目	考核要求	分值	得分
3	汤碗、汤勺、味碟	汤碗摆放在餐碟左上方1cm处，味碟摆放在餐碟右上方1cm处，汤勺放置于汤碗中，勺把朝左，与餐碟平行	6	
		汤碗与味碟之间距离的中点对准餐碟的中点，汤碗、味碟、餐碟间相距均为1cm	4	
4	筷架、筷子、分勺、牙签	筷架摆在餐碟右边，其中点与汤碗、味碟在一条直线上	2	
		筷子、分勺搁摆在筷架上，筷尾距餐桌沿1.5cm	3	
		筷套正面朝上	2	
		牙签位于分勺和筷子之间，牙签套正面朝上，底部与分勺齐平	1	
5	葡萄酒杯、白酒杯、水杯	葡萄酒杯在餐碟正上方（汤碗与味碟之间距离的中点线上）	3	
		白酒杯摆在葡萄酒杯的右侧，水杯位于葡萄酒杯左侧，杯肚间隔1cm，三杯杯底中点与水平成一直线。水杯待餐巾花折好后一起摆上桌，杯花底部应整齐、美观，落杯为2/3处	6	
		摆杯手法正确（手拿杯柄或中下部）、卫生	3	
6	公用餐具	公用筷架摆放在主人和副主人餐位正上方，距水杯3cm	2	
		先勺后筷顺序将公勺、公筷搁摆于公用筷架之上，勺柄、筷子尾端朝右	2	
7	餐巾折花	花型突出正、副主位，整体协调	2	
		有头、尾的动物造型应头朝右（主位除外）	2	
		巾花观赏面向客人（主位除外）	2	
		巾花种类丰富、款式新颖	4	
		巾花挺拔、造型美观、花型逼真	3	
		操作手法卫生，不用口咬、下巴按、筷子穿	2	
		折叠手法正确、一次性成形。如折的是杯花，巾花折好后放于水杯中一起摆上桌	5	
		手不触及杯口	2	
8	菜单、花瓶和桌号牌	花瓶摆在台面正中	1	
		菜单摆放在正副主人的筷子架右侧，位置一致，菜单右尾端距离桌边1.5cm	2	
		桌号牌摆放在花瓶正前方、面对副主人位	1	
9	拉椅让座	拉椅：从主宾位开始，座位中心与餐碟中心对齐，餐椅之间距离均等，餐椅座面边缘距台布下垂部分1cm	2	
		让座：手势正确，体现礼貌	2	

续表

序号	考核项目	考核要求	分值	得分
10	托盘	用左手胸前托法将托盘托起，托盘位置高于腰部，姿势正确	3	
		托送自如、灵活	3	
11	综合印象	台面摆台整体美观、便于使用、具有艺术美感	5	
		操作过程中动作规范、娴熟、敏捷、声轻，姿态优美，能体现岗位气质	5	
总　分				

二、西餐摆台

（一）西餐摆台程序与标准

西餐一般使用长方台，有时也使用圆台或者四人小方台。西餐就餐方式实行分餐制，摆台按照不同的餐别而做出不同的摆设。正餐的餐具摆设分为零点餐桌摆台和宴会摆台，同时西餐摆放的方式因不同的服务方式也有不同之处。

活动一　西餐零点摆台

零点餐包括个人用餐和集体用餐。一般吃什么菜摆什么餐具，喝什么酒水摆什么饮具。座次无主次之分。

（一）西餐早餐摆台

西餐早餐一般在咖啡厅提供，有美式、欧陆式、英式等，摆台方法各有不同。

步骤1：铺台布。

服务员站在餐台长侧或方桌中间位置，将台布横向打开，双手捏住台布一侧边缘，将台布送至餐台另一侧，然后将台布向身体一侧慢慢拉到位。铺好的台布正面朝上，平整无折皱，十字折缝居中，台布两侧下垂均等。

方形餐台台布菱形铺法是：服务员站在餐台一角，抖开台布铺在台面上，使台布的两条中缝线落在方台的对角线上，台布的边与餐台的四边呈45°夹角，四角下垂部分均等。

步骤2：摆餐盘。

餐盘摆在餐位正中，盘边距桌边2cm。有的西餐厅不放餐盘，中间留出30cm的位置摆放餐巾花或纸巾。

步骤3：摆餐刀、餐叉、汤匙。

在餐盘的左右两侧分别摆放餐叉和餐刀，餐刀右侧摆汤匙，叉面、匙面向上，刀刃朝盘，刀、叉、匙柄平行，同垂直于桌边，距桌边2cm，刀、叉距餐盘1cm，刀匙相距1cm。

步骤4：摆面包盘、黄油刀。

面包盘摆在餐叉左侧，距餐叉1cm，距桌边2cm（或面包盘中心与餐盘中心的连线平行于桌边）。黄油刀竖立放在面包盘上中轴线的右侧边沿处，与餐叉平行，刀刃朝面包盘心。若放黄油盘，则摆在黄油刀尖前方3cm处，黄油盘的左侧与面包盘垂直于桌的直径延长线相切。

步骤5：摆咖啡具、水杯。

将咖啡杯及咖啡垫碟摆在汤匙右侧，咖啡匙放在垫碟内，杯柄及匙柄向右，垫碟与餐刀相距1cm，垫碟中心与餐盘中心在同一直线上。可根据不同餐式的要求，决定是否在餐刀正前方3cm处摆水杯。

（二）西餐午、晚餐摆台

西餐午、晚餐摆台是在西餐早餐摆台的基础上，撤去咖啡杯具，增摆甜品叉、甜品匙。甜品叉横放于餐盘正前方，叉柄朝左，距餐盘1cm；甜品叉的前方横放甜品匙，匙柄朝右，叉匙间距1cm。若有鱼类菜肴，则需加摆鱼刀、鱼叉。一般只摆水杯，但为了促销酒水，也可摆放三套杯，如是晚餐也可摆放烛台。

活动二　西餐宴会摆台

西餐宴会餐台是可以拼接的，餐台的大小和台形的排法，可根据人数的多少和餐厅的大小进行布置，一般为长台。西餐宴会餐具摆设为左手托盘，右手摆放餐具。

步骤1：铺台布。

按西餐铺设台布的方法铺好台布。

步骤2：摆餐盘。

服务员左手托盘，右手拿取餐具，从主人席位开始在每个餐位的正前方摆放一个展示盘，盘子上端的花纹图案对正，盘与盘之间距离相等，盘边距桌边1cm。

步骤3：摆放餐刀、餐叉、汤勺。

先摆餐刀，后摆餐叉，摆放顺序与取用顺序相反，即按“主菜—副菜—汤—开胃品”的顺序摆放。从展示盘的左右两侧从里向外依次摆放主菜叉、主菜刀、头盆叉、头盆刀，汤匙放在头盆刀和主菜刀之间，刀与刀、叉与叉之间相距0.5cm，主菜刀、主菜叉距展示盘1cm，餐具尾端距桌边1cm。如有鱼类菜肴在主菜叉与头盆叉之间摆放鱼叉，在主菜刀与汤勺之间摆放鱼刀，鱼刀、鱼叉尾端距桌边5cm。

步骤4：摆甜品叉、勺。

展示盘上方1cm处依次平行横摆甜品叉、甜品匙，刀把、叉尖、匙把朝右。

步骤5：摆放面包盘、黄油碟、黄油刀。

摆面包盘、黄油刀、黄油碟在头盆叉左侧1cm处放面包盘，与展示盘中心成一直线。面包盘上中轴线右侧放黄油刀，刀尖向上，刀口向左，黄油碟置于面包盘上方。

步骤6：摆放酒具。

在主菜刀刀尖上方10cm处向斜下方45°依次摆放水杯、红葡萄酒杯、白葡萄酒杯、烈性酒杯等，杯壁间相距1cm。

步骤7：摆放餐巾花。

将叠好的餐巾花放于展示盘内，最佳观赏面朝向客人。

步骤8：摆放公用餐具。

调味品、牙签筒按4人一套摆放在餐台中线位置上。烟灰缸从主人右侧开始摆起，两人共用一个，烟灰缸上端与酒具平行；花瓶摆放在餐台中心，摆数个时，等距摆在长台中线上，鲜花不宜过高以免妨碍宾客视线；烛台摆放在距花瓶20cm处；高档宴会每人一份菜单，一般宴会不少于两份菜单，并设席位卡。

步骤9：围椅。

根据餐具摆放的位置将餐椅围在餐位中央，餐椅前沿与台裙垂直，具体摆放如图2-34所示。

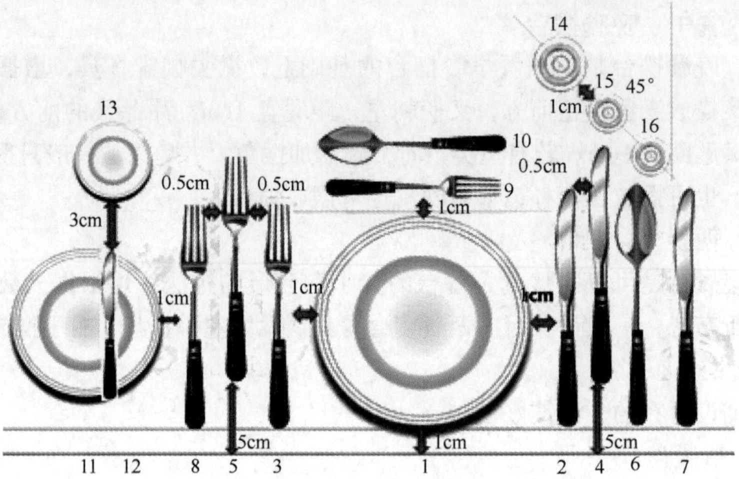

图2-34 西餐宴会摆台

1. 餐盘 2. 主刀 3. 主叉 4. 鱼刀 5. 鱼叉 6. 汤匙 7. 开胃品刀 8. 开胃品叉 9. 甜品叉 10. 甜品勺 11. 面包盘 12. 黄油刀 13. 黄油碟 14. 水杯 15. 红酒杯 16. 白酒杯

（二）西餐宴会摆台技能考核评分标准

表2-5 西餐宴会摆台技能考核评分标准

序号	考核项目	考核要求	分值	得分
1	台布	台布中凸线向上，两块台布中凸线对齐	5	
		两块台布面重叠5cm（正负0.5cm，扣0.5分，正负1cm，扣1分）		
		主人位方向台布交叠在副主人位方向台布上		
		台布四边下垂均等		
		铺设操作最多四次整理成形		
2	席椅定位	摆设操作从席椅正后方进行，从主人位开始按顺时针方向摆设	6	
		席椅之间距离基本相等，相对席椅的椅背中心对准，席椅边沿与下垂台布相距1cm		
3	装饰盘	从主人位开始顺时针方向摆设，盘边距离桌边1cm 装饰盘中心与餐位中心对准，盘与盘之间距离均等	6	
		手持盘沿右侧操作		

续表

序号	考核项目	考核要求	分值	得分
4	刀、叉、勺	刀、勺、叉由内向外摆放，距桌边距离符合标准	24	
		刀勺叉之间及与其他餐具间距离符合标准		
		摆设逐位完成		
5	面包盘、黄油刀、黄油碟	摆放顺序：面包盘、黄油刀、黄油盘	12	
		面包盘盘边距开胃品叉 1cm，面包盘盘边与桌边的距离 1cm		
		黄油刀置于面包盘右侧边沿 1/3 处		
		黄油碟摆放在黄油刀尖正上方，相距 3cm，黄油碟左侧边沿与面包盘中心成直线		
6	杯具	摆放顺序：水杯、白葡萄酒杯、红酒杯（从高至低，水杯摆在开胃品刀的正上方，杯底中心在开胃品刀的中心线上，杯底距开胃品刀尖 1. 5cm）	18	
		三杯成斜直线，与水平线呈 45°角		
		各杯身之间相距约 1cm		
		操作时手持杯中下部或颈部		
7	花瓶或花坛	花瓶或花坛置于餐桌中央和台布中线上	2	
		花瓶或花坛的高度不超过 30cm		
8	烛台	烛台与花坛或花瓶相距 20cm，烛台底座中心压台布中凸线	2	
		两个烛台方向一致，并与杯具所呈直线平行		
9	牙签盅	牙签盅与烛台相距 10cm，牙签盅中心压在台布中凸线上	2	
10	椒盐瓶	椒盐瓶与牙签盅相距 2cm	2	
		椒盐瓶两瓶间距 1cm，左椒右盐		
		椒盐瓶间距中心对准台布中凸线		
11	盘花	造型美观、大小一致，突出正副主人	6	
		餐花在盘中摆放一致，左右成一条线		
12	托盘使用	餐件和餐具分类按序摆放，符合科学操作	10	
		杯具在托盘中杯口朝上		
13	综合印象	操作过程中动作规范、娴熟、敏捷、声轻，姿态优美，能体现岗位气质（动作不规范扣 0. 5 分，如托盘姿势、小动作发出声响及奔跑等）	5	
总　分				

任务五　菜肴服务技能

任务布置

以学习小组为单位，完成如下任务：

1. 上菜练习。

要求：上菜并且报菜名，要求做到动作标准优美、摆菜合理美观、语音语调柔和，具有职业亲和力。

2. 分菜练习。

要求：1.5min 内完成十人位分菜练习，要做到动作标准优美、分量均匀、一勺（一叉）准，具有职业亲和力。

相关知识

上菜和分菜是餐厅服务员在对客服务工作中必须要做的两项事情，是在餐厅中表演性较强的技能之一，作为餐厅服务员都必须有效地掌握这两项技能。上菜是指把菜肴按一定的礼仪程式奉上餐台的过程，从现在的餐厅分类来看，有中餐厅和西餐厅之分，因此，上菜分为中餐上菜和西餐上菜两类。分菜是指将菜肴按一定规格和方法把菜品从菜盘分派给客人的过程，也分为中餐分菜和西餐分菜两类。

一、上菜服务

（一）中餐上菜要求

1. 上菜的位置

零点餐上菜服务比较灵活，服务人员应注意选择比较宽敞的位置上菜，以不打扰客人为宜。最好不要从老年人和小孩的身边上菜。

中餐宴会上菜选择在翻译和陪同人员座位之间，严禁在主人和主宾之间上菜。

2. 上菜时机

零点餐上菜冷盘应在客人点菜 10min 之内上桌，20min 之内上热菜，30min 左右上完全部菜品，也可根据宾客要求灵活上菜。

宴会上菜要掌握好时机，冷盘可在宴会开席前 5min 上好，宾客入座开席后，传菜员即可通知厨房准备出菜。当冷盘吃去 1/2 左右时，开始上第一道热菜。上热菜要注意观察宾客进餐情况，并控制上菜、出菜的节奏。宾主讲话、致辞、敬酒时，不能上菜，以免影响宴会气氛。

3. 上菜顺序与原则

中餐上菜的顺序一般是第一道上凉菜，第二道上主菜，第三道上热菜，第四道上汤菜，第五道上甜菜，随后上点心，最后上水果。上菜的原则一般是先冷后热，先菜后点，先咸后甜，先炒后烧，先清淡后肥厚，先优质后一般。中式粤菜上菜顺序不同于其他菜系，是先上汤后上菜。

4. 摆菜要求

上菜过程中要注意菜品摆放的位置，各种菜品应对称协调摆放。以尊重主宾，注意礼貌，方便食用，讲究造型为原则。

（1）摆放冷菜。冷菜分为主冷菜和一般冷菜。主冷菜如拼盘、工艺冷菜等应摆在餐桌的中央，并根据菜品的造型将最佳观赏面对着主位。一般冷菜对称摆放在主冷菜的四周，注意菜品荤素、颜色、口味的搭配摆放，盘与盘之间距离相等。

（2）摆放热菜。热菜分为主菜和一般热菜。主菜摆在餐桌的中央，供所有客人欣赏和食用。高档菜品或有特殊风味的菜品，要先摆在主宾的位置上，其他一般热菜也应按口味、荤素、盛器、造型等对称摆放。每上一道菜前，都须将餐桌上的菜品做位置上的调整与撤换，让台面始终保持整齐美观。

（3）上整形的特殊菜肴。上整鸡、整鸭、整鱼时，中国传统习惯是“鸡不献头，鸭不献掌，鱼不献脊”，应把鱼腹朝向主宾。也可按地方习俗摆放菜肴。

（4）如果有的热菜使用长盘，菜肴最佳观赏面要横着面向主宾和主人。

5. 上菜注意事项

（1）上菜时，要端平走稳，轻拿轻放。

（2）上菜时，切不可从客人肩上、头顶越过，以免发生意外。

（3）上菜忌讳“推”和“礅”，保持盘底、盘边干净。

（4）上菜时，应注意防止出现空盘空台的现象，也要防止上菜过勤，出现菜品堆积的现象。

（5）上菜时，大拇指不可伸向菜盘内，注意上菜卫生。

（二）西餐上菜

1. 上菜方式

西餐上菜服务方式有法式、俄式、英式、美式、意式等，各种服务方式既有相同的地方，也根据各国不同的礼仪习俗有所不同。通常一些饭店将几种服务方式混合使用。

（1）法式上菜。法式上菜由两个服务员完成上菜服务工作，一个叫服务员，另一个叫服务员助手。服务员负责点菜、菜品再加工、结账等工作；服务员助手负责传菜、撤台等工作。从厨房出来的菜品是半成品，需在餐厅进行再加工，因此法餐的服务员应是半个厨师。法餐的亮点在于许多菜都有客前烹饪过程，服务员的表演和客人的参与性就所有餐饮形式来看在法餐被发挥到了极致，这是引起客人共鸣的非常重要的一个亮点。由于和客前烹饪过程相关的各式小车使用较多，因而这种形式又被称为“餐车服务”。法式上菜要求菜肴和饮料从每个餐位的右侧上，面包和黄油从每个餐位的左侧上，所有物品从每个餐位的右侧撤离餐台。

（2）俄式上菜。俄式上菜由一个服务员完成全部上菜工作，从厨房出来的菜品都为全熟。每上一道菜时，这个服务员首先从每个餐位右侧为所有客人派上银盘（冷菜冷盘，热菜热盘），接着从每个餐位左侧左手托菜盘右手持分餐叉、匙相互配合着把菜肴分到客人银餐盘内。因在服务过程中基本使用银器，因此又把这种服务方式称为

“银器服务”。俄式服务要求菜肴和主食从每个餐位的左侧上，饮料从每个餐位的右侧上，所有物品从每个餐位的右侧撤离餐台。

（3）美式上菜。美式上菜中所有菜品都是在厨房内加工成熟并切配装盘，只需端到餐厅即可对客服务。因在服务过程中使用主菜盘的时候较多，这种服务形式又被称为“盘子服务”。美式服务要求所有食品、饮料从每个餐位的右侧上到餐台，所有用过的物品从每个餐位的右侧撤离餐台。“右上右撤”和“左上右撤”在美式服务中都存在，但“右上右撤”更多见于服务中，现在美式服务已成为西餐中最为流行的服务形式。

（4）英式服务。英式服务以使用分餐叉的方式将预先准备好的在分餐碟上的食物从客人的左边逐个分派到客人的餐碟上。传统的英式服务类似于俄式服务形式，也是在上菜前，先从每个餐位的右侧派上热的餐盘，再从每个餐位的左侧派菜。英式服务要求饮料从每个餐位的右侧上，所有食品从每个餐位的左侧上到餐台，所有用过的物品从每个餐位的右侧撤离餐台。

在西餐中不管是零餐还是宴会，都可选用上面四种服务形式。在宴会宴请活动中除了选择上述四种中的单一形式外，还可以将多种服务形式糅合在一起进行服务或选择自助形式进行服务。

2. 上菜要求

（1）按序上菜。根据客人点的菜安排好上菜顺序，即面包、黄油、头盆、汤、主菜、甜品、咖啡、茶，不可颠倒次序。

（2）先斟酒后上菜。任何一道需配饮酒类的菜品，在上桌前均应先斟酒后上菜。

（3）上菜顺序。所有菜品上桌时均需遵循先女后男、先宾后主的顺序依次进行。上菜一般用右手从客人右侧进行。

（4）先撤后上。每道菜用毕均需撤走用过的餐用具（餐盘、刀、叉等）后再上菜。但撤盘前需征得客人许可，还应注意客人刀、叉的摆放，如客人将刀、叉呈八字形搭放在餐盘两侧，表示客人还要食用，不可撤盘；如客人将刀、叉交叉或平行放在餐盘中，则表示不再食用，可以撤盘。

（5）上甜品前将主菜的餐具及盐、胡椒瓶、玻璃杯等撤去。甜点用毕，从客人的右侧送上咖啡、茶，咖啡杯、茶杯放在垫碟上，碟内放一把咖啡匙，并跟上糖奶。

二、分菜服务

（一）中餐分菜

1. 分菜方式

（1）桌上分让式：是指服务员用左手将菜品托起，右手持分菜工具将需要分让的菜品派送到客人餐盘中的一种分菜方法，此方法适用于分热炒菜和点心。

（2）旁桌分让式：是指服务员将客人的菜品摆放到餐桌展示后，再移向工作台上为客人分让菜品的一种方法，此方法适用于分整形菜品。

（3）二人合作式：是由二人合作将菜品派入客人盘中的分菜方法，此方法适用于客人较多的宴会。

（4）转台分菜法：服务员将菜品上桌展示后，在转台上为客人分让菜品的一种方法，此方法适用于分让冷菜。

2. 分菜顺序

桌上分让式分派菜品时，服务员站在客人的左侧操作，按先宾后主的顺序依次分派。旁桌分让式分让菜品时，服务员在备餐台上进行分派菜品，然后将分好的菜品按顺时针方向先宾后主的顺序依次送上。

3. 分菜工具

现在用于中餐分菜的工具并不是传统的中餐分菜工具，常见的用于中餐分菜的工具有：

（1）服务叉、匙：用于随时给客人派菜。这是从西餐俄式服务中引入的服务工具和服务过程。

（2）餐刀（筷子）和服务匙：用于分鱼用。

（3）长柄汤勺和筷子：用于分汤用。在分菜前必须做好分菜准备工作。将各项准备工作都落到实处，才能做到心明眼亮，才能从真正意义上去搞好相应的中餐分菜工作。

4. 分菜要求

（1）手法卫生。服务人员在分菜前必须把手洗干净、消毒，最好戴消毒白手套进行操作。分菜时注意不要把菜肴撒落在盘外。

（2）动作迅速。为保持菜肴质量，服务人员在操作时动作要干净利索，保证最后分给客人的菜肴是热的。

（3）分量均匀。服务人员在分菜前一定要做到心中有数，保证分给客人的菜肴主料、辅料分量合理，数量均匀。所有客人都分到菜肴后，菜盘中最好要留不多于十分之一的菜肴在盘中，以示菜的宽裕，以备客人再添。

（4）跟上佐料。在分菜时，如遇带佐料的菜肴要将菜肴连同佐料一起分。

（二）西餐分菜

1. 分菜顺序

西餐分菜是先宾后主、先女后男，即按主宾、主人（或女主宾、主人）、男主宾，然后其他来宾的顺序依次进行。

2. 分菜用具

西餐分菜用具通常有餐刀、餐叉、餐勺等。根据不同的服务方式，分菜服务方法和用具都有所不同。

（1）俄式西餐分菜技术要求较高，服务用具有餐叉、餐勺等，其质地以不锈钢为主。

（2）法式西餐分菜服务则侧重于分切技术，因此，法式分菜服务所需用具比较多，有服务车、分割切板、刀、叉和分调味汁的叉、勺等。

3. 分菜要求

（1）西餐主菜分量重、品种多，分主菜时尤其要注意将荤素搭配均匀，绝对不允许将菜肴或汤汁溅到客人身上。

(2) 餐厅服务员从事分菜服务时的动作、姿势应始终保持利落，并做到快速准确，以保证菜肴的色、香、味等质量。

任务实施

一、中餐上菜

（一）中餐上菜程序与标准

活动一　常规菜肴上菜

步骤1：检查菜品。

服务员看到传菜员托送菜品走到自己工作区域内的餐桌旁时，应快步上前迎接，并检查菜品与客人所点是否一致。

上菜服务要做到“五不取”：

(1) 数量不足不取。

(2) 温度不适不取。

(3) 颜色不正不取。

(4) 调、配料不全不取。

(5) 器皿不洁、破损或不符合规格不取。

步骤2：端送菜品。

上菜时，餐厅服务员将菜肴放在托盘内端至桌前，左手端托盘，右脚在前，插站在上菜口两位客人的餐椅间，侧身用右手上菜。上菜时应说：“对不起，打扰一下。”以提醒客人防止碰撞而发生意外。如是汤菜或温度较高的菜肴可用双手上菜。

步骤3：报菜名。

服务员把菜品送到转台上，顺时针方向旋转一圈，等客人观赏完菜品后，转至主宾面前，后退一步，报清菜名，必要时应介绍菜品特色，特殊菜品还要介绍食用方法。然后请客人品尝。

步骤4：摆菜。

将新菜放在主宾面前，残菜应随时撤下，菜盘及时调整，摆菜要求为：一中心、二平放、三三角、四四方、五梅花，摆菜时注意盘与盘之间的距离均匀一致，保持台面整洁、美观。如果菜肴有调、配料，应先上调、配料，再上新菜。凡有头型的菜品，应注意朝向。

步骤5：如遇两位及两位以上客人就餐时，在菜肴上桌后应马上加放一把服务匙，以方便客人取菜并保证卫生，上汤时应在汤盆内加放大号汤勺，方便客人使用。

活动二　特殊菜肴上菜

1. 上有包装的菜肴

灯笼虾仁、荷叶粉蒸鸡、纸包猪排、叫花鸡等菜是经包装后再烹调的，应将菜肴送上餐台，让宾客观赏后，再拿到工作台上，或直接当着宾客的面在台面上去掉包装，以方便宾客食用。

2. 上炖类菜品

应将炖品上桌后再启盖，以保持炖品的原汁原味，并使菜品的香气在餐桌上散发。启盖后将盖子翻转过来再移开，以免汤水滴落在客人或自己身上。

3. 上铁板类菜肴

铁板类菜肴在餐厅中种类多，较常见。在上菜服务中，铁板类菜肴的响声可以烘托宴席的气氛，又可以保温，但服务时要注意安全，避免烫伤。

4. 上拔丝类菜肴

拔丝苹果、拔丝香蕉等都是易烫口的菜，此类菜肴上桌时，温度很高，外表不易看出，要迅速跟上凉开水，防止烫伤客人口腔。

（二）中餐上菜技能考核评分标准（表2－6）

表2－6　上菜服务技能考核评分标准

序号	考核项目	考核要求	分值	得分
1	上菜顺序与原则	依据上菜顺序和原则上菜	20	
2	上菜位置与姿势	从上菜口将菜肴送上餐桌，姿势正确规范	20	
3	上菜方法	展示菜肴、后退一步	15	
		报菜名、介绍特色	15	
		语言表达准确，语音语速适中，语态自然大方	20	
4	其他服务	菜上齐了要告诉客人，并询问是否需要加菜或其他帮助	10	
总分				

二、中餐分菜

（一）中餐分菜标准

活动一　常规菜肴分菜

1. 桌上分让式

服务员将菜盘底部垫上干净的餐巾，左手托起，右手持分菜叉匙，站在客人的左后侧。左脚向前伸入两椅之间，左手持菜盘向前为客人展示菜品，将匙面向上，用右手食指和拇指夹住叉柄，其余三指夹住匙柄，身体稍向前倾，用匙叉将菜品夹起，派入客人餐盘中，分让菜品时尽量做到等量均匀，注意不要将汤汁洒在客人的身上。

2. 旁桌分让式

服务员向客人展示介绍菜肴后，移向工作台，用分菜的标准方法将菜肴分到准备好的餐具中，把分好的菜品放到托盘上，按先宾后主的顺序从客人右侧依次送上。

3. 二人合作式

两位服务员共同完成分菜服务。其中一位值台员站在上菜口展示介绍菜肴后，将菜品摆放到自己的面前，右手持公用筷，左手持长把公用勺，由另一位服务员将每位宾客的餐碟移到分菜值台员近处或转台上，由分菜值台员进行分派。然后另一位服务员将分派好的菜品从客人左侧依次为客人送上。

4. 转台分菜法

服务员将菜品向客人展示介绍后，右手持握服务叉、匙从转盘上将所上菜品按先宾后主的顺序依次分入客人的餐碟中，边走边转边分。分菜完毕（剩1/5左右），整理余菜，放上服务叉匙，转至主宾面前，请客人慢用。

活动二　特殊菜肴分菜

1. 分让鱼类菜肴

服务员左手用服务叉按住鱼头，右手持餐刀先在鱼颈和鱼尾处各切一刀，然后顺着鱼脊从头向尾划开，将鱼肉从中间剥开，顺鱼骨分放两侧，剔去中间鱼骨刺，再将两侧的鱼肉恢复原样，浇上原汁，待鱼汁浸透鱼肉后，再分块进行分让（图2－35）。

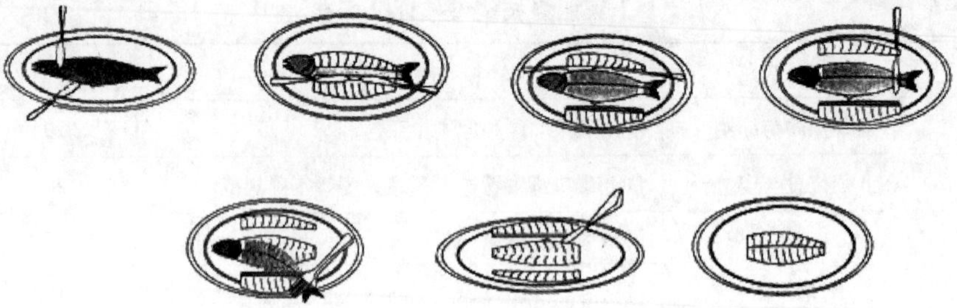

图2－35　鱼的分法

2. 分让冬瓜盅

首先用汤勺轻轻地把冬瓜盅面上的火腿茸刮到汤里，然后用汤勺轻轻地刮下部分瓜肉，将汤料、瓜肉均匀地分给客人，最后用刀、叉将冬瓜上半部3cm左右的瓜皮削去，便于第二次分让。

3. 分让拔丝类菜肴

拔丝类甜菜，必须配上凉开水。分让时用公用筷将甜菜夹起，迅速放入凉开水中浸一下，然后送入宾客餐盘中，分让的动作要连贯、快速，做到即拔、即浸、即食。

（二）中餐分菜服务技能考核评分标准（表2－7）

表2－7　分菜服务技能考核评分标准

序号	考核项目	考核要求	分值	得分
1	分菜手法	分菜手法正确、工具使用得当	20	
2	分菜姿势与位置	分菜位置正确，操作姿势标准	25	
3	分菜顺序	能够按先宾后主的顺序依次进行	15	
4	分菜要求	不滴不洒、一次到位、分派均匀	25	
5	分菜禁忌	能够做到不违反分菜禁忌要求	15	
总分				

任务六　撤换餐具用具

任务布置

组成两人学习小组，完成如下任务：

1. 撤换餐具。
2. 撤换烟灰缸。
3. 小毛巾服务。

相关知识

一、中餐撤换餐用具的时机

（一）撤换骨碟

如果宴会规格、档次较高，应该是每上一道菜撤换一次骨碟，以示宴会档次。一般宴会撤换骨碟的次数不少于三次，通常在以下几种情况需撤换骨碟：

（1）吃完浓汁浓味的菜品时，需要撤换骨碟，以防与下一道菜串味，影响宾客食欲。

（2）吃完带骨、刺、壳的菜品后，如杂物太多需要及时更换骨碟。

（3）吃甜、咸交叉的菜品时，为了保持食物的原味，需为宾客撤换骨碟。

（4）上翅、羹或汤之前，上一套小汤碗，待客人吃完后，送上毛巾，收回汤碗，换上干净的骨碟。

（5）上水果前，换上干净餐碟和水果刀叉。

（6）骨碟内洒落酒水、饮料或异物要及时更换。

（7）客人失误，将餐具跌落到地上时，要立即更换。

（二）撤换汤碗、汤勺

盛过汤的汤碗，碗内难免留下一定的汤汁，为了避免两味混合，影响原汤的口味，故用完第一道汤菜后需换一套干净的汤碗、汤勺。

（三）撤换菜盘

客人就餐时，服务员要注意观察动态，当客人食用完一道菜品后，应先征求客人意见，待得到肯定的答复后才能撤换。如有多道菜，当菜盘还有少量余菜时，可将大菜盘换成小菜盘。

（四）撤换酒具

宴席进行中，如客人提出更换酒水、饮料时，要及时更换酒具；客人酒杯中洒落汤汁、异物时要及时更换酒具；客人的酒具打碎或掉在地上应及时更换。

（五）撤换烟灰缸

高档宴会中发现烟灰缸内有两只以上烟蒂或杂物，应立即撤换；在零餐和一般宴会中，烟灰缸内不超过5只烟蒂。

（六）送换香巾

中餐服务通常在以下几种情况下送换香巾：客人到时要递香巾，上汤后要更换香巾，上炒饭后要更换香巾，上虾、蟹等需用手剥食的菜要更换香巾，上水果前后要更换香巾，客人中途离席回来后要更换香巾，客人用餐结账后要更换香巾。

二、西餐撤换餐用具的时机

西餐要求每上一道新菜撤换一次餐盘，其时机是：当宾客餐盘上的刀、叉交叉摆在餐盘上时，表示宾客还要继续食用。当宾客餐盘上的刀、叉平行放在餐盘上时，表示此菜食用完毕，即可撤去刀、叉、餐盘，同时还要注意征询客人的意见是否需要撤换。

任务实施

活动一　撤换骨碟、汤碗、汤勺

步骤1：服务员要把干净的骨碟、汤碗、汤勺放在托盘的一侧，左手托盘，右手从宾客的右侧撤换餐具。

步骤2：从主宾开始，先将用过的餐具撤下放在托盘的另一侧，然后为宾客摆放上干净的餐具，按顺时针方向依次进行。

活动二　撤换菜盘

撤换菜盘时，服务员站在副主人的右侧，右脚在前，左脚在后，用右手撤下菜盘。

活动三　撤换酒具

步骤1：把干净的酒具放在托盘的一侧，左手托盘，右手从宾客的右侧撤换酒具。

步骤2：从客人右侧开始，先将用过的酒具撤下放在托盘的另一侧，然后为宾客摆放上干净的酒具，按顺时针方向依次进行。

活动四　撤换烟灰缸（图2-36）

步骤1：把干净的烟灰缸盖在用过的烟灰缸上。

步骤2：两只烟灰缸一并撤下。

步骤3：把干净的烟灰缸放在餐桌上。

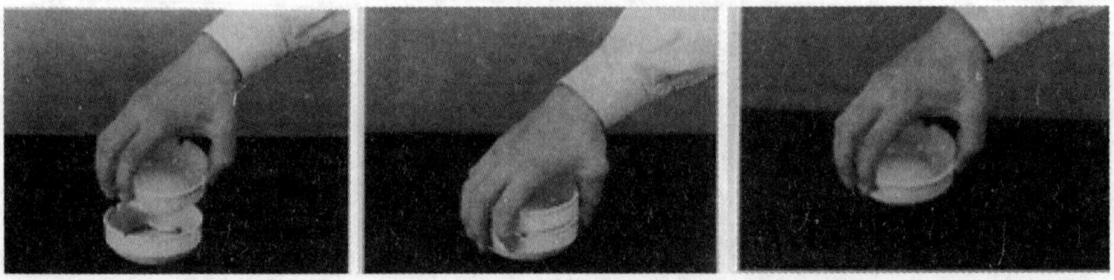

图2-36　撤换烟灰缸

活动五　撤换香巾

步骤1：服务员将消毒后的香巾用香巾夹夹放在香巾架内，摆放在托盘里。

步骤2：服务员左手端托盘，右手将香巾架放在宾客右侧，由宾客自取。也可将香巾夹放在垫碟内，服务员用香巾夹直接夹给客人。

活动六　更换台布

步骤1：将脏台布的半面卷起露出餐桌，再将台面上的用品移到露出的餐桌上。

步骤2：将脏台布的另一半面卷起撤下，撤时注意不要将杂物撒在座位或地面上。

步骤3：在未放用品的桌面上铺上干净的台布，铺时注意折缝与桌中线吻合，再将用品移到干净的台布上。

步骤4：将未铺台布的桌面全部铺上台布。

学习评价

一、基础知识测试

（一）填空题

1. 托运酒水时，商标朝（　　　　　），显示给（　　　　　）。

2. 餐巾花的摆放要求有（　　　　　）、（　　　　　）、（　　　　　）、杯花要恰当掌握插入深度、（　　　　　）构成的。

3. 西餐斟酒不宜太满，一般红葡萄酒斟至杯的（　　　　　），白葡萄酒斟至（　　　　　），白兰地酒斟倒酒杯容量的（　　　　　）。斟香槟时，分两次进行，先斟至杯的（　　　　　），待泡沫平息后，再斟至杯的（　　　　　）。

4. 斟酒“四字诀”是：（　　　　　）、（　　　　　）、（　　　　　）、（　　　　　）。

5. 宴会上菜要掌握好时机，冷盘可在宴会开席前（　　　　　）上好，宾客入座开席后，传菜员即可通知厨房准备出菜，当冷盘吃去（　　　　　）左右时，开始上第一道热菜。

6. 上整鸭、整鱼时，中国传统习惯是（　　　　　）、（　　　　　）、（　　　　　）。

7. 酒水降温处理方法有（　　　　　）、（　　　　　）、（　　　　　）、（　　　　　）。

8. 西餐分菜是先（　　　　　）后（　　　　　）、先（　　　　　）后（　　　　　），然后其他来宾按顺序依次进行。

9. 常见的西餐上菜方式有（　　　　　）、（　　　　　）、（　　　　　）、（　　　　　）。

10. 中餐上菜时，将新菜放在主宾面前，残菜应随时撤下，菜盘及时调整，摆菜要求为：（　　　　　）、（　　　　　）、（　　　　　）、（　　　　　）、（　　　　　）。

（二）不定项选择题

1. 上菜服务要做到在如下情况下“不取”，即（　　）。

A. 调、配料不全不取　　B. 温度不适不取

C. 颜色不正不取　　D. 器皿不洁、破损或不符合规格不取

2. 中餐常规菜肴的分菜方式有（　　）。

A. 桌上分让式　　B. 旁桌分让式

C. 二人合作式　　D. 转台分菜法

3. 白葡萄酒最佳饮用温度约为（　　）。

A. 4～8℃　　B. 10～12℃

C. 15～17℃　　D. 20℃

4. 常见的对酒水做升温处理的方法有（　　）。

A. 水烫　　B. 冲泡

C. 火烤　　D. 燃烧

5. 中餐分菜要求有（　　）。

A. 跟上佐料　　B. 动作迅速

C. 分量均匀　　D. 手法卫生

（三）判断题

1.（　　）葡萄酒的上酒顺序是最清淡的酒应该先上，质感较厚的酒最后上。

2.（　　）上菜时，应注意防止出现空盘空台的现象，也要防止上菜过勤，出现菜品堆积的现象。

3.（　　）托送物品时，不可将托盘越过客人头顶，以免发生意外，左手托盘应向后自然拉伸。

4.（　　）桌上分让式适用于分整形菜品。

5.（　　）宴会开餐前5min将烈性酒和葡萄酒斟好，斟酒时，可以从主人位置开始，按顺时针依次进行。

二、能力训练

（一）个人能力训练

在规定时间内按照质量标准完成如下项目训练：

1. 中餐宴会摆台。

2. 西餐宴会摆台。

（二）团队能力作业

中、西餐宴会摆台技能展示。

项目三 综合服务技能

情境描述

美国旅游饭店的先驱斯达特勒先生曾经说过："饭店从根本上说，只销售一样东西，那就是服务。提供低劣服务的饭店是失败的饭店，而提供优质服务的饭店则是成功的饭店。饭店的目标应是向宾客提供最佳服务，而饭店的根本经营宗旨也就是为了使宾客得到舒适和便利。"这段话每位餐饮从业人员都应该领会，餐饮从业人员也只有具备了这样的认识，才能够从心理上去为宾客提供服务，也才可能为宾客提供优质服务。为了实现教学目标，该学习单元设置了中餐零点服务、中餐宴会服务、西餐零点服务、西餐宴会服务四个学习任务。

教学目标

【知识目标】

1. 熟知中国菜系分法及八大菜系的特点。
2. 熟知白酒的香型及代表名酒。
3. 掌握中餐零点与中餐宴会服务流程与标准。
4. 熟知外国菜的主要菜式及特征。
5. 掌握西餐零点与西餐宴会服务流程与标准。
6. 熟悉餐前准备的工作程序，掌握相应的服务技能。
7. 掌握中餐服务过程中迎宾、领座、点菜、餐间服务的服务要领和服务技巧。
8. 熟悉餐后服务的一般程序，掌握餐后结账、送客、撤台的服务方法和要领。

【技能目标】

1. 能够按照中餐零点与宴会服务流程与标准进行对客服务。
2. 能够按照西餐零点与宴会服务流程与标准进行对客服务。
3. 能够灵活处理服务过程中出现的特殊问题。

【素质目标】

1. 培养学生主动服务意识。
2. 培养学生宾客至上的服务理念。
3. 培养学生乐于实践、勇于实践的职业精神。

任务一　中餐零点服务

任务布置

李先生一家四口来自于四川成都，其大女儿十岁，小女儿三岁，某日，夫妻二人携带两个女儿来到上海某三星级酒店中餐厅就餐。请同学们组成三人学习小组，分别饰演迎宾、值台员、传菜员的角色，完成对李先生一家的就餐接待工作。

相关知识

中国的烹饪源远流长，构成了餐饮文化，是中华民族文化宝库中的一颗璀璨的明珠，与法国、土耳其烹饪并称世界三大烹饪体系。它蕴含着绚丽多彩的文化内涵和雄厚坚实的技术基础，以味为核心，以养为目的，是文化、科学、艺术的结晶。不同的地理位置，不同的民族，有着不同风格但同样是无与伦比的餐饮文化。

一、中国菜

（一）中国菜的构成

中国的烹饪风味丰富多彩，从不同的角度，可以划分出不同类型的风味流派。

1. 地方菜

地方菜是中国菜的主要组成部分，它选用当地出产为主的质地优良的烹饪原料，采用本地区独特的烹调方法，制作出具有浓厚地方风味的菜肴。

从20世纪50年代开始，中国有“四大菜系”之说，即广东（粤）、山东（鲁）、四川（川）、江苏（苏）菜系；也有“八大菜系”之说，八大是指在前面“四大菜系”的基础上再加上湖南（湘）、浙江（浙）、福建（闽）、安徽（徽）；还有“十大菜系”之说，即在前面的“八大菜系”之上再加上北京（京）和上海（沪）这两个菜系。

2. 宫廷菜

宫廷菜是指我国历代封建帝王、皇后、皇妃等享用的菜肴。由于帝王的统治地位，使之能够广招天下技艺高超的厨师，因此宫廷菜的菜品要营养丰富，琳琅满目，加之器皿色泽艳丽，造型奇特，使得宫廷菜十分讲究。

宫廷菜的特点是名字象征吉祥富贵，如寿宴用万寿无疆席、江山万代席等；菜肴名称也以吉祥为主。制作上注重图案造型，烹调方法有烧、焖、烤、炸、蒸、扒等几十种。宫廷菜肴在刀工上有明显的特点和准确的名字，如让指刀、兰草刀、棋盘刀等。宫廷菜调味分类细腻，据说有“九九八十一种之多”。

3. 官府菜

官府菜是历代封建王朝的高官为在自己的官府中宴请宾朋而网罗名厨，进行菜肴制作和研究，并形成具有一定影响的菜肴，比较有代表性的是谭家菜与孔府菜。

（1）谭家菜。谭家菜出自清末官僚谭宗浚家中，流传至今，已有百余年历史了。

谭宗浚父亲谭莹，是清朝一位有名的学者，谭宗浚在同治时考中了榜眼，谭宗浚一生酷爱珍馐美味，做京官时，便热衷在同僚中相互宴请，“饮宴在京官生活中几无虚日，每月一半以上都饮宴”。宴请同僚时，谭宗浚总要亲自安排，赢得同僚们众口一词的赞扬，因此在当时京官的小圈子中，谭家菜便颇具名声。谭家菜不拘一格，博采众长，自成体系，有与众不同的四大特点：

1）甜咸合适，南北均宜。

2）选料精，加工细。

3）火候足，下料狠。

4）讲究原汁本味，很少使用味精，也少用花椒一类炝锅，也少在菜做成后，再撒放胡椒粉等。

（2）孔府菜。中国封建社会，孔府既是公爵之府，又是圣人之家，是“天下第一家”，比皇帝的家还要显贵。历代统治者，都把孔子的后裔封为“圣人”。于是有很多的官员来孔府，主人为了招待他们做了很多美食，久之便创造了独具特色的孔府烹饪。

孔府的膳食，受孔子“食不厌精，烩不厌细”的影响，十分考究，经过千百年来名厨的继承和创新，使孔府菜形成了选料广泛齐全、加工精细别致、口味浓香醇厚、款式华贵多姿的独特风格。

孔府历代承袭下来的传统名菜有几百种，宴席名目繁多，有婚、丧、寿宴，官、族、贵宴，各种宴席严格区分，菜肴的珍贵、精细、餐具器皿的贵重都有区别。

孔府菜的命名别具特色，在品种繁多的菜点中，有相当一部分菜名寓意高雅，如诗礼银杏、七孔灵台、带子上朝、神仙鸭子等。

4. 素菜

素菜是指以植物类食物和菌类食物为原料烹制成的菜肴。素菜是中国菜的一个重要组成部分，源远流长，早在先秦时期就有了素菜。

中国素菜由寺院素菜，宫廷素菜，民间素菜三种风味组成。寺院素菜又称为斋菜，是专门由香积厨（僧厨）制作，供僧侣和香客食用的菜肴；宫廷素菜，是专门由御厨制作，供帝王斋戒时享用的菜肴；民间素菜，是在继承传统素菜品种的基础上吸取了宫廷和寺院素菜的精华而在民间素菜馆发展而形成的菜肴。

中国素菜以烹调技艺精湛，花式品种繁多，色、香、味、形俱佳著称，主要原料为植物油、三菇（冬菇、蘑菇、草菇）、六耳（木耳、银耳、榆耳、黄耳、石耳、桂花耳）、豆制品、面筋、粉条、竹笋、黄花、金针各种蔬菜和水果等。

主要名菜有鼎湖上素、烧二冬、酿扒竹荪等。

5. 少数民族菜

我国是个多民族国家，各民族各自生活在一定地域内，虽然各民族间相互交融，吸纳了许多外来饮食文化，但主要食品来源仍然依赖着自然环境与自然资源。

少数民族菜又称民族风味菜，主要指少数民族食用的风味菜。主要代表菜有回族菜、朝鲜菜、维吾尔族菜、满族菜、藏族菜等。

（1）回族菜。回族菜是汇集信奉伊斯兰教的各族，主要由回族的民间烹调精华而发展起来的一种民族风味菜肴。因回族信仰伊斯兰教，居住地都建有清真寺，故名清真菜，有上千年的历史。所用肉类原料以牛、羊、鸡、鸭为主，制法以熘、炒、爆、涮见称，习用植物油、盐、醋、糖调味。其特点是清鲜脆嫩，酥烂浓香，尤以烹制羊肉最为擅长，其“全羊席”更是脍炙人口。

名菜有卷煎饼、秃秃麻失、八耳塔、碗蒸羊、酿烧味、酿烧兔、琉璃肺、聚八仙、水晶羊头、涮羊肉。

（2）朝鲜菜。朝鲜族的食品以辣为一大特色，它的辣和中国四川的麻辣不同，属于只辣不麻的类型，且常多“冷辣”；另一个特色是少油。朝鲜人的日常伙食很简单，一般就是米饭、泡菜再加一碗汤。朝鲜族的米饭白而且香软，很有黏性，吃的时候如果包上一张撒盐的紫菜，饭本身的黏性会使紫菜包紧，吃起来又香又糯，十分可口。

朝鲜人对泡菜情有独钟，饭桌上没有泡菜，朝鲜人是吃不下饭的。泡菜的种类很多，做泡菜的材料也是五花八门，最常见的是辣白菜，红艳、辛香，保持了原有的水分，吃起来辛辣却没有苦涩的感觉。

（3）维吾尔族菜。新疆各少数民族都有各自的传统饮食，但都离不开牛、羊肉和乳制品，遗留着古老的游牧、狩猎与农牧结合的传统，具有独特的风味。

1）抓饭。抓饭是维吾尔族待客、过节必备，新疆人无不喜爱。以羊肉、稻米、胡萝卜、洋葱和水为原料，羊肉约煮半小时后放入稻米和胡萝卜，焖半小时左右即成。饭菜合一，吃抓饭时，盛于大盘之中，众人围着大盘用手抓而食之。

2）烤全羊。烤全羊是新疆名贵菜肴，也是高级筵席的标志，称为全羊席。以两岁阿勒泰羯羊为原料，穿在木棒上，遍抹调料，放入馕炕中焖烤而成，皮脆肉嫩，鲜香异常，宾客手操小刀割而食之。

（4）满族菜。满族是我国少数民族之一，有着悠久的历史，其直系先人为明代的女真，金代时，曾有大量女真人进入中原地区，后接受汉族先进的经济文化而大多融入汉族当中，在明末清初时，分布在东北各地的女真部落和女真人方才统一起来成为共同体。清代满族菜用料丰富，多山珍海味，在烹饪上多用烧烤、白煮、煨、炖、拌等，喜用火锅涮肉食。口味以咸鲜、辛香、浓郁为主，也有油而不腻或清鲜之品。

（5）藏族菜。藏族菜的成形主要在20世纪50年代后，是中华民族整个风味体系中独具特色的一支。原料以牛、羊、猪、鸡等肉食以及土豆、萝卜类等蔬菜为主，主食以米、面、青稞为主。喜欢重油、厚味和香、酥、甜、脆的食品，调料多辣、酸，重用香料，常用烤、炸、煎、煮等法。

吹肝以猪肝为主料制成，特点是味道香鲜，开胃爽口，主要流行于云南迪庆藏族自治州一带，在云南的白族、汉族中也有食用。

氽灌肠以新鲜羊小肠为衣，分别灌以羊血、羊肉、青稞面或豆面，此菜多为藏族同胞在新年时成批灌制，供年节氽食。

（二）八大菜系

我国的菜系是指在一定区域内，由于气候、地理、历史、物产及饮食风俗的不同，经过漫长历史演变而形成的一整套自成体系的烹饪技艺和风味，并被全国各地所承认的地方菜肴。在长期实践过程中，逐渐形成鲁、川、闽、粤、苏、浙、湘、徽八大菜系。

1. 鲁菜

山东古属齐鲁之邦，为半岛地型，山东境内地理环境差异大，其东部沿海、中南部为高山丘陵，西、北部为平原，物产、习俗有很大差别。明清的时候，鲁菜作为自成体系的菜肴，影响到整个黄河流域及其以北地区。鲁菜对宫廷菜、京菜的形成也有重要影响。

（1）鲁菜构成。鲁菜菜系主要是由济南菜、胶东菜以及孔府菜等构成的。

1）济南菜讲究清香、鲜嫩、味纯，有“一菜一味，百菜不重”之说，济南菜的清汤、奶汤极为考究，别具风味。

2）胶东菜源于福山，距今已有百余年历史。胶东风味中，烟台菜以烹制海鲜见长，风味独特。鲁菜菜系中风味独特的海鲜菜就是以烟台菜为代表，有只用海味制作的宴席，如全鱼席、鱼翅席、海蟹席、海参席等，构成了品类纷繁的海味菜单。

3）孔府菜出于曲阜，用料讲究，刀工细腻，烹调程序严格且复杂，对菜点制作精益求精，始终保持传统风味，是山东菜中的佼佼者，其口味讲究清淡鲜嫩、软烂香醇、原汁原味。

（2）鲁菜的特点。

1）取材广泛。胶东半岛的海产资源丰富，故胶东菜多取用海产品为原料；济南、济宁一带，选料则包括山珍海味、瓜果蔬椒。

2）调味极重，纯正醇浓，很少有复合味型。鲜、咸、酸、甜、辣各味皆用，擅长用葱香调味。

3）善烹海鲜，精于制汤。这是鲁菜菜肴能独树一帜的又一大特征。

4）精于爆、扒、蒸等烹饪技巧，形成清、香、鲜、嫩的风味。

（3）名菜介绍。鲁菜中具有代表性的菜肴有芫爆双脆、九转大肠、烩乌鱼蛋、德州扒鸡、大葱爆羊肉、糟溜鱼片、辣白菜、锅塌豆腐、奶汤蒲菜等。

2. 川菜

四川号称“天府之国”，位于长江上游，气候温和，雨量充沛，群山环抱，江河纵横。川菜是中国烹饪的主要菜系之一，发源于古代巴国和蜀国。西汉、两晋时期川菜已初具轮廓，明清之际因辣椒的传入而进一步形成稳定的味型特色，并影响到云贵以及周边临界地带。

（1）川菜构成。四川菜以成都、重庆两个地方菜为代表，特点是突出麻、辣、香、鲜，油大、味重，有“一菜一格，百菜百味”之说。

（2）川菜的主要特点。

1）取材广泛。优越的自然环境，丰富的特产资源，为川菜的形成与发展提供了有利条件。

2）味型多样，变化精妙，百菜百味，以麻辣、鱼香、怪味等擅长。这些味，就是我们所熟悉的三香（葱、姜、蒜）、三椒（辣椒、胡椒、花椒）、三料（醋、郫县豆瓣酱、醪糟）、七滋（酸、甜、苦、辣、麻、香、咸）、八味（鱼香、麻辣、酸辣、干烧、辣子、红油、怪味、椒麻）、九杂（古代九是代表多的意思，这里就是指用料很杂的意思）形成的。四川人把各种调味品弄得别出心裁，产生了七滋、八味，创造了世界文明的川味。

3）烹饪技法众多。在烹调方法上擅长炒、滑、熘、爆、煸、炸、煮、煨等，尤其煎、小炒、干煸和干烧有其独到之处。

（3）名菜介绍。川菜中具有代表性的菜肴有鱼香肉丝、宫保鸡丁、夫妻肺片、麻婆豆腐、回锅肉等。

补充资料

菜肴典故——宫保鸡丁

所谓宫保鸡丁，是四川菜系中一道传统的地方风味名菜。说起这两个菜名，这里还有一个故事。原来，这道名菜与清代四川总督丁宝桢有关。据《清史稿》记载："丁宝桢，字雅璜，贵州平远人，清咸丰三年进士。光绪二年任四川总督。据传，丁宝桢对烹饪颇有研究，喜欢吃鸡与花生米，并尤其喜好辣味。他在四川总督任上的时候，创制了一道将鸡丁、红辣椒、花生米下锅爆炒而成的美味佳肴。"这就是人们所说的"宫爆鸡丁"。这道美味，是丁宝桢最爱吃的菜，也是丁宝桢最爱的菜。家宴时，他都要请客人品尝这道私房爱菜，客人吃后都叫好，纷纷问此菜的制作方法，丁宝桢很高兴，把菜的制作方法告诉客人。客人回家后依法制作，此菜一下子就被爱辣的四川百姓接受，"宫爆鸡丁"就这样在四川出了名。

图3-1　宫保鸡丁

后来为何被叫为宫保鸡丁？原来，这里也有一个缘故。据《中国历代职官司词典》说，我国明、清两代各级官员有"实衔"与"虚衔"之分，其"实衔"即任职的官衔，"虚衔"是朝廷封给朝廷重臣的一种荣称。"虚衔"没有任何权力，有的还是人死后追赠的，最高的"虚衔"有太师、太傅、太保、太子太师、太子太傅、少保、太子少保等。这些"虚衔"通称为"宫衔"。清咸丰以后，"虚衔"不再用"师"而多用"保"，这些最高级的"虚衔"又有了一个别称"宫保"。丁宝桢是朝廷的重臣，为官刚正不阿，愤恶恨奸，在任山东巡抚时，就大胆地诛杀了不可一世的大太监安德海。任四川总督后，他治蜀十年，多有建树，于光绪十一年死在任上。朝廷为了表彰他的功绩，追赠他"太子太保"官衔。川人为了纪念这位为四川做出贡献的总督，把"宫爆鸡丁"改为"宫保鸡丁"（图3-1）。"宫保"，官名也。

麻婆豆腐

相传清代咸丰末年（1861年），有个叫陈春富的人，在成都北门外的万福桥头开

图 3－2　麻婆豆府

了一家小店，主厨乃其妻，因其脸上有不少麻子，人称陈麻婆。陈麻婆掌灶，善于调味，所做豆腐，物美价廉，佐饭特别好吃，大受从新繁挑油到省城出售的运输脚力的赞赏。他们打从万福桥经过时，都要到陈麻婆店上歇脚打尖，进成都时，油篓里有的是油，随便舀两勺，自然不在话下，出成都时，空篓里也不乏余油，顺便割上点牛肉，将油、肉一并交给陈麻婆烩入豆腐，味道果然与众不同，所烹豆腐又麻、又辣、又烫、风味别具，日子一久，该店铺之烧豆腐即出了名。陈麻婆豆腐名声大震，生意日渐兴隆，来吃麻婆豆腐的，虽不是挑油的运脚，亦皆仿而效之，自带油、肉，亦形成不可更改的规矩，人们为了区别于其他饭铺之烧豆腐，赠名“麻婆豆腐”（图 3－2），以后连店名也被改为陈麻婆豆腐店。

夫妻肺片

这是成都地区人人皆知的一款风味名菜。相传在成都少城附近，有一男子名郭朝华，与其妻一道以制售凉拌牛肺片为业，他们夫妻俩亲自操作，走街串巷，提篮叫卖。由于他们经营的凉拌肺片制作精细，风味独特，深受人们喜爱。为区别一般肺片摊店，人们称其为“夫妻肺片”。设店经营后，在用料上更为讲究，以牛肉、心、舌、肚、头皮等取代最初单一的肺，质量日益提高。为了保持此菜的原有风味，“夫妻肺片”（图 3－3）之名一直沿用至今。

图 3－3　夫妻肺片

3. 闽菜

福建位于我国东南部，依山面海，气候温和，雨量充沛，溪流江河纵横交错，生产稻米、蔬菜、花果、香菇、竹笋、莲子、薏米、鹿、鹧鸪、石鳞等，沿海地区更盛产鱼、虾、螺、蚌等海产佳品，为烹调技术的发展提供了优越的物质条件。

（1）闽菜构成。闽菜由福州、闽南、闽西三个地方菜所组成。

1）福建菜以讲究调汤著称，善用红糟做配料，成品清鲜、清爽，味道偏于甜酸，独具特色。

2）闽南菜以厦门菜为代表，讲究作料的搭配，常用甜辣调味，成品具有清鲜、清爽的特色。

3）闽西位于粤、闽、赣三省交界处，以客家菜为主体，多以山区特有的奇珍异品作为原料，有浓厚的山乡风味，味道偏咸、辣。

（2）闽菜的特点。

1）选料精细，刀工讲究，注重火候，讲究调汤，擅长使用作料，以“味”取胜而著称，并以烹制海鲜见长。

2）以清鲜、和醇、荤香、不腻等风味为主。注重甜、酸、咸、香，尤以“糟”味最具特色。

3）烹调方法以炒、爆、煨等技术著称。

4）汤菜居多，制汤考究，火候适宜，变化无穷。

（3）名菜介绍。闽菜中具有代表性的菜肴有：佛跳墙、沙茶鸡丁、生煎明虾、炒西施舌、鸡丝燕窝、白斩河田鸡、橘汁加吉鱼、全折爪等。

补充资料

菜肴典故——佛跳墙

“佛跳墙”是闽菜中居首位的传统名肴。据传，此菜起源于清朝末年，福州扬桥巷官银局的一位官员，在家中设宴请布政司周莲，那天为了一显身手，趁机巴结一下周莲，便亮出效法古人用酒坛煨菜的拿手菜。官员夫人亲自下厨，选用鸡、鸭、肉等20多种原料放入绍兴酒坛中，精心煨制而成荤香的菜肴，此菜上席后打开坛盖，立即香气四溢，令人垂涎吞液，周莲尝后赞不绝口。直吃得坛底朝天，仍不忍放下筷子。回府之后，他对郑春发绘形绘色地描述此菜的形态和滋味。事后，周莲带衙厨郑春发到官银局参观，回衙后，郑春发精心研究，在用料上加以改革，多用海鲜，少用肉类，效果尤胜前者。1877年，郑春发开设了“聚春园”菜馆后，继续研究，充实此菜的原料，制出的菜肴香味浓郁，广受赞誉。一天，几名秀才来馆饮酒品菜，堂官捧一坛菜肴到秀才桌前，坛盖揭开，满堂荤香，秀才闻香陶醉。有人忙问此菜何名，答：尚未起名。于是秀才即席吟诗作赋，其中有诗句云：“坛启荤香飘四邻，佛闻弃禅跳墙来。”众人应声叫绝。从此，引用诗句之意，“佛跳墙”（图3－4）便成了此菜的正名，距今已有100多年的历史。

图3－4　佛跳墙

4．粤菜

粤，是广东省的简称。广东地处亚热带，气候温和，雨量充沛，物产丰富，为广东菜的产生、发展创造了有利的条件，其烹饪技术早在秦汉时期就开始有了自己的特色。南宋以后，广东风味始具雏形，有“南烹”“南食”之称。清中叶后，形成“帮口”，清末即有“食在广州”的说法。

（1）粤菜构成。粤菜由广州菜、潮州菜、东江菜三部分组成。

1）广州菜是粤菜的主体，清而不淡，鲜而不俗，选料精博，品种多样。

2）潮州菜融闽、粤两地之长，自成一派，讲究刀工，善烹海鲜、汤菜、素菜、甜菜，其中甜菜最具特点，口味以香、浓、鲜、甜为主。

3）东江菜又名客家菜，以烹制鸡、鸭、鹅等砂锅菜著称。

（2）粤菜的特点。

1）选料广博奇异，尤其擅长海鲜。这与广东的地理环境、风俗习惯有关。

2）口味以清鲜、嫩滑、脆爽为特色。这是与广东的气候、食俗、风尚等相辅的。

3）刀工干练，技法朴实自然。其刀工注重的是干练、自然，对生猛海鲜类的活杀、活宰皆为大众称道。

4）对各种技法兼收并蓄，东西方厨艺融会贯通，烹饪方法、调味方式自成体系。

（3）名菜介绍。粤菜中具有代表性的菜肴有三蛇龙虎凤大会、东江盐焗鸡、五蛇羹、咕咾肉、冬瓜盅、蚝油牛肉、烤乳猪等。

补充资料

咕咾肉

咕咾肉又称咕噜肉，是广东省的一道特色传统名菜，属于粤菜，以甜酸汁及猪肉煮成。咕咾肉作为欧美人士较熟悉的中国菜之一，常见于唐人街的餐馆（图3－5）。

5. 苏菜

江苏地处我国东部，气候温和，地理条件优越，自古以来就是江南鱼米之乡，盛产多种水果，时令蔬菜应有尽有。江苏菜即江苏地方菜系，早在春秋战国时吴地风味已露端倪，唐宋“南食”成为菜肴的重要组成部分，元代初具规模，明清完全形成流派。

图3－5 咕咾肉

（1）苏菜构成。主要由淮扬（淮安、扬州）、京宁（镇江、南京）、苏锡（苏州、无锡）、徐海（徐州、连云港）四部分组成。

（2）苏菜的特点。

1）选料严谨，讲究鲜活。

2）讲究刀工，擅长刀技，技艺高超的厨师，仅以一把普通菜刀，或雕或刻，或镂或削，便可制作牡丹、玉兰花、荷花、蜡梅、茶花、月季、菊花等多种花形。

3）善用火候，讲究火功，擅用炖、煨、焖、蒸、烧等技法。例如砂锅中的菜肴在旺火上渐沸后，便移在炭火上慢慢地炖或焖。

4）原汁原味，一菜一味，清淡适口。各地风味也不同，比如扬州菜讲究淡雅，苏州菜口味略甜，无锡菜较甜。

5）重视调汤，汤汁浓而不腻，风味清新。

（3）名菜介绍。苏菜中具有代表性的菜肴有：霸王别姬、水晶肴蹄、狮子头、煮干丝、扬州三套鸭、清蒸鲥鱼、无锡肉骨头、松鼠鳜鱼、叫花童鸡等。

补充资料

菜肴典故——霸王别姬

霸王别姬又名龙凤烩。

图3-6　霸王别姬

关于霸王别姬有两种传说，一种是项羽建立西楚，举行大典时，由虞姬亲自创制“龙凤宴”，而以鳖、雉为原料的龙凤烩则是“龙凤宴”中的压轴大菜。另一种说法是项羽垓下兵败，准备突围，虞姬为免项王后顾之忧，自刎而死。后来徐州的人们根据这个传说，以鳖（王八）、鸡为材料，创制一菜，并根据谐音取名为“霸王别姬”，霸王别姬的典故与菜相结合，意味深长。

特点：以鳖和鸡为原料，肉质细嫩酥软，汤汁鲜美醇厚，造型奇特，营养丰富。除徐州菜外，川菜、鲁菜、湘菜、京菜等菜系中也有“霸王别姬”（图3-6）一菜。

6. 浙菜

浙江濒临东海，气候温和，拥有丰富的水产资源，盛产山珍野味，家畜家禽成群，这为浙江菜的发展提供了丰富的烹饪资源。

（1）浙菜构成。浙江菜是由杭州、宁波、绍兴、温州为代表的四个地方流派组成的。

1）杭州菜制作精细，讲求变化，以爆、炒、烩、炸为主，成品具有清鲜爽脆、淡雅细腻的独特风格。

2）宁波、绍兴菜成品色泽较深，口味较浓，鲜咸合一，颇为独特。

3）温州菜多选用海鲜为原料，烹制方法上以爆、炒见长，轻油、轻芡，注重原料的刀工成形，口味清鲜、淡而不薄，注重原汁原味，自成一体。

（2）浙江菜的特点。

1）选料精细，多用特产。因而菜肴多具有明显的地方特色，而且文化色彩很浓，许多菜肴都有美丽的传说。

2）成菜讲究精巧细腻、清秀雅丽、形态各异，注重保持原味，菜品味道纯真，口味上以清鲜脆嫩为主。

3）在调味上，常用料酒、葱、姜、糖、醋等。

（3）名菜介绍。浙菜中具有代表性的菜肴有东坡肉（图3－7）、叫花鸡（图3－8）、龙井虾仁（图3－9）、西湖醋鱼（图3－10）、宋嫂鱼羹（图3－11）、油焖春笋、冰糖甲鱼、荷叶粉蒸肉、西湖莼菜汤等。

补充资料

菜肴典故——东坡肉

宋朝元祐年间（约公元1090年），宋代大文学家苏东坡出任杭州地方官，那时西湖已被葑草湮没了大半。于是他发动数万民工疏浚西湖，把挖出来的泥筑成长堤，并建桥以畅通湖水，使西湖秀容重现，这条堆筑的长堤后被列为西湖十景之一“苏堤春晓”。苏东坡治理西湖的业绩深受老百姓赞颂。苏东坡喜爱烹调，以红烧肉最为拿手，他曾以诗介绍其经验“慢着火，少着水，火候足时它自美”。百姓们知道苏东坡喜食肉，那一年的春节，大家不约而同给他送来猪肉、绍酒。苏东坡收到这么多肉和酒，觉得应该与数万疏浚西湖的民工共享，便吩咐家人烧好，连酒一起回赠民工。家人误以为连酒一起烧，结果烧出的肉特别香醇味美，一时传为佳话。人们纷纷传颂苏东坡的为人，仿效他独特的烹调方法。从此以后，以这位大文学家命名的“东坡肉”，成为杭州的传统名菜。

图3－7　东坡肉

叫花鸡

“叫花鸡”原出于江苏常熟，是一些穷苦难民偷来的鸡，用泥巴把鸡包起来，架火烧泥巴，泥烧热了鸡也就熟了，这是一道登不了大雅之堂的菜。

有个传说，当年乾隆皇帝微服出访江南，不小心流落荒野。有一个叫花子（乞丐）看他可怜，便把自认为

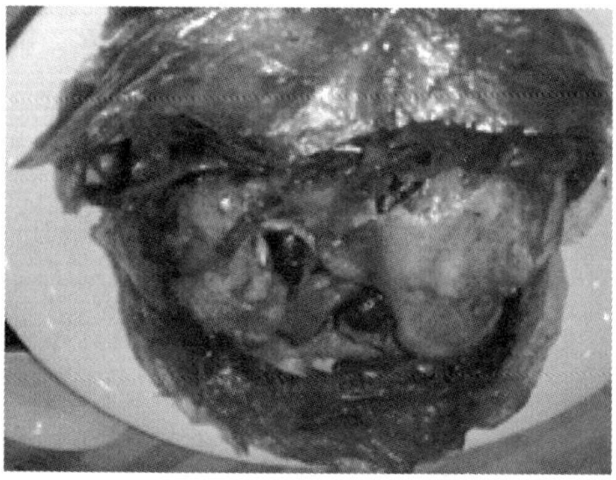

图3－8　叫花鸡

美食的"叫花鸡"送给他吃。乾隆困饿交加，自然觉得这鸡异常好吃。吃毕，便问其名，叫花子不好意思说这鸡叫"叫花鸡"，就胡吹这鸡叫"富贵鸡"，乾隆对这鸡赞不绝口。

叫花子事后才知道这个流浪汉就是当今皇上。这"叫花鸡"也因为皇上的金口一开，成了"富贵鸡"，流传至今，也成了一道登上大雅之堂的名菜。

龙井虾仁

传说，龙井虾仁与乾隆皇帝有关。相传，清朝乾隆皇帝下江南时，恰逢清明时节，一次乾隆下江南游杭州，他身着便服游西湖。时值清明，当他来到龙井茶乡时，天忽下大雨，只得就近在一位村姑家避雨，村姑好客，让座泡茶。茶用新采的龙井，炭火烧制的山泉所沏，乾隆饮到如此香馥味醇的好茶，喜出望外，便想要带一点回去品尝，可又不好开口，更不愿暴露身份，便趁村姑不注意，抓了一把，藏于便服内的龙袍里。待雨过天晴告别村姑，继续游山玩水，直到日落，口渴肠饥，在西湖边一家小酒肆入座，点了几个菜，其中一只是炒虾仁。点好菜后他忽然想起带来的龙井茶叶，便想泡来解渴。于是他一边叫店小二，一边撩起便服取茶。小二接茶时见乾隆的龙袍，吓了一跳，赶紧跑进厨房面告掌勺的店主。店主正在炒菜，当时，他正准备烹炒"白玉虾仁"，闻着皇帝赐饮的茶叶散发出的一股清香，他突发奇想，便将茶叶连汁作为佐料撒进炒虾仁的锅中，烧出了此道名菜。杭州的厨师听到此传闻，即仿效烧出了富有杭州地方特色的"龙井虾仁"。不久，"楼外楼"菜单上，就出现了"龙井虾仁"这道名菜。

图3-9　龙井虾仁

西湖醋鱼

西湖醋鱼又叫"叔嫂传珍"。相传古时有宋姓兄弟两人，满腹文章，很有学问，隐居在西湖以打渔为生。当地恶棍赵大官人有一次游湖，路遇一个在湖边浣纱的妇女，见其美姿动人，就想霸占。派人一打听，原来这个妇女是宋兄之妻，就施用阴谋手段，害死了宋兄。恶势力的侵害，使宋家叔嫂非常激愤，两人一起上官府告状，企求伸张正义，使恶棍受到惩罚。他们哪知道，当时的官府是同恶势力一个鼻孔出气的，不但没受理他

图3-10　西湖醋鱼

们的控诉，反而一顿棒打，把他们赶出了官府。回家后，宋嫂要宋弟赶快收拾行装外逃，以免恶棍跟踪前来报复。临行前，嫂嫂烧了一碗鱼，加糖加醋，烧法奇特。宋弟问嫂嫂：今天鱼怎么烧得这个样子？嫂嫂说：鱼有甜有酸，我是想让你这次外出，千万不要忘记你哥哥是怎么死的，你的生活若甜，不要忘记老百姓受欺凌的辛酸，不要忘记你嫂嫂饮恨的辛酸。弟弟听了很是激动，吃了鱼，牢记嫂嫂的心意而去，后来，宋弟取得了功名回到杭州，报了杀兄之仇，把那个恶棍惩办了。可这时宋嫂已经逃遁而走，一直查找不到。有一次，宋弟出去赴宴，宴间吃到一个菜，味道就是他离家时嫂嫂烧的那样，连忙追问是谁烧的，才知道正是他嫂嫂的杰作。原来，从他走后，嫂嫂为了避免恶棍来纠缠，隐姓埋名，躲入官家做厨工。宋弟找到了嫂嫂很是高兴，就辞了官职，把嫂嫂接回了家，重新过起捕鱼为生的渔家生活。

宋嫂鱼羹

宋嫂鱼羹是杭州名菜，至今已有800多年历史。由于它色泽金黄，鲜嫩滑润，味似蟹羹，又名“赛蟹羹”。

根据宋人吴自牧的《梦粱录卷十三·铺席》记载，当年“杭城市肆各家有名者”，其中就有“钱塘门外宋五嫂鱼羹”，可见宋嫂鱼羹在南宋时期就已经成为杭州的一道名菜了。

宋人周密的《武林旧事卷七·乾淳事亲》记载，宋嫂鱼羹在杭州起始于南宋的淳熙年间。南宋淳熙六年（1179）三月十五日，太上皇宋高宗赵构登御舟闲游西湖，来至钱塘门外，已时近中午。太上皇的侍从告诉他，这里有家菜馆的鱼羹味道很好，何不品尝品尝？太上皇此时也稍有些饿的感觉，就命人下船去菜馆买鱼羹。这家菜馆的主人宋五嫂，本是东京汴梁人士，曾在东京汴梁经营鱼羹菜馆。在宋王朝南迁之时，出于对宋王朝的爱国感情，跟随南迁队伍来到临安（今杭州），在西湖边上经营这家卖鱼羹的小店，维持生计。宋五嫂见豪华游艇的人来买鱼羹，估计是皇亲国戚之类，就亲自烹制了鱼羹，送到游艇之上。快人快语的宋五嫂见了太上皇毫不畏惧，就对太上皇说：“小奴本是东京人氏，是随着御驾来到这里的。”太上皇赵构闻听此言，不胜唏嘘，心想像她这样的草民，能够跟随他南迁临安，的确是大宋江山的希望。想到这里就命人赏赐给宋五嫂“金钱十文，银钱一百文，绢十匹，仍令后苑供应泛索”。从此，宋五嫂的鱼羹就被称作“宋嫂鱼羹”，更加声名远扬。正如俞平伯先生在《略谈杭州北京的饮食》中所指出：“西湖鱼羹之美，口碑流传已千载矣。”

图3-11　宋嫂鱼羹

7. 湘菜

湖南菜简称湘菜。湖南位于中南地区，气候温和，四季分明，阳光充足，雨水集中。得天独厚的自然条件有利于农、牧、副、渔的发展，故物产特别丰饶，为湖南菜的起源和发展创造了很好的条件。

（1）湘菜构成。由于地区物产、社会风俗以及自然条件的不同，湘菜又逐步形成了湘江流域、洞庭湖区和湘西山区地方菜三处地方风味。

1）湘江流域的菜以长沙、衡阳、湘潭为中心，并以长沙为代表，风味重香鲜、酸辣、软嫩。

2）洞庭湖区的菜以常德、岳阳、益阳为中心，以烹制河鲜和禽类见长，讲究芡大、油厚、咸辣、香软。

3）湘西山区的菜以吉首、怀化、大庸为中心，擅长烹制山珍野味及腊肉、腌肉，注重咸香、酸辣口味，山乡风味浓郁。

（2）湘菜的特点。

1）刀工精妙，形味兼备。湖南菜刀功之妙，不仅着眼于造型的美观，还处处顾及烹调的需要，故能依味造形，形味兼备。

2）长于调味，酸辣著称。湖南菜特别讲究原料的入味，注重主味的突出和内涵的精妙。湖南菜的特色是“酸辣”，以辣为主，酸寓其中。酸是酸泡菜之酸，比醋更为醇厚柔和。

3）技法多样，尤重煨。湖南菜早在西汉初期就有羹、炙、烩、濯、熬、腊、濡、脯、菹等多种技艺，发展至今，技艺最精湛的则是煨。

（3）名菜介绍。湘菜中具有代表性的菜肴有：东安子鸡、腊味合蒸、麻辣仔鸡、荷包肚、冰糖湘莲、宝塔香腰、火方银鱼、板栗烧菜心、油辣冬笋尖、吉首酸肉、红煨鱼翅等。

8. 徽菜

安徽位于华东的西北部，境内平原、丘陵、山峦俱全，长江、淮河横贯全省，支流与湖泊交织，土地肥沃，物产富饶，为安徽菜系的形成奠定了物质条件。

（1）徽菜构成。徽菜是由皖南、沿江、沿淮三个地方风味构成。

1）皖南菜是安徽风味的主要代表，它包括黄山、歙县（古徽州）、屯溪等地菜重油、重酱色、重火工。

2）沿江菜以芜湖、安庆地区为代表，以烹制河鲜、家禽见长，讲究刀工，注重色、形，擅长用糖调味，烟熏技术也别具一格。

3）沿淮菜包括蚌埠、宿县、阜阳等地风味，菜品讲究咸中带辣，汤汁口重色浓，并惯用香菜佐味和配色。

（2）徽菜的特点。

1）就地取材，选料严谨，原料讲究新鲜活嫩。

2）烹调方法多为烧、焖、炖，以重色、重油、重火工为特色。

3）味道醇厚，浓淡适宜，保持原汁原味，以烹制山野海味闻名。

4）讲究食补，以食养身。

（3）名菜介绍。徽菜中具有代表性的菜肴有无为熏鸭、毛峰熏鲥鱼、奶汁肥王鱼、黄山炖鸽、蜂窝豆腐、红烧划水、符离集烧鸡、椿芽拌鸡丝等。

二、中国酒

（一）酒的概念

酒是用粮食、水果等含淀粉或糖的物质经发酵、蒸馏而制成的含乙醇的饮料。酒类的主要成分是乙醇，俗称酒精，是一种无色透明、气味飘逸的易燃、易挥发液体，其沸点为78℃，冰点为－114℃。除乙醇外，酒中还有其他多种物质，主要包括：水分、总醇类、脂类、总醛类、糖分、杂醇油、矿物质、气体和微生物等。

乙醇在酒液中的含量用酒度来表示。中国酒的酒精度表示方法采用标准酒精度法表示：酒液温度为20℃时，每100mL酒液中含1mL乙醇即为酒度1度，通常用百分比（%）或缩写的GL表示。如著名的五粮液酒精度为53度，也就是每100mL酒液中含有53mL的纯酒精。

（二）酒的分类

1. 按酒的生产方法分类

酒的生产方法通常有三种，发酵、蒸馏、配制，生产出来的酒也称为发酵酒、蒸馏酒和配制酒。

（1）发酵酒是指用制造原料（通常是谷物与水果汁）直接放入容器中加入酵母发酵而酿制成的酒液，常见发酵的酒有葡萄酒、啤酒、水果酒、黄酒、米酒等。

（2）蒸馏酒是将经过发酵的原料（发酵酒）加以蒸馏提纯，获得的含有较高度数的酒精液体。通常可经过一次、二次甚至多次蒸馏，便能取得高质量酒液。常见的蒸馏酒有金酒、威士忌、白兰地、朗姆酒、伏特加酒、特基拉酒和中国的白酒，如茅台酒、五粮液等。

（3）配制酒的方法很多，常用浸泡、混合、勾兑等几种。

2. 按酒精含量分

（1）低度酒：酒精度在20度以下的酒为低度酒，如葡萄酒、啤酒、黄酒等。

（2）中度酒：酒精度介于20度至40度之间的酒为中度酒，如竹叶青、米酒等。

（3）高度酒：酒精度在40度以上的酒为高度酒，如茅台酒、五粮液、汾酒、白兰地等。

（三）中国酒

中国是世界上最早的酿酒国家之一，有数千年的酿酒历史。我国主要酿制白酒和黄酒，其他酒，如葡萄酒和啤酒则是从国外引进的。

1. 中国白酒

（1）白酒的特点。白酒是以谷物及其他含有丰富淀粉的物质为主要原料，以酒曲为糖化发酵剂，经发酵蒸馏而成的高酒精度酒，其酒精度一般在30度以上。中国白酒有其自身独特的品格：酒液清澈透明，质地纯净，醇香浓郁，醇和软润，味感丰富，刺激性较强。决定白酒的好坏，不是以度数的高低为标准，主要是以风味、香气、滋味来判断。

（2）白酒的香型。白酒的酒香比较复杂，香气十分丰富，按其来划分白酒的种类，概括起来可以分为五种：

1）酱香型，又称茅香型。这类酒品以贵州的茅台酒为代表。特点是香气幽雅细致，香而不艳，郁而不猛，低而不淡，柔和绵长，留杯不散。

2）浓香型，又称泸香型。这类酒品以泸州老窖特曲和宜宾五粮液为代表。特点是芳香浓郁，柔绵甘洌，净爽醇厚，饮后犹香。

3）清香型，又称汾香型。这类酒品以山西汾酒为代表。特点是清香芬芳，醇厚绵软，甜润爽口，酒味醇正。

4）米香型，又称蜜香型。这类酒品以桂林三花酒为代表。特点是米香突出，蜜香清柔，幽雅纯净，入口柔绵，落口甘洌，回味怡畅，略有爽口的苦味。

5）复香型，又称兼香型或混香型。这类风格的酒品尚无最后的定论，凡不属于上述四种香型的风格，或兼有两种以上香型风格的，均以复香型称谓，以贵州的董酒为代表。

（3）中国白酒的主要品牌。中国传统的十大名酒：茅台酒（贵州）、五粮液（四川）、剑南春（四川）、古井贡酒（安徽）、泸州老窖（四川）、董酒（贵州）、竹叶青（山西）、绵阳大曲（四川）、汾酒（山西）、洋河大曲（江苏）。

2. 黄酒

（1）黄酒的特点。黄酒主要用稻米及黍米、黑米、玉米、小麦为原料，经过蒸料，拌以麦曲、米曲或酒药，进行糖化和发酵酿制而成。黄酒属于酿造酒，酒度一般为15度左右。黄酒是由谷物酿成的，因可以用“米”代表谷物粮食，故又可称为“米酒”。

（2）黄酒的主要品牌。绍兴加饭酒，酒精度8度以上，含糖2%，具有色、香、味俱佳的独特风格且越陈越香，是黄酒中的上品，被公认为“东方名酒之冠”，此外，还有山东即墨黄酒和福建沉缸酒。

3. 啤酒

啤酒对于中国消费者来说，是一种舶来品。但是由于啤酒本身所带有的个性张扬、新奇、充满活力和诱惑的异域色彩，加之近年来洋啤酒品牌的大量进入，使得啤酒的洋文化与中国传统文化相融合，产生了具有“中国特色”的啤酒文化，如哈尔滨啤酒节。

（1）啤酒的分类。

1）根据麦芽汁浓度分类，啤酒分为低浓度型、中浓度型、高浓度型。

低浓度型：麦芽汁浓度在6～8°P（巴林糖度计），酒精含量为2%左右，夏季可做清凉饮料，缺点是稳定性差，保存时间较短。

中浓度型：麦芽汁浓度在10～12°P，以12度为普遍，酒精含量在3.5%左右，是我国啤酒生产的主要品种。

高浓度型：麦芽汁浓度在14～20°P，酒精含量为4%～5%。这种啤酒生产周期长，含固形物较多，稳定性好，适于贮存和远途运输。

2）根据啤酒色泽分类，啤酒分为黄啤酒、黑啤酒。

黄啤酒（淡色啤酒）：呈淡黄色，采用短麦芽做原料，酒花香气突出，口味清爽，是我国啤酒生产的大宗产品。其色度（以 0.0011 摩尔碘液毫升数/100mL 表示）一般保持在 0.5ml 碘液左右。

黑啤酒（浓色啤酒）：色泽呈深红褐色或黑褐色，是用高温烘烤的麦芽酿造的，含固形物较多，麦芽汁浓度大，发酵度较低，味醇厚，麦芽香气明显。其色度一般在 5～15mL 碘液。

3）按除菌方式的不同将啤酒分为熟啤、生啤。

熟啤：在瓶装或罐装后经过巴氏消毒，比较稳定的啤酒。

生啤：不经巴氏灭菌或瞬时高温灭菌，而采用过滤等物理方法除菌，达到一定生物稳定性的啤酒。

（2）啤酒的主要品牌。我国名牌啤酒很多，如青岛啤酒、五星啤酒、燕京啤酒、哈尔滨啤酒、雪花啤酒、珠江啤酒等。

4. 果酒

（1）果酒的特征。果酒是选用各种含糖量较高的水果为主要原料，经压榨、发酵酿制而成的，酒精含量多数在 15% 左右。如目前较为畅销的烟台红葡萄酒、中国红葡萄酒等。

（2）果酒的主要品牌。烟台红葡萄酒：产于山东省烟台葡萄酒公司，酒精度为 15.5～16.5 度，含糖量 12%，属甜型葡萄酒。酒液呈红宝石色，透明似晶体，味甜而微酸，入口醇厚，余味绵长。

中国红葡萄酒：产于北京市东郊北京葡萄酒厂，酒精度为 16 度，含糖量 12%，属甜型葡萄酒。酒液棕红透明，果香浓郁，酸甜适度，爽口，醇正，柔和。

补充资料

中国酒的起源

1. 上天造酒说

素有“诗仙”之称的李白，在《月下独酌·其二》一诗中有“天若不爱酒，酒星不在天”的诗句；东汉末年以“座上客常满，樽中酒不空”自诩的孔融，在《与曹操论酒禁书》中有“天垂酒星之耀，地列酒泉之郡”之说；窦苹所撰《酒谱》中，也有酒“酒星之作也”的话，意思是自古以来，我国祖先就有酒是天上“酒星”所造的说法。然而，酒自“上天造”之说，既无立论之理，又无科学论据，此乃附会之说，文学渲染夸张而已。

2. 猿猴造酒说

猿猴不仅嗜酒，而且还会“造酒”，这在我国的许多典籍中都有记载。清代文人李调元在他的著作中记叙道：“琼州（今海南岛）多猿……尝于石岩深处得猿酒，盖猿以稻米杂百花所造，一石六辄有五六升许，味最辣，然极难得。”明代文人李日华在他的著述中，也有过类似的记载：“黄山多猿猱，春夏采杂花果于石洼中，酝酿成酒，香气溢发，闻娄百步。野樵深入者或得偷饮之，不可多，多即减酒痕，觉之，众猱伺得人，必嬲死之。”可见，这种猿酒是偷饮不得的。这些不同时代、不同人的记载，起码可以证明这样的事实，即在猿猴的聚居处，多有类似“酒”的东西发现。

3. 仪狄、杜康造酒说

相传夏禹时期的仪狄发明了酿酒。公元前二世纪史书《吕氏春秋》云，“仪狄作酒”。汉代刘向编辑的《战国策》则进一步说明：“昔者，帝女令仪狄作酒而美，进之禹，禹饮而甘之，曰：‘后世必有饮酒而之国者。’遂疏仪狄而绝旨酒（禹乃夏朝帝王）。”史籍中有多处提到仪狄“作酒而美”“始作酒醪”的记载，似乎仪狄乃制酒之始祖。一种说法叫“仪狄作酒醪，杜康作秫酒”。这里并无时代先后之分，似乎是讲他们做的是不同的酒。杜康做秫酒，指的是杜康造酒所使用的原料是高粱。可以说仪狄是黄酒的创始人，而杜康则是高粱酒的创始人。

任务实施

步骤1：餐前准备。

（1）按时到岗，着工装，接受任务。

（2）按照餐饮卫生要求完成餐厅的清洁工作。

（3）整理工作台。

（4）按照中餐零点餐摆台的规范摆好餐台。

（5）准备服务用具及开餐用品，服务用具如点菜单、托盘、圆珠笔、服务毛巾等，开餐用品如开水、调味品、小毛巾、茶叶、洗手盅等。

（6）召开班前会，餐厅领班或主管应仔细检查各项准备工作，在班前会上检查餐厅服务员个人的仪容仪表，同时进行明确分工，并再次强调营业期间的注意事项，使每个服务员在思想上能够提前进入营业状态。

步骤2：迎宾服务。

（1）开餐前5min，迎宾员应站在餐厅大门口恭候客人的光临。

（2）问明客人的用餐情况，按规范引领客人到合适的餐台。

迎宾员引领客人时在客人右前方1m左右，并兼顾客人是否跟上。上电梯时要长按住电梯，待客人都上电梯后，再上电梯。要先于客人下电梯并长按电梯，等客人全部下来后再松手。

步骤3：餐前服务。

（1）迎宾员为客人拉椅让座、递送菜单后，值台员应及时递送热毛巾，并使用敬语：“先生（或小姐），请您用毛巾。”

（2）征询宾客喝什么饮料。值台服务员站在客人右边，利用去除筷套或是递铺餐巾的时间，询问客人喝什么饮料。值台服务员应主动向宾客介绍饮料品种，在征询时应使用选择疑问句。

（3）填写饮料点单，并为宾客准备好酒水、饮料。

（4）从主宾开始依次为宾客服务调味酱油或醋。

（5）根据宾客的人数安排餐位，及时撤去多余的餐位或加位。

(6) 服务员站在适当的位置，做好点菜的准备工作，随时准备协助宾客进行点菜。

步骤4：点菜服务。

客人看完菜单后，服务员应按规范接受客人点菜。服务员应熟悉菜单，了解客人需求，主动为客人提供信息及帮助，进行良好的推销，并按规范安排菜单。

(1) 做好点菜的准备工作。

1) 了解菜单上菜肴的单位，即一份菜肴的分量或规格等。

2) 了解菜单上菜肴的制作方法、烹饪时间、口味特点以及装盘要求等。

3) 了解宾客口味及饮食需求。服务员通过观察宾客的言谈举止、年龄、国籍等获得宾客相关的信息，同时还应该掌握客源国饮食习惯和菜肴知识，便于做好建议性的销售。如日本客人喜欢吃榨菜银芽炒肉丝、麻婆豆腐、水鱼、河豚、蘑菇和汤面等；美国客人偏爱鲜嫩、清淡、爽口和咸中带甜的菜肴，如拔丝苹果和菠萝咕噜肉等；非洲客人喜欢吃猪肉、牛肉和鸡肉等，不喜欢海鲜；欧美客人一般不吃动物内脏、狗肉、鸽子肉、蛇肉等；伊斯兰教的客人戒食猪肉；节食的客人喜欢食低热量、低脂肪的食品等。

4) 掌握不同人数的宾客所需要菜肴的组成和分量。

5) 懂得上菜的顺序、时机和佐料搭配规律等。

6) 能够使用外语介绍菜肴的口味特点、烹饪方法和原料等。

(2) 点菜。

1) 接受点菜。在客人准备点菜时，服务员应立即上前礼貌询问："请问先生（女士），我可以为您点菜了吗?"

2) 提供建议。服务员应注意观察，了解宾客的需求，并主动向宾客介绍当天的特选菜肴。服务员在介绍菜肴时一般应使用选择疑问句和描述性的语言，同时还应该协助宾客进行选择，注意菜肴的荤素搭配以及菜肴的分量适中等，切忌硬行摊派、强行推销菜肴。

补充资料

餐厅服务员应掌握的推销方法

俗话说：劈柴不照纹，累死劈柴人。这句话说明我们不论在做任何事时都应该有一定的技巧，只有找对了方法，我们在推销过程中才能收到事半功倍的效果。下面介绍几种推销过程中的常用的方法。

1. 将顾客单一需求引向多元化选择

有些客人总是按个人习惯点菜，对餐厅特色菜并不了解。点了菜，服务生如果简单回答一句"没有"，就会让他们失望，从而失去消费欲望。如果服务生抓住机会，推销与所点菜品相关的其他菜式，将客人引到多元化选择，会取得较好效果。一位客人点了八宝粥，餐厅售完了，服务生说："好的！不过今天八宝粥已经卖完，现在还有黑米粥、玉米粥、西米粥、皮蛋瘦肉粥，都很有风味，换个口味好吗?"于是客人欣然点了玉米粥。

2. 利用顺口溜、打油诗或典故强化菜品介绍

例如，“巴国布衣”的招牌菜之一是口水鸡，客人不明白：“啥子味道?”服务生说，这是川东特色名菜，有一首顺口溜：“口水鸡呀口水鸡，阿妹做菜好手艺。麻辣酸甜有鲜香，川菜川妹一出戏。”客人感到很有趣，点了这道菜。

3. 行为暗示成交法

就是指在与客人交流时，通过语言或行为来给予客人相应暗示，婉转地让客人知晓，从而接受我们的意见。

例如，客人在点菜的过程中对某种菜肴犹豫不决时，服务员一般都会这样讲：“好多吃过这道菜的客人都说味道不错。”言下之意就是说：“这道菜味道很好。”通过暗示的方法使客人获取了这个信息。

4. 吉祥法

此法主要用于数量的推销。例如，去年我的一个朋友过生日，到一家餐厅聚餐，一个服务生走过来问：“请问你们需要点白酒还是啤酒呢?”我们答道：“需要啤酒。”他又问：“需要几支?”我们说：“来五支。”服务生马上就说：“今天这位女士过生日，干脆来六支吧，六六大顺，多吉利的数字呀，我帮你们拿去。”我们还没有来得及说我们只要五支，服务员已经去拿酒了，我们就开始议论，这个服务员嘴可真够快，只不过行动还真快，人非常地灵活。后来我们真的就把那六支酒都喝完了。

5. 附和认同法

这种方法就是顺着客人说，然后再转折陈述，又称为一卷芭蕉成交法。例如：“这道菜价格是比较贵，但是它的原料在市场上的价格就不低，烹制工艺也很讲究，没有十几年的烹饪功夫，火候是把握不好的，风味很特别，您不妨品尝一下！”

6. 贴身秘书成交法

就是指服务员在为客人推销时，都是客人的贴身秘书，要站在客人的立场上帮客人把好关，从而让客人信任我们。

例如：

“我看今天咱就两个人，我让厨房给做成小盘可以吗?”

“先生，您好，您很有眼光，这道菜是我们的特色菜，它的主料是……辅料是……相对较油腻……您看咱们点不点这道菜?”

7. 举例法

又称为借人之口法，即借用具有一定身份消费者的话来证明、推销菜品。

例如：

“很多客人都喜欢吃我们做的×××，您也来一份吧?”

“毛主席曾赞誉过湖北的武昌鱼，您如果品尝一下，也一定有同感！”

“您真是行家，美食评论家×××说这道菜很美味。”

3）记录点菜内容。服务员在接受客人点菜时，一般是手持点菜单站在客人左侧且身体微微前倾，认真清楚地记录客人所点的菜品。

4）复述内容。为了确保点菜内容的准确无误，服务员应在客人点菜完毕复述其所

点的菜品，并礼貌地请客人确认。

5）礼貌致谢。复述确认客人的点菜内容之后，服务员应收回菜单，并向其表示感谢：“非常感谢，请您稍等。”

步骤5：菜肴服务。

菜肴服务的具体内容参看项目二“基本操作技能”中的任务五“菜肴服务技能”的相关部分。

步骤6：席间服务。

在客人进餐过程中，服务员应勤于巡视每桌客人的台面，随时注意客人的进餐情况，优质的餐饮服务应体现在客人提出要求之前。值台服务员巡台服务一般包括以下要求及内容：

（1）及时撤去空盘、空饮料瓶，整理台面，随时保持台面清洁美观。

（2）随时续添酒水，推销酒水、饮料等。

（3）替宾客点香烟。

（4）宾客席间离座，服务员应帮助其拉椅、撤餐巾；宾客回座时应再帮助宾客拉椅、递铺餐巾。

（5）宾客停筷后，服务员应主动问询其是否需要水果、甜品，并询问宾客是否需要将多余的菜肴打包带走，如宾客需要，则应迅速按照规范为宾客打包菜肴。

（6）烟灰缸里有2个以上烟蒂或杂物时应马上予以更换。

步骤7：甜品、水果服务。

（1）及时撤走菜盘和吃咸味菜的餐具，留下有酒水的杯子和牙签。

（2）摆上甜品或水果的餐具后，为客人送上甜品或水果。

（3）当水果食用完后，向客人问茶。

步骤8：结账和送客服务。

（1）结账服务。当客人示意结账时，服务员应送上毛巾，并按照规范进行结账服务。

（2）热情送客。客人结账完毕起身离座时，服务员应为其拉椅，帮助客人穿外套，并征询客人的意见是否要打包食品以及提醒宾客带上自己的随身物品，最后向宾客诚恳致谢并道再见。

步骤9：结束工作。

（1）检查客人是否有遗留物品。当客人离开后，服务员应检查是否有宾客的遗留物品，如果有，应立即交还给宾客或是交给餐厅经理处理。

（2）整理桌椅，送洗餐具。服务员清点餐巾、小毛巾，按照规范进行收台，同时将用过的餐具、酒具等送到工作台或直接送到洗碗间进行分类清洗。

（3）重新摆台。餐厅服务员更换上干净的台布，按照规范重新摆好餐台，等候迎接下一批宾客或是继续为其他宾客服务。

补充资料

翻台就是在宾客离开餐厅以后，服务员收拾餐具、整理餐桌，并重新摆台的过程。翻台往往是在其他宾客仍在进餐的过程中进行，或是在没有找到餐桌的宾客正在等候时进行。所以，翻台的文明和效率是该程序的重要标准。可以说，一个餐厅翻台率的高低和翻台速度的快慢，能够反映出其营业水平和接待能力的优劣。翻台服务中应注意以下几个问题：

（1）翻台应及时、有序，按酒具、小件餐具、大件餐具的顺序进行。

（2）翻台时如发现宾客遗忘的物品，应及时交给宾客或上交有关部门。

（3）翻台时，应注意文明作业，保持动作的稳定，不要损坏餐具、物品，也不应惊扰正在用餐的宾客。

（4）翻台时应注意周围的环境卫生，不要将餐纸、杂物、残汤剩菜等乱洒乱扔。

（5）撤台结束后，应立即开始规范地摆台，尽量减少宾客的等候时间。

任务二　中餐宴会服务

任务布置

某大酒店宴会厅是一个能容纳200人同时就餐的豪华餐厅。其空间形状为长方形。2011年10月，该酒店接受了某公司高级业务经理许先生婚礼宴会的预订。新人对婚礼场地布置的要求如下：

1. 庄重神圣的感觉，毕竟这是人生的大事。
2. 突出浪漫温馨的氛围。
3. 有一些新的创意，但也要符合新人的实际情况，婚礼上会有很多的长辈和领导。
4. 通俗而不低俗。

客人年龄结构与层次结构如下：

预计客人：200 人

1. 年龄结构：长辈会比较多一些，大概占到60%；30 岁以下的年轻人占到30%。
2. 层次结构：新人的父母都是企业高层，所以来宾的层次较高，以工商界高层为最多。

请你根据许先生的要求，完成场地布置、台面设计的具体方案。

相关知识

宴会是企事业单位、社会团体、政府机关或个人为了表示欢迎、答谢、祝贺等社交目的以及庆贺重大节日而举行的一种隆重的、正式的餐饮活动。因此宾客对宴会的服务质量要求甚高，宴会举办得成功与否，直接影响到饭店的声誉及经济效益。每个饭店都非常重视宴会的促销、服务以及管理，都尽可能地满足客人提出的各项要求，力求为宾客提供尽善尽美的宴会服务。中餐宴会是中国传统的聚餐形式，遵循中国的饮食习惯，以吃中国菜、饮中国酒、用中国餐酒具、行中国传统礼仪为主。中餐宴会在餐厅布置、台面装饰及服务等方面都体现出中国的饮食文化特色。

一、宴会的种类和特点

（一）宴会的种类

（1）按规格分为国宴、正式宴会、便宴。

（2）按菜点性质、规格、标准分为高档宴会、普通宴会、素食宴会、清真宴会。

（3）按进餐形式分为坐式宴会、立式宴会。

（4）按礼仪形式分为答谢宴会、欢迎宴会和告别宴会等。

（5）按餐别分为中餐宴会、西餐宴会、冷餐酒会和鸡尾酒会。

（二）宴会的特点

宴会与一般就餐形式在菜点及饮料上没有本质区别，但在菜点、饮品的品种和质量，服务程序和内容上存在着较大差异。宴会的主要特点如下：

（1）根据主办人的要求，预先对宴会进行安排并拟订好宴会计划。

（2）根据宴会设计师的要求，对宴会餐厅环境进行精心设计和布置，营造出一种隆重、热烈、舒适、整洁、高雅的气氛。

（3）宴会菜肴有一定的数量及质量的要求。

（4）宴会接待服务非常讲究，有规定的仪式和礼节。

（5）主办人需事先进行宴会预订。

二、中餐宴会前的组织准备

（一）掌握宴会情况

饭店接到宴会通知单后，餐厅服务员应对宴会做到“八知”“五了解”。

“八知”——服务员应知道：主人的身份、客人的身份、国籍、宴会标准、宴会开始的时间、菜肴品种和酒水要求、主办单位或者个人信息、付款方式以及与主办单位的联络方式等。

“五了解”——服务员应了解：客人风俗习惯、生活忌讳、特殊需求、进餐方式、主宾和主人的特殊爱好等。另外，服务员还应掌握宴会的主题、目的及性质，有无席位卡、台型要求、司机费用等相关情况。

（二）布置宴会厅

中餐宴会厅场地的布置通常根据宴会的性质和档次的高低来进行，一方面要隆重、热烈、美观、大方；另一方面要具有中国传统的民族特色。

1. 环境布置

举行大型隆重的正式宴会时，为了增加宴会热烈、隆重的气氛，一般会在宴会厅的周围摆放盆景花草，主席台后面用花坛屏风、大型青枝翠树盆景等进行装饰。正式宴会和国宴虽然不要求张灯结彩或做过多的装饰，但必须突出其庄重、严肃、大方的气氛。中餐宴会为了显示辉煌，通常会要求餐厅的灯光明亮。宴会厅的照明设备一般由专人负责，宴会前必须认真检查一切照明设备及线路是否完好，以保证在宴会举办期间不会发生任何事故。

倘若是举办国宴活动则应在宴会厅的正面并列悬挂两国的国旗，正式宴会应根据外交部规定来决定是否需要悬挂国旗。按照国际惯例悬挂国旗为，左为东道主的国旗，右为来宾方的国旗。例如我国政府宴请外国来宾时，中国的国旗应挂在左边，外国的国旗挂在右边；如是来访国举行答谢宴会时，则相互对调国旗位置。

2. 台型布局

（1）布局原则。台型布局一般采取“中心第一、先右后左、高近低远”的原则予以安排。

“中心第一”是指布局时要突出主桌。主桌放在上首中心，以突出其设备和装饰；主桌的台布、餐椅、餐具的规格应高于其他餐桌，主桌的花坛也要特别鲜艳突出。

“先右后左”是国际惯例，即主人右席的地位大于主人左席的地位。

“高近低远”是指按被邀请宾客的身份安排座位，身份高的离主桌近，身份低的离主桌远。

（2）中餐宴会台型布局。宴会的接待规格较高，形式较为隆重，中餐的宴会多使用大圆桌，由于宴会的人数较多，所以就存在场地的布置问题，应该根据餐厅的形状和大小以及赴宴的人数多少安排场地，桌与桌之间的距离以方便服务人员服务为宜。主桌应该位于面向餐厅正门的位置，可以纵观整个餐厅或者宴会厅（图3－12）。

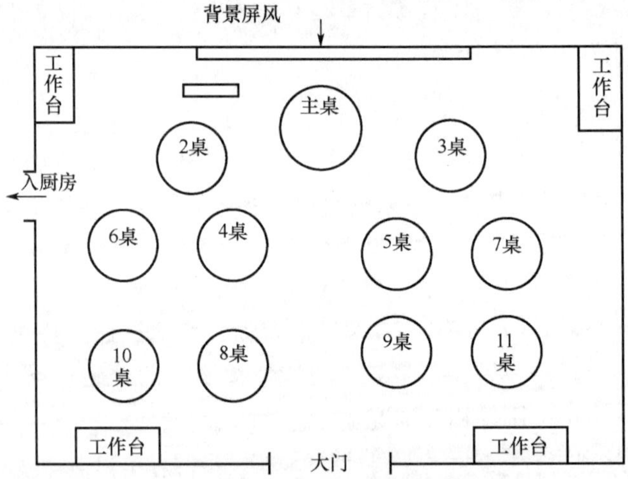

图3－12　中餐宴会台型布局

多桌宴会主座次安排的重点是定各桌的主人位，以主桌主人位为基准点，各桌主人位的安排有两种方法：一种是各桌主人位置与主桌主人位置相同并朝向同一个方向；另一种是各桌主人位置与主桌主人位置遥相呼应，具体地说，台型的左右边缘桌次主人位相对并与主桌主人位成90°角，台型底部边缘桌次主人位与主人位相对，其他桌次的主人位与主桌的主人位相对或朝向同一方向（图3－13）。

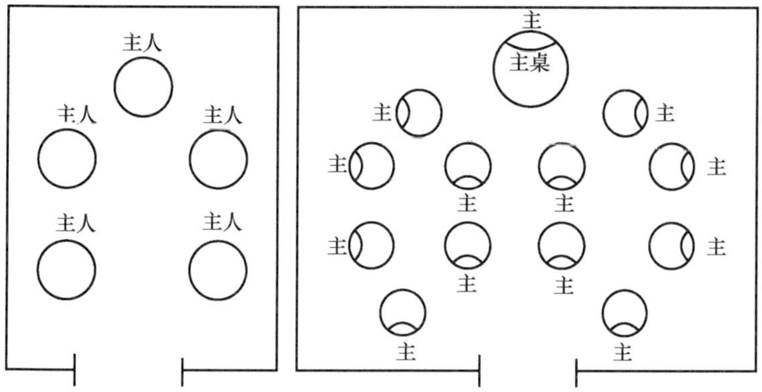

图 3－13　大型中餐宴会座位安排

（3）座次安排。宴会座次安排即根据宴会的性质，主办单位或主人的特殊要求、出席宴会的宾客身份确定相应的座位。座次安排必须符合礼仪规格，尊重风俗习惯，便于席间服务。以 10 人一桌的正式宴会为例：台面一般置于厅堂正面，主人的座次通常设于厅堂正面即圆桌正面的中心位置，坐北朝南，副主人与主人相对而坐；主人的右、左两侧分别安排主宾和第二宾的座次，副主人的右、左两侧分别安排第三、第四宾的座次，主宾、第三宾的右侧为翻译（主方翻译、客方翻译）的座次。有时，主人的左侧是第三宾，副主人的左侧是第四宾，其他座位是陪同席。10 人一桌中餐宴会座次的安排常见的有三种，如图 3－14 所示。

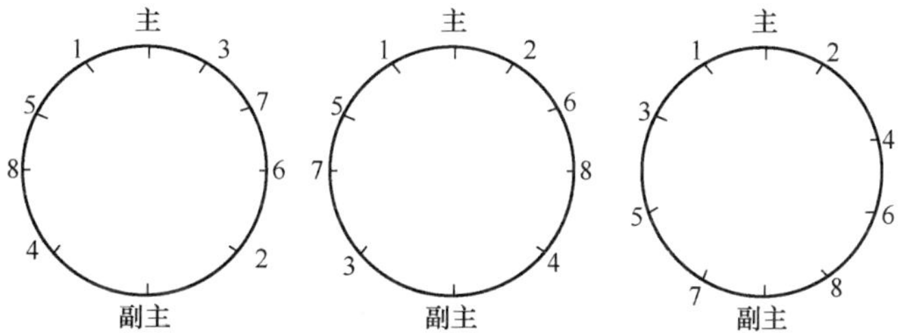

图 3－14　中餐宴会圆桌席位安排图

（三）召开宴前会

宴前会一般是由餐厅经理主持召开。宴前会的主要内容一般是检查宴会服务员仪表仪容，对宴会准备工作、宴会服务以及宴会结束等工作进行分工、强调宴会注意事项等。对于规模较大的宴会，饭店通常会确定宴会总指挥。为了保证宴会能够善始善终，饭店会根据宴会要求，对迎宾、值台、传菜、酒水供应、衣帽间以及贵宾室等岗位进行具体的分工，要求所有宴会工作人员都有具体任务，并将责任落实到人，做好人力、物力的充分准备。

（四）准备物品及摆台

按照宴会规格和摆台要求，服务员应在宴会开始前一小时摆好宴会餐台，并根据菜单要求准备各种服务用具、酒水、小毛巾以及分菜用具等。

（五）熟悉宴会菜单

宴会厅的服务员应熟悉宴会菜单和主要菜肴的风味特色，了解每道菜肴的服务程序以便保证准确无误地进行菜肴服务以及回答宾客对菜点提出的各种疑问。

（六）彩排

大型隆重的宴会活动要求气氛热烈，一般常采用蜡烛、干冰、焰火等方式来烘托宴会气氛，如服务香槟时在香槟酒桶内放入干冰，奏进行曲，列队入场；又如上第一道菜时，将宴会厅的灯光熄灭，伴以节奏感强烈的进行曲，服务员列队进场，菜盘中间点燃焰火，等服务员走到规定位置后，打开宴会厅的灯光，服务员全体向宾客鞠躬问候，再进行菜肴服务。为确保宴会活动能够万无一失，这些节目通常都会在宴会开始之前进行彩排。

（七）摆放冷盘

大型宴会一般在开宴前15min左右摆上冷盘，然后根据情况可以预先斟倒好葡萄酒。冷菜摆放位置应保持冷盘间距相等，同时应注意菜肴色调和荤素搭配。如果是各式冷菜则按照规范摆放，冷菜的摆放应能给宾客赏心悦目的艺术享受，还应为宴会增添隆重而欢快的气氛。一切准备工作完成之后，所有宴会的工作人员面带微笑站在自己的岗位上，等待宴会宾客的光临。

三、中餐宴会服务注意事项

（1）宴会服务应注意节奏，不能过快或过慢，一般应以宾客进餐的速度为准。

（2）宴会服务操作时，应注意轻拿轻放，严防打碎餐具物品而破坏整个场内的宴会气氛。

（3）当宾、主在席间讲话或举行国宴在演奏国歌时，所有服务员须停止一切操作，迅速退至工作台的两侧肃立，姿势要端正，排列要整齐，餐厅内要保持安静，切忌发出响声。

（4）宴会席间如有宾客突然感觉身体不适，服务员应立即请医务人员协助并向饭店领导汇报情况；同时将食物按原样保存，以便留待医生化验检查。

（5）宴会结束后，服务员应主动征求宾、主及陪同人员对菜点和服务的意见，并礼貌地与宾客道别，欢迎下次光临。

（6）为了不断地提高服务质量和服务水平，宴会主管或经理应对宴会任务的完成情况进行总结。

任务实施

步骤1：迎宾服务。

宴会的迎宾员和主管人员根据宴会的入场时间，应提前在宴会厅门口迎接宾客的到来，值台服务员应站在各自负责的餐桌旁准备为宾客服务。宾客到达时，迎宾员应微笑问好、热情礼貌地迎接；将客人引入休息室就座休息，回答客人问题。迎宾员在引领、回答客人时应使用敬语，做到态度和蔼、语言亲切。

步骤2：入席服务。

当宾客来到席位前时，服务员应面带微笑，拉椅帮助宾客入座，拉椅时应该先宾后主，先女后男；等到宾客坐定之后，帮助其打开餐巾、除掉筷套、撤下花瓶或花插，拿走台号牌、席位卡，撤除罩在冷菜上的保鲜膜等。

步骤3：斟酒服务。

服务员为宾客斟倒酒水时，应先征求客人的意见，斟倒客人喜欢的酒水、饮料。服务员斟酒时应从主宾开始，首先斟倒葡萄酒，其次斟倒烈性酒，最后斟倒饮料。各种酒水的斟酒量一般：葡萄酒斟七成满（也有斟五成满的），烈性酒以及饮料均斟八成满。大型宴会为了保证宾主致辞和干杯的顺利进行，一般可以提前5～10min斟倒好酒水。服务员在宾客干杯或者相互敬酒时，应迅速拿酒瓶到餐台前准备为宾客续添酒水；当主人和主宾讲话前，应注意观察客人杯中的酒水是否已经准备好；在宾、主离开席位讲话时，应提前准备好酒杯、斟倒好酒水，并按照规范在致辞客人的身旁侍立，随时准备为宾客祝酒提供酒水。

步骤4：菜肴服务。

菜肴服务的具体内容参看项目二“基本操作技能”中的任务五“菜肴服务技能”的相关部分。

步骤5：席间服务。

宴会席间服务中，服务员要勤巡视、勤斟酒、勤换烟灰缸，并细心观察宾客的表情，主动为宾客提供周到的席间服务。服务员在席间服务应做到以下几个方面：

（1）随时保持转盘整洁。

（2）宾客席间离座站起祝酒时，服务员应立即上前将椅子向外稍拉，当宾客坐下时应向里稍推，以方便宾客站立和入座。

（3）宾客席间离座，应主动帮助拉椅、整理餐巾；待宾客回座时应重新拉椅、递铺餐巾。

（4）上甜品、水果之前，应送上小毛巾和相应的餐具；撤去除酒杯、茶杯和牙签以外的全部餐具，抹净转盘，服务甜点和水果。

（5）宾客用完水果后，撤去水果盘并摆上鲜花，以示宴会结束。

步骤6：结账服务。

通常上菜完毕就可做结账的准备工作，即清点所有酒水、香烟等包括宴会菜单以外的加菜费用并累计餐费总数。当宾客示意结账时，服务员应按规定办理结账手续，并向宾客致谢。大型宴会结账工作一般由餐厅管理人员负责。

步骤7：热情送客。

当主人宣布宴会结束时，服务员要提醒宾客带齐自己的物品。宾客起身离座时，服务员应主动为宾客拉椅，以方便宾客离席行走。衣帽间的服务员应根据宾客取衣牌的号码，及时、准确地将衣帽递给宾客。一般视餐厅具体情况决定是列队欢送，还是送宾客至餐厅门口或目送宾客离去。

步骤 8：结束工作。

大型宴会的结束工作与准备工作同样重要，要求按照宴会前的分工和规范进行，以提高效率，降低损耗。在宾客离席时，服务员要检查有无宾客遗留的物品或台面上是否有未熄灭的烟头。在宴会宾客全部离去之后，服务员应立即清理台面。先整理餐椅，收餐巾和小毛巾，再按规范清理餐具用品并送往后台分类摆放。贵重餐具物品等要当场清点。宴会收尾工作结束后，宴会主管或领班会做进一步检查，等到宴会全部收尾工作检查完毕，餐厅工作人员方才可以离开餐厅。一般大型宴会结束后，主管还会召开宴会总结大会。

任务三　西餐零点服务

任务布置

玛丽是某大饭店咖啡厅的领位员，咖啡厅最近比较繁忙。一天午饭期间，玛丽刚带几位客人入座回来，就见一位先生走了进来。“中午好，先生。请问您贵姓?”玛丽微笑着问道。“你好，小姐。你不必知道我的名字，我就住在你们饭店。”这位先生漫不经心地回答。“欢迎您光顾这里，不知您愿意坐在吸烟区还是非吸烟区?”玛丽礼貌地问道。“我不吸烟。不知你们这里的头盘和大盆菜有些什么?”先生问道。“我们的头盘有沙拉、肉碟、熏鱼等，大盆菜有猪排、牛扒、鸡、鸭、海鲜等。您若感兴趣可以坐下看看菜单。您现在是否准备入座了？如果准备好了，请跟我去找一个餐位。”玛丽说道。这位先生跟随她走向餐桌。“不，不，我不想坐在这里，我想坐在靠窗的座位，这样可以欣赏街景。”先生指着窗口的座位对玛丽说。“请您先在这里坐一下，等窗口有空位了我再请您过去，好吗?”玛丽征求他的意见。在征得这位先生的同意后，玛丽又问他要不要些开胃品。这位先生点头表示赞同。玛丽对一位服务员交代了几句，便离开了这里。当玛丽再次出现在先生面前告诉他窗口有空位时，先生正与同桌的一位年轻女士聊得热火朝天，并示意不换座位，要赶紧点菜。玛丽微笑着走开了。

请你思考：

1. 在以上案例中玛丽为客人的服务包括哪些程序，程序之间的关系如何?
2. 根据以上案例你认为要想不断改进服务质量，具体策略有哪些?

相关知识

西餐（Western Foods）是欧美各国菜肴的总称。随着我国改革开放和经济的发展，我国西餐经营在不断地扩大，越来越多的人认识到西餐，并喜爱上了西餐文化。西餐厅如雨后春笋，已在各大城市遍地开花，发展迅速。

一、外国菜

（一）西餐菜肴特点

1. 取料丰富，用料讲究

西餐取材有肉类、水产类、野味类、家禽类、果蔬类、乳品类、谷物类等多种类型，仅肉类，就可以划分出特级、一级、优良标准级、普通级及经济级。

2. 口味香醇、浓郁

西餐的独特用料使其与我国菜类相比，有明显的香味浓烈的特色。有句俗话“中菜宜于口，西菜宜于鼻，日菜宜于目”就说明了西餐气味上的特点。

西餐多用奶制品，如鲜奶油、黄油、干酪等。

西餐的调料、香料品种繁多。烹制一份菜肴往往要使用多种香料，如桂皮、丁香、肉桂、胡椒、芥末、大蒜、生姜、香草、薄荷、荷兰芹、洋葱等。

西餐常用葡萄酒作为调料，烹饪时讲究以菜配酒，做什么菜用什么酒，其中法国产的白葡萄酒和红葡萄酒用得最为普遍。

3. 别具一格的烹调方法

常用的西餐烹调方法有煎、焗、炸、炒、烤、烩、烘、蒸、熏、炖、煮、扒、铁扒、铁板煎等，其中铁扒、烤、焗在烹调中更具代表性。这些方法的运用，使原料表面迅速脱水而焦化，形成焦黄色的外表，产生浓郁的焦香气味。

4. 注重肉类菜肴的老嫩程度

欧美人对牛、羊肉的老嫩程度很讲究，服务员在接受客人点菜时必须问清要求，厨师按照客人口味进行烹饪。一般有五种火候：全熟、七成熟、五成熟、三成熟、一成熟。

（二）西餐主要菜式

西方各国的饮食文化虽然有许多共同之处，但不同国家和地区人民的风土人情和饮食习惯也有不少差异，从而出现了风格不同的菜系流派，其中影响较大的有法国菜、意大利菜、英国菜、美国菜、德国菜和俄国菜等。

1. 法国菜

法国菜是西餐中最有地位的菜，是西方文化的一颗明珠。法国人一向以善于吃并精于吃而闻名，法式大餐至今仍名列世界西菜之首。法式菜特点主要体现在：

（1）选料广泛，用料讲究。法式菜的选料很广，如蜗牛、马兰、百合、大鹅肝等均可入菜。在用料上很精细，要求绝对新鲜，做什么菜，用什么料都很讲究。

（2）调味喜欢用酒。法国盛产酒类，烹调中喜欢用酒，做什么菜用什么酒都有严格规定，如海鲜用白兰地，清汤用葡萄酒，野味用红酒，火鸡用香槟，水果和甜点用甜酒或朗姆酒等，而且酒的用量很大。

（3）追求菜肴的鲜嫩。法式菜肴要求菜肴水分充足、质地鲜嫩，如牛排一般只要求三四成熟，烤牛肉、烤羊腿只需七八成熟，海鲜烹调不可过熟，牡蛎则生吃。

（4）烹调精细、讲究原汁原味。法式菜制作精细，有时一道菜需要多道工序。对少司（即调味汁）的制作十分讲究，做什么菜用什么少司有一定规律，如做牛肉菜肴用牛骨汤汁，做鱼类菜肴用鱼骨汤汁。

（5）讲究客前烹制。法式菜之所以享有盛名，还在于其有许多客前烹制表演，如服务员在客人面前表演烹制青椒牛扒、苏珊特饼燃焰等。

法国人爱吃冷盘菜，喜爱沙丁鱼、火腿、奶酪以及各类禽的肝酱，配料爱用大蒜头，喜欢清汤及酥面点心、蒸点心，特别爱吃新鲜水果和新鲜奶酪。

主要法式名菜有马赛鱼羹、巴黎龙虾、法式蜗牛、红酒山鸡、奶油千层酥、洋葱汤、牡蛎杯等。

2. 意大利菜

意大利历史悠久，其餐饮文化也非常发达，影响了欧洲大部分的国家和地区，被誉为“欧洲大陆烹饪之始祖”。意大利菜的主要特点体现在：

（1）注重原料本味，讲究原汁原味。意式菜多采用煎、煮、蒸等保持原汁原味的烹调方法，讲究直接利用原料自身的鲜美味道。在调味上直接、简单，除盐、胡椒粉外，主要以番茄、番茄酱、橄榄油、香草、红花、奶酪等调味。在少司的制作上讲究汁浓味厚，原汁原味。

（2）讲究火候，注重传统菜肴制作。意式菜讲究火候，很多菜肴要求烹制六七成熟，牛排要鲜嫩带血。意式菜中传统的红烩、红焖的菜肴较多，而今流行的烧烤、铁扒的菜肴相对较少。

意大利人喜欢面食，把各种面条、通心粉、饺子、面疙瘩作为佳肴。特别是意大利面条品种很多。

主要的名菜名点有通心粉素菜汤、意大利菜汤、米兰式猪排、铁扒干贝、奶酪焗通心粉、比萨饼、意式馄饨等。

3. 英式菜

英国菜相对比较简单，特点主要体现在：

（1）选料单调，烹调简单。英国人不讲究吃海鲜，比较偏爱牛肉、羊肉、禽类、蔬菜等。在烹调上喜欢用煮、烤、铁扒、煎等方法，菜肴制作大都比较简单，肉类、禽类大都整只或大块烹制。

（2）调味简单，口味清淡。英式菜调味比较简单，主要以黄油、奶油、盐、胡椒粉等为主，较少使用香草和酒调味，菜肴口味清淡，油少不腻，尽可能保持原料原有的味道。

英国早餐却很有特点，素有“Big Breakfast”，即丰盛早餐的美称，内容非常丰富，主要品种有燕麦片牛奶粥、面包片、煎鸡蛋、水煮蛋、黄油、威芙饼、火腿片、香肠、红茶等。下午茶即每天下午3点左右吃茶点，也是英式菜的一个特色。

主要名菜名点有英格兰式煎牛排、薯烩烂肉、烤羊鞍、野味攀、冬至布丁、牛尾浓汤等。

4. 美式菜

美式菜是以英式菜为基础，融合了众多国家的烹饪精华，并结合当地丰富的物产而发展起来形成自己特有的餐饮文化。美国菜的特点主要体现在：

（1）喜欢用水果做菜、口味清淡，咸中带甜。水果是菜肴中不可缺少的原料，用水果做菜比较普遍，用量也较大。用水果、蔬菜制作的沙拉，口味清淡、爽口。热菜菜肴中加入水果，咸里带甜，别具特色。

（2）注重营养，合理搭配。美式菜中针对不同人群制作的营养配餐非常普及。美式菜流行低脂肪、低胆固醇的菜肴，肉类和高脂肪的菜肴相对减少，海鲜和蔬菜等消费量与日俱增。

（3）快餐食品发展迅速。由于美国经济比较发达，人们生活节奏加快，因此快餐业在美国得到了迅速发展，并很快影响到世界各地的餐饮业。快餐食品在美式菜中已占据了重要的一席之地。

主要的名菜名点有丁香火腿、美式火鸡、苹果色拉、糖油煎饼带熏咸肉或火腿等。

5. 俄式菜

俄式菜的特点主要体现在：

（1）油大、味重。由于俄罗斯气候寒冷，人们需要较多的热能，因此传统的俄式菜油性较大。黄油、奶油是必不可少的。俄式菜喜欢用番茄、番茄酱、酸奶油调味，菜肴口味浓重，酸、咸、甜、微辣各味俱全，并喜欢生食大蒜、葱头。

（2）擅长制作蔬菜汤。俄国人擅长用蔬菜等调制蔬菜汤，常见的蔬菜汤就有60多种，汤是俄式菜的重要组成部分。

主要的名菜名点有鱼子酱、红菜汤、罐焖牛肉、莫斯科烤鱼、果酱酸奶油攀等。

（三）西餐上菜顺序

西餐正餐的上菜顺序，以开胃品和汤开始，然后是色拉和主菜，最后是甜点、咖啡或茶。

1. 开胃品

开胃品又称头盆，是西餐开餐的第一道菜，旨在开胃。开胃品一般分量较小、色彩鲜艳、装饰美观，可使人食欲倍增，一般用清淡的海鲜、熟肉、蔬菜、水果制作，有冷、热之分，盛装在中小型盘子或鸡尾酒杯内。烟熏鲈鱼、法国鹅肝酱、什锦冰水果等，均为有名的开胃品。

2. 汤

西餐汤的制作要求原汤、原味、原色。汤可分为冷汤类和热汤类，也可分为清汤类和浓汤类。法国人喜欢喝罗宋汤、牛尾汤、意大利菜汤等清汤；北欧人喜欢喝浓汤。汤也有开胃作用，因此客人往往在汤和开胃品中二选一。

3. 色拉

色拉即凉拌生菜，具有开胃、助消化的作用。色拉可分为水果色拉、素色拉和荤色拉三种。水果色拉常在主菜前上，素色拉可作配菜随主菜一起食用，而荤色拉可单独作为一道菜食用。色拉的口味主要靠调味汁调配，常见色拉有蛋黄酱、法式色拉汁、千岛色拉汁等。

4. 主菜

主菜是西餐全套菜的灵魂，制作考究，既注重菜肴的色、香、味、形，又考虑菜肴的营养价值。主菜多以海鲜、牛肉、羊肉和禽类为主要原料。

5. 甜点

甜点是西餐中的最后一道菜，分量较小，造型美观。甜点有冷热之分，如冰淇淋、布丁、派和各种蛋糕等。有的客人喜欢在甜点前先吃奶酪，用奶酪配上黄油、面包、克力架、芹菜条、胡萝卜等。

6. 咖啡或茶

上咖啡或红茶时应跟上淡奶和糖。

二、外国酒

（一）蒸馏酒（Distilled Alcoholic Drinks）

1. 白兰地

从广义上讲，白兰地是以葡萄或其他水果为原料经发酵、蒸馏而得的酒。但狭义上，我们只把以葡萄为原料发酵再蒸馏而成的酒称为白兰地（Brandy），白兰地通常的意思是“葡萄酒的灵魂”。而以其他水果为原料制成的白兰地必须标明水果名称，如苹果白兰地（Apple Brandy）、樱桃白兰地（Cherry Brandy）等。法国是世界第一位的白兰地生产国，在法国白兰地产品中，以干邑最为著名，被称为“白兰地酒之王”。

（1）干邑白兰地。干邑，又称科涅克，位于法国西南部科涅克地区的一个法定区域内，为世界上最著名的白兰地产区。法国政府规定，只有在这个区域内生产的白兰地才可称为干邑，其他地区的产品只能称白兰地，但不得称干邑。干邑白兰地的名品有轩尼诗（Hennessy）、人马头（Remy Martin）、马爹利（Martel）、拿破仑（Courvoisier）等。

（2）白兰地的商标。在白兰地的酒瓶商标上会有醒目的特殊标记，这些标记代表着白兰地的品级与蕴藏年份，它是用英文缩写表示的。如：

E（ESPECIAL）：特别的；F（FINE）：好的；V（VERY）：很好；O（OLD）：老的；S（SUPERIOR）：上好的、优越的；P（PALE）：特别老的；X（EXTRA）：格外的、特高档的；C（COGNAC）：科涅克。

另外还用符号表示一定陈酿的时间：

一星代表 3 年以上；二星代表 4 年以上；三星代表 5 年以上；V. O. 代表 10 ~ 12 年；V. S. O. 代表 12 ~ 17 年；V. S. O. P. 代表 20 ~ 30 年；F. O. V. 代表 30 ~ 50 年；X. O. 代表 50 年；X. 代表 70 年以上。

这些标记的含义都不是很严格的，不仅代表的酒龄没有严格的确定，相同的标记在不同的地区和厂家所代表的意义也不尽相同。鉴别法国白兰地酒的最佳方法，是看商标上的酒厂名称或产地。

（3）白兰地的品饮和服务。白兰地的品饮要在安静的环境下，用白兰地酒专用杯来进行。每份只斟 30mL 为宜，要让杯子留出足够的空间，让酒香环绕不散，并将酒杯握在手心中不时轻轻转动酒杯，用手温使酒液微微升温，让酒香散发出来，先嗅后饮，以达到最佳的品饮效果。白兰地多在餐前或餐后饮用。

2. 威士忌

威士忌（Whisky）是以谷物为原料经发酵、蒸馏而得的酒。世界各地都有威士忌生产，最具有代表性的威士忌，分别是苏格兰威士忌、爱尔兰威士忌、美国威士忌和加拿大威士忌四大类，其中，以苏格兰威士忌最负盛名。

威士忌的饮用和服务：威士忌可纯饮，也可加冰块饮用，更被大量用于调制鸡尾酒和混合饮料。饮用威士忌时，最好选用带有粗犷、豪放风格的古典杯（即平底杯），并在开瓶后需马上封闭，采用竖立式置瓶，室温下保存。

3. 伏特加

伏特加（Vodka）有“可爱之水”的意思。伏特加源于俄国和波兰，是俄罗斯的国酒，也是北欧寒冷国家十分流行的烈性酒。伏特加无色、无香味，具有中性的特点，不需贮存即可出售。由于伏特加无色透明，与金酒一样，可与其他酒类混合调成各种混合饮品和鸡尾酒。

伏特加的饮用和服务：伏特加的饮具可选用利口杯或古典杯。伏特加既可佐餐也可餐后饮；既可纯饮又可广泛使用于鸡尾酒的调制。

4. 朗姆酒

朗姆酒（Rum）又称火酒，海盗之酒，因为过去横行在加勒比地区的海盗都喜欢喝朗姆酒，故有此名。是以蔗糖汁或蔗糖浆为原料经发酵和蒸馏加工而成的酒。有时也用糖渣或其他蔗糖副产品做原料。朗姆酒的酒度为45度左右。

朗姆酒是否陈年不重要，主要看是不是原产地。朗姆酒的特色在于风味醇和，适合与可乐、果汁等各式非酒精饮料搭配使用，是调制鸡尾酒的主要基酒之一。

朗姆酒饮用的方法与伏特加、威士忌等烈酒相同。

5. 金酒

金酒（Gin）又称琴酒、毡酒或杜松子酒，是以玉米、麦芽等谷物为原料经发酵、蒸馏后，加入杜松子和其他一些芳香原料再次蒸馏而得的酒。金酒最先由荷兰生产，在英国大量生产后闻名于世，是世界第一大类的烈酒。荷兰金酒只适宜于单饮，不宜作鸡尾酒的基酒。

英式金酒酒液无色透明，气味奇异清香，口感醇美爽适，既可单饮，也可与其他酒混合配制或作鸡尾酒的基酒。世界上以金酒作基酒调制出来的鸡尾酒有数百种之多，故有人称金酒为鸡尾酒的心脏。

金酒的饮用和服务：金酒净饮时常使用利口杯或古典杯。其可在餐前、餐后饮用；可净饮，也可加水、加冰、加柠檬，还可作鸡尾酒的基酒。

6. 特基拉

特基拉酒（Tequila）又称龙舌兰酒，产于墨西哥，是以一种被称作龙舌兰的热带仙人掌类植物的汁浆为原料经发酵、蒸馏而得的酒。特基拉酒呈琥珀色，香气奇异，口味凶烈，酒精含量大多为35%～55%。

特基拉酒的饮用和服务：特基拉酒是墨西哥人非常喜欢的酒品，可净饮或加冰块饮用，也可用于调制鸡尾酒。在净饮时，其饮用方式奇特无比，墨西哥人右手执装有特基拉酒的杯子，用左手的大拇指与食指夹一片柠檬，在左手虎口上撒少许盐或辣椒，用左手向口中挤一两滴柠檬汁，接着将虎口处的盐或辣椒送入口中，再喝一口特基拉酒，这种饮法有利于消除墨西哥炎热的暑气。

（二）酿造酒（Fermented Alcoholic Drinks）

酿造酒是一种原汁发酵酒，其酒精度较低，通常不超过20度。广义上所说的酿造酒即指以葡萄汁发酵制成的酒。

葡萄酒是一种酿制酒，而且仅指以葡萄为原料酿制的酒。葡萄酒的定义是：将葡萄果粒所榨取的果汁加以发酵，所得的一种含酒精饮料。简单说，就是发酵后含有酒精成分的葡萄汁。

世界上种植葡萄的黄金生长温度带是位于南、北纬30°~50°。可以用来酿制葡萄酒的葡萄品种，只有50多种。世界葡萄酒以法国最为著名，法国主要葡萄酒产区有波尔多、勃艮地、香槟区三大产区。其中，波尔多生产的红葡萄酒被称为“葡萄酒之女王”；勃艮地生产的白葡萄酒被誉为“葡萄酒之王”。

1. 葡萄酒的分类

（1）按酒的色泽，葡萄酒分为红葡萄酒、白葡萄酒、桃红葡萄酒三大类。红葡萄酒即俗称的红酒。白葡萄酒多以白葡萄酿造，也可以用红葡萄，但发酵之前要先榨汁，将果皮与汁分离，以免葡萄汁染上红色。桃红葡萄酒的色泽呈粉红色，极富浪漫感觉，深受女士喜爱，但市面上比较少见。

（2）根据葡萄酒的含糖量，葡萄酒可以分为干葡萄酒、半干葡萄酒、半甜葡萄酒和甜葡萄酒。“干”表示酒中的含糖量少，糖分都发酵变成了酒精，故酒中的糖分含量最低。

（3）按酒中的二氧化碳含量分为无气葡萄酒和含气葡萄酒。在温度20℃的条件下，瓶内气压低于一个大气压的都是无气葡萄酒，开瓶后不产生泡沫。红、白葡萄酒和玫瑰红葡萄酒都属于此类。含气葡萄酒的典型代表是香槟酒。香槟酒是法国香槟地区的葡萄汽酒，其制作工艺讲究，酒味独特。在法国，有法律条文明确规定，只有在香槟地区生产的汽酒才可称为香槟酒，而其他地区的产品只能称为葡萄汽酒。

除上述分类方法外，按其饮用的时间分为餐前葡萄酒、佐餐葡萄酒和餐后葡萄酒。经过再加工，还可以生产加味葡萄酒和白兰地。

2. 葡萄酒的饮用与佐餐搭配

在一般日常用餐时通常只用一种葡萄酒来佐餐，因而要选对适合搭配主菜的葡萄酒的种类。葡萄酒与食物搭配的传统习惯是红葡萄酒配深色的肉类和野味，白葡萄酒配浅色的肉类、禽类和海鲜。即我们常说的，红酒配红肉，白酒配白肉。

在西餐中，葡萄酒的口味不应强过所搭配菜肴的口味。在中餐中，若无特殊规定，正式的中餐宴会通常要上白酒与葡萄酒这两种酒。因为饮食习惯方面的原因，中餐宴请中所用的葡萄酒多半是红葡萄酒，而且以甜红葡萄酒居多。具体来讲，在搭配菜肴方面，中餐所选的酒水讲究不多。爱喝什么酒就可以喝什么酒，想什么时候喝酒亦可完全自便。

葡萄酒的上酒顺序是最清淡的酒应该先上，质感较厚的酒最后上。如白葡萄酒在红葡萄酒前上，干葡萄酒在甜葡萄酒前上，新制的葡萄酒在陈葡萄酒前上等。

餐前，可以选择酸度较高的葡萄酒作餐前的开胃酒，虽然香槟比较昂贵，但却是最佳的选择；餐中则选择适合食物口感的葡萄酒搭配；餐后，则挑选带有甜味的葡萄酒搭配甜点。

（三）配制酒（Assembled Alcoholic Drinks）

配制酒是酒与酒之间相兑或与药材、香料和植物浸泡而成的，产地以法国、意大利、荷兰等国最为出名。配制酒的品种繁多，风格各不相同，划分类别比较困难，目前较流行的分类方法是将其分为三大类：开胃酒、利口酒和餐后甜酒。

1. 开胃酒

又称为餐前酒，人在餐前喝了能够刺激胃口、增加食欲。以葡萄酒或蒸馏酒为原料，加入植物的根、茎、叶、药材、香料等配制而成。

开胃酒主要分 3 种类型：味美思酒、比特酒和茴香酒。

（1）味美思酒。味美思酒的名称可能是从古德语“Wermut”或者是由盎格鲁 - 撒克逊语“Wermod”演变过来的，它们都指一种叫苦艾的植物。

味美思酒的主要成分是葡萄酒，约占 80%，以干白葡萄酒为酒基，另一种主要成分是各种各样的配制香料，不同的味美思有不同的配方。

（2）比特酒。比特酒从古药酒演变而来。比特酒种类繁多，有清香型，也有浓香型；有淡色，也有深色。但不管是哪种比特酒，苦味和药味是它们的共同特征。较有名气的比特酒主要产自意大利、法国、特立尼达和多巴哥、荷兰、英国、德国、美国、匈牙利等国。

（3）茴香酒。茴香酒实际上是用茴香油和蒸馏酒配制而成的酒，茴香油中含有大量的苦艾素。茴香酒中以法国产品较为有名。酒液视品种不同而呈不同的色泽，一般都有较好的光泽，茴香味浓厚，香郁迷人，口感不同寻常，味重而有刺激。

2. 利口酒

利口酒是一类以蒸馏酒为酒基，配制各种调香物，并经甜化处理的酒精饮料。利口酒也称为“甜酒”，它具有三个显著的特征：一是调香物只采用浸制或兑制的方法加入酒基内，不做任何蒸馏处理；二是甜化剂是食糖或糖浆；三是利口酒大多在餐后饮用。利口酒的酒精度比较高，一般在 20 ~ 45 度。调香物质有果类、草类和植物种子类等。

3. 餐后甜酒

餐后甜酒是与西餐中的最后一道菜（一般是甜点和水果）佐助的酒。口味较甜，常常以葡萄酒基为主体进行配制。但与利口酒有明显区别，后者虽然也是甜酒，但它的主要酒基一般是蒸馏酒。餐后甜酒的主要生产国有葡萄牙、西班牙、意大利、希腊、匈牙利、法国等。

任务实施

活动一　西餐早餐服务

欧美人非常重视早餐。开餐时间一般是上午 6：00—10：00。

补充资料

西式早餐的类型一般有三种：欧陆式、美式和英式。

欧陆式早餐：比较简单，包括水果、牛角包、各式面包配黄油、咖啡等。

英式早餐：包括水果、谷物食物、各式鸡蛋或煎希墨鱼、吐司配黄油及各式果酱、咖啡或茶。

美式早餐：包括水果、谷物食品、糖胶煎饼、各式蛋类配以肉食、吐司配黄油及果酱、咖啡或茶。

早餐服务程序如下：

步骤1：餐前准备。

（1）早餐摆台。大部分餐厅在前一天晚上就布置好了餐台。咖啡厅早上摆放的餐具较少，通常为一刀、一叉、一水杯，餐巾折叠后放在正中，左叉右刀，餐刀上方2cm放水杯，烟灰缸、鲜花及调味瓶放在餐台中间规定的位置，整个台面要整洁清新。在客人用餐时，可根据客人的菜点及时增加调整餐具用品。

（2）准备食品。开餐前准备好果酱、黄油、果汁、热咖啡、茶、鲜奶、面包、水果等。

步骤2：迎接宾客。

客人进餐时，服务员要主动上前问候，了解就餐人数，安排座位，拉椅让座。

步骤3：就餐服务。

（1）询问客人需要何种果汁饮料，如不需要，则替宾客倒冰水，问清客人是否先饮茶或咖啡。

（2）呈递菜单，并介绍当日新鲜水果。记录客人所点品种时，要问清楚生熟程度。例如，当客人点蛋类时，要问清需要怎样烹调；煮蛋需要煮几分钟；煎蛋是单面煎还是双面煎；蛋类是配香肠还是熏肉或火腿等。点菜完毕，应复述一遍。

（3）落单。将订单第一联交收银处，第二联送厨房，与厨师配合，把握出菜时间，不要让客人久候。

（4）按点菜单准备用具、配料。

（5）送食品。先上谷类食物，然后上蛋类、吐司，最后送威芙饼干等食物。

（6）送咖啡或茶。

（7）撤下不需要的用具。

（8）随时为客人添加咖啡或茶，按杯出售的咖啡则不需要添加。

（9）客人付账后，服务员要拉椅送客，并向客人致谢。

活动二　西餐午、晚餐服务

高级西餐厅午、晚餐的服务一般比较讲究注重情调，节奏缓慢而且价格昂贵，体现了饭店西餐服务的最高水准。高级西餐厅午、晚餐的服务通常是以美式服务为主，个别的菜肴会采用法式服务。

步骤1：接受预订。

高级西餐厅因进餐的节奏较慢、就餐时间长，所以餐座周转率很低。宾客为了确保餐位，一般都会提前预订餐位。餐厅由迎宾员或领班负责按规范接受宾客的面谈预订或电话预订等，并记录和落实相关安排，如摆放留座牌和熟记预订内容等，以便为宾客提供准确周到的服务。

步骤2：餐前准备工作。

（1）环境卫生。应保证餐厅地面、家具、餐具、用具以及棉织品等的清洁卫生。

（2）服务用具。准备并检查菜单、点菜单、托盘、服务手推车、保温盖以及圆珠笔等。

（3）冰水、咖啡和茶。准备好冰水，并做好泡红茶和煮咖啡的一切准备工作。

（4）调味品。准备好芥末、胡椒瓶、盐瓶、柠檬汁、辣椒汁、番茄酱、奶酪粉以及各种色拉酱等。

（5）摆台。按照餐厅规范和预订要求摆好西餐台。

（6）班前会。班前会一般是在开餐前半小时，由餐厅经理或主管负责主持的短会。会议的主要内容有检查员工仪表仪容、进行任务分工、介绍当日特色菜肴和客人情况，并强调接待VIP客人时的注意事项等。

步骤3：迎宾引座服务。

由迎宾员或餐厅经理按照以下规范迎接宾客：

（1）微笑问候，礼貌称呼。

（2）了解预订，热情引领。

（3）帮客拉椅，女士优先。

（4）递送菜单，人手一份。

（5）介绍服务员，祝用餐愉快。

步骤4：值台服务。

（1）微笑问候，帮助拉椅。

（2）递送毛巾，介绍餐前酒水。

（3）上冰水，递铺餐巾。

（4）女士优先，服务餐前酒水。

步骤5：接受点菜。

西餐是实行分食制的，每位宾客所点的菜肴可能会有所不同，因此服务员应使用餐位的示意图来记录每位宾客所点的菜肴；根据示意图安排送入厨房的正式点菜单，以便控制上菜的节奏和上菜的顺序。

（1）当客人看完菜单后，服务员应礼貌上前征求意见，询问是否可以点菜。等到主人同意后，从女宾开始依次点菜，最后为主人点菜。

（2）在客人点菜时，服务员应及时提供信息和建议，并询问客人有无特殊的要求，如羊排、牛排需要几成熟，色拉需要配哪种色拉酱等。

（3）分别记录不同客人所点的菜肴，应注意避免混淆。

（4）应复述客人所点菜肴的内容以便得到确认，保证准确无误。

（5）礼貌致谢后将菜单收回。

（6）将填写好的点菜单送往厨房。

步骤6：服务黄油和面包。

当客人点完菜后，服务员应按照女士优先的原则，依次从客人的左侧先送上黄油，然后再在面包盘里分派面包或用面包篮为宾客送上各种面包。

步骤7：推销佐餐酒。

酒吧服务员或者领班呈递酒单给主人，并根据客人所点的菜肴，介绍并推销与菜肴相配的佐餐酒。

步骤8：重新安排餐桌、摆好餐用具。

服务员应根据点菜单及示意图，为每位客人按点菜内容和上菜顺序摆放餐具。最先食用菜肴所使用的餐具应摆放在餐碟的最外侧，其余餐具根据菜肴内容和服务顺序依次由外向里摆放。

步骤9：服务佐餐酒。

根据客人所点的佐餐酒，按照服务规范提供服务。通常红葡萄酒应使用酒篮；白葡萄酒、葡萄汽酒以及玫瑰露酒应事先冰镇。服务员在为宾客服务佐餐酒时，一般应先展示酒水的商标，然后当众开瓶，请主人品尝认可后，再按照先女宾后男宾的顺序依次为宾客斟倒酒水。根据西餐佐餐酒与菜肴的搭配规律进行斟倒：一般是先饮白葡萄酒，配菜时才饮红葡萄酒。

步骤10：服务头盆。

根据点菜单和座位示意图，服务员按规范为宾客提供菜肴服务。一般的零点餐厅多采用美式服务，即每位宾客所点的菜肴在厨房里已经由厨师烹饪好并装好了盘，服务员只需直接将菜肴端至餐厅，从宾客的右侧送上餐桌，并向客人报出菜名即可。

步骤11：席间服务。

席间服务工作，应该贯穿于整个用餐过程之中。席间服务工作主要包括以下内容：

（1）添加黄油和面包。

（2）添加冰水和佐餐酒。

（3）撤下空的饮料杯。

（4）在客人席间离座时，应帮助其拉椅和整理餐巾；待客人回座位时，应帮助其拉椅和递铺餐巾。

（5）在吸烟区帮助客人点香烟以及随时撤换烟灰缸等。

步骤12：服务第二道菜。

（1）注意观察，待客人食用完头盆后，服务员应在征求客人意见后撤盘。撤盘时应站在客人右侧，连同头盆刀和头盆叉一起撤下。

（2）服务员根据点菜的示意图，为客人服务第二道菜，并向客人清晰地报出菜名。客人所需的调味汁，服务员一律应从客人的左侧送上。汤盅可以用餐巾折的荷花等作垫，这样既可以保温又美观大方。

（3）待客人食用完第二道菜肴后，服务员应在征求宾客意见后，把餐具连同装饰盘一起撤下，餐位上只需留下食用主菜时的餐具、面包盘、黄油刀、黄油碟、甜品叉匙以及有酒水的杯具等。

步骤13：服务主菜。

（1）为了烘托餐厅的气氛，有些餐厅的个别主菜采用法式服务。此项服务工作一般由领班或厨师在客人面前进行烹饪或切割装盘的表演，服务员应提前做好相应的准备工作。

（2）服务主菜时，服务员应从客人的右侧上菜并报出菜名，牛排、羊排在上桌时还应该告知宾客是几成熟；放盘时主菜应靠近客人，配菜在餐盘的上方；跟配的色拉可以用木碗或小碟盛放，摆放在主菜盘的左上方。菜肴在装盘时要注意蔬菜配菜摆放在主菜的上方，汁酱要求不挂盘边。

（3）当客人全部食用完主菜后，服务员应征求客人对主菜的意见，然后依次撤走主菜盘和刀叉，用服务毛巾和面包碟将餐桌上的面包屑清扫干净。

步骤14：服务奶酪和甜点。

（1）服务员先将放有各式奶酪的展示木板或手推车展示给宾客看，让其选择，然后将宾客所点的奶酪当场进行切割装盘并摆位。服务时配胡椒、盐瓶，重新询问客人派送黄油、面包和巧克力，跟配冰镇蔬菜（如西洋芹条、黄瓜条或胡萝卜条）等。

（2）等客人用完奶酪后，服务员用托盘撤下用过的餐具、面包盘、黄油盅、胡椒瓶和盐瓶等，只留下甜品叉和甜品匙以及有酒水的杯子、烟灰缸、花瓶、烛台等。

（3）展示甜品车上的甜品或甜品单，请客人选择甜品。

（4）摆好相应的甜品餐具后，从客人右侧送上甜品。如果客人不食用奶酪，则直接服务甜品。个别甜品如火焰香蕉或苏珊特饼等可以在宾客面前进行燃焰表演。

步骤15：服务咖啡或茶。

（1）首先应问清宾客是喝茶还是喝咖啡。服务员随后根据客人的需要送上糖缸、奶壶或柠檬片，摆好茶具或咖啡用具，再用茶壶或咖啡壶为客人斟倒茶水或咖啡。

（2）有些西餐厅还为客人提供爱尔兰咖啡、皇室咖啡等，这些咖啡都可以在宾客面前烹饪而成，可以渲染餐厅气氛。

（3）服务员使用托盘撤下宾客用完的甜品餐具，将茶杯或咖啡杯移到宾客面前，并随时为客人添加茶水或咖啡。

步骤16：服务餐后酒和雪茄。

（1）向客人展示餐后酒车，询问主人是否在餐后饮用一些白兰地、利口酒或抽点雪茄烟等。

（2）为客人斟倒白兰地或利口酒，并随后开列出酒品的订单。

（3）如果客人点了雪茄烟，服务员应主动帮助其点燃。

步骤17：结账。

（1）客人用完餐后，服务员应迅速准备好账单；当客人示意结账时，服务员应按客人的要求规范办理结账手续。

（2）西餐厅有些客人要求分单结账，因此在宾客点菜时以及就餐服务过程中，服务员应准确记录每一位客人的点菜内容，以便能准确和迅速地为宾客办理结账手续。

（3）待到宾客付款结账完毕时，服务员应向其致谢。

步骤18：热情送客。

（1）客人起身离座时，服务员要为其拉椅、协助其穿外套，礼貌致谢并提醒其带上自己的物品。

（2）服务员送客至餐厅的门口，鞠躬道：“欢迎您再次光临！”或“再见！”

步骤19：清理台面。

（1）使用托盘清理餐台面，并将用过的餐具送到洗碗间分类摆放。

(2) 清点餐巾、毛巾，整理餐桌、餐椅等。
(3) 更换上干净的台布。
(4) 摆好餐台，准备为下一批客人服务或是做好餐厅的结束工作。

补充资料

吃西餐 6 “M”

1. Menu（菜谱）

菜谱被称作餐馆的门面，一般都会采用最好的材料做菜谱的封面，使其显得格外典雅精致。

2. Music（音乐）

一般有一定档次的西餐厅，都会有乐队，会在你用餐的时候演奏一些柔和的乐曲，既能给客人一个优雅舒适的用餐环境，也不会打扰到客人间的正常谈话。

3. Mood（气氛）

吃西餐讲究环境雅致，气氛和谐。通常要有音乐相伴，桌台整洁干净，所有餐具洁净。如遇晚餐，要灯光暗淡，桌上要有红色蜡烛，营造一种浪漫、迷人、淡雅的气氛。

4. Meeting（会面）

除了好好享受美味的菜肴，吃西餐还有一个很重要的目的就是和自己的亲朋好友、红颜知己一起享受这种氛围，边吃边聊，联络感情。

5. Manner（礼俗）

主要是用餐礼仪。刀叉的拿法一定要正确，即左叉右刀。用刀将食物切成小块，然后用叉送入口内，而且一定要注意的是，刀是绝不能送物入口的，送入口的一定是叉。

6. Meal（食品）

一位美国美食家曾这样说过：“日本人用眼睛吃饭；我们用鼻子吃饭；中国人用舌头吃饭。”这说明了西餐气味上的特色，虽然味道无法同中餐相提并论，但是整体上西餐菜肴还是能给人带来很多享受的。

任务四　西餐宴会服务

任务布置

某五星级饭店近期要举行一次西方饮食文化节，其中涉及的国家为法国、德国、西班牙、英国，文化节期间将举行一场西餐主题宴会，请同学们组成六人学习小组，为此场宴会设计主题及进行台型布置。

相关知识

西餐宴会服务是高星级饭店为客人提供的一种较为高级的餐饮服务。宴会前，各岗位服务员应详细了解参加宴会的人数、标准、台型设计、宾主身份、举办单位或个人、付款方式、特殊要求、菜单内容和服务要求等。

一、西餐宴会准备工作

（一）宴会预订

1. 宴会预订的种类

西餐无论何种类型的宴会，都必须事先预订。宴会预订的方式较多，一般有电话预订、信函预订、当面预订等。

2. 宴会预订的步骤

（1）回答宾客有关宴会的各种询问。

（2）接受宾客的宴会预订。

（3）发放宴会预订确认书。

（二）掌握宴会情况

西餐在开宴之前，各个岗位的服务员都应详细了解宴会的日期、开餐时间、台型设计、台数、人数、标准、主办方（单位或个人）、宴请对象、付款方式、菜单内容、有无特殊要求等。

（三）宴会厅布置

1. 休息室布置

西餐宴会厅休息室的布置与中餐宴会布置大致相同。因为宾客性别不同，所谈论的话题也不一样。为了方便不同性别的宾客进行交谈，西餐的礼节习惯一般分设了女宾休息室和男宾休息室。

2. 宴会厅布置

西餐宴会厅的环境布置一般应具有艺术特色及欧美文化，例如，使用壁炉、油画等进行布置。宴会厅所有灯具的亮度均应是可以调节的。在餐桌上一般应摆放上烛台，还应在烛台下放上一面方形或圆形的镜子，这样利用镜子映射烛光以增添西餐宴会的情趣。

（四）台型设计

西餐宴会的台型设计要根据宴会厅的形状和面积、宴请活动的性质和形式、主办人的具体要求、参加宴会的人数等情况来确定。常见西餐宴会的台型有以下几种。

1. “一”字形长台（图3－15）

不超过36位宾客时，宜采用直线型。可用1.8m×0.75m的长条桌拼合而成。“一”字形长台通常是设在宴会厅的正中央，与宴会厅四周的距离大致相等，但一般会留有较充分的余地（通常应大于2m），以方便服务员进行服务操作。

2. 正方形台（图3－16）

正方形台又称为“回”形台，超过36位宾客时的台型，可用1.8m×0.75m的长

图 3－15　“一”字形长台

条桌拼合而成，中央部位可布置花草、冰雕等饰物。一般设在宴会厅的中央，它是一个中空的台型。

3. “E”字形台（图 3－17）

“E”字形台三翼的长度应相等，竖向的长度应比横向的长度略短一些。超过 60 位宾客时可设计成“E”形或“M”形台。

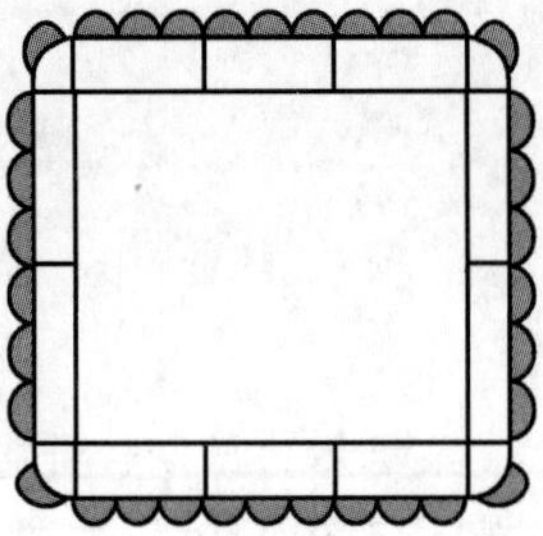

图 3－16　正方形台

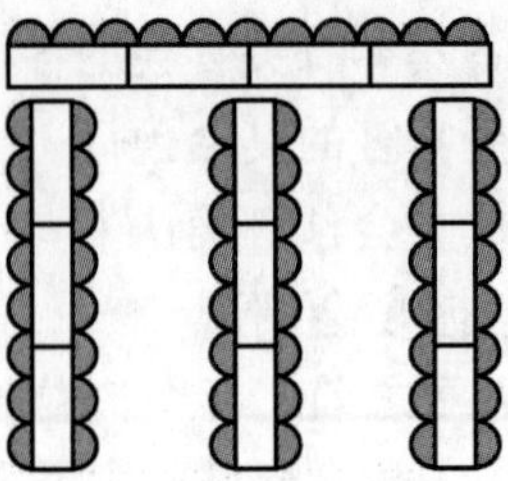

图 3－17　“E”字形台

4. “U”字形台（图 3－18）

“U”字形台又称为马蹄形台，一般要求横向的长度应比竖向的长度短一些。超过 36 位宾客时的台型，可用 1.8m×0.75m 的长条桌拼合而成，中央部位可布置花草、冰雕等饰物。

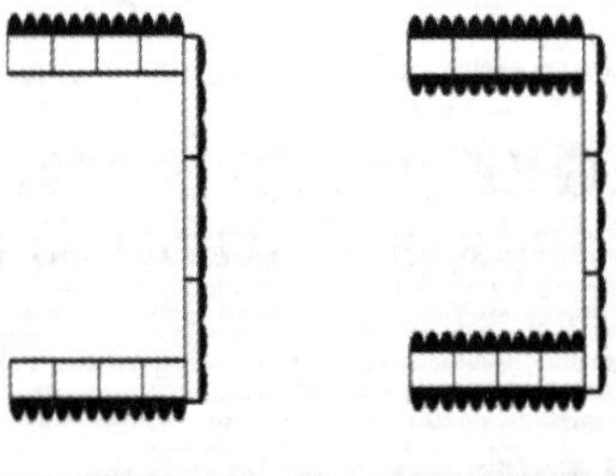

图 3－18　“U”字形台

除上述基本台型以外，还有星形台、“T”字形台、鱼骨形台等。现在，有许多西餐宴会也开始使用中餐的圆桌来设计台型。总之，西餐宴会的台型应该根据宴会厅的形状、宴会的规模以及宴会主办者的具体要求灵活地加以设计。

（五）席位安排

在西餐宴会中，席位的安排非常重要，一般应遵循“高近低远”的原则。在大多数情况下，西餐宴会席位的排列主要是位次问题。除了极其盛大的宴会，一般不涉及桌次。

最正规且经常使用的西餐桌是长桌，安排席位一般有三种情况：

（1）男女主人在长桌的中央相对而坐（图3－19）。这种安排方法可以使谈话者集中在一个区域，但注意不要把客人安排在末端，最好安排陪同人员坐在末端。

图3－19　西餐宴会座次安排（一）

（2）男女主人分别坐在长桌的两端（图3－20）。这种安排方法可避免客人坐在末端，同时也可提供两个谈话中心。

图3－20　西餐宴会座次安排（二）

（3）用餐人数较多时，可以把长桌拼成不同形状，以使大家能一道用餐（图3－21）。

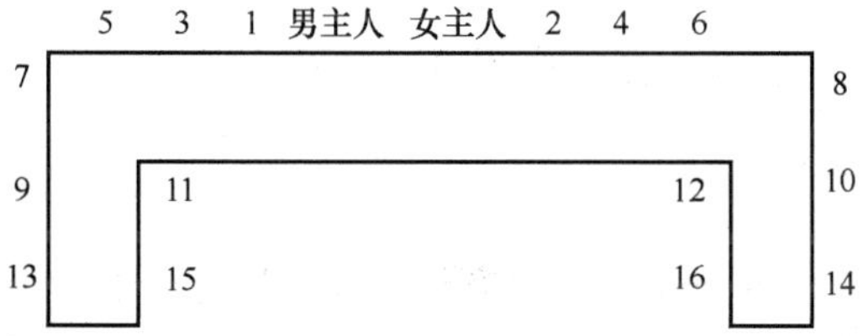

图3－21　西餐宴会座次安排（三）

（六）准备餐具用具

1. 瓷器用具

瓷器主要有装饰盘、面包盘、黄油碟、咖啡杯、垫碟、椒盐盅、牙签筒、烟灰缸等。

2. 杯具

杯具一般应根据宴会客人所选用的酒类而确定，主要有水杯、白葡萄酒杯、红葡萄酒杯、鸡尾酒杯、香槟酒杯、利口酒杯、白兰地酒杯、威士忌酒杯、雪利杯等。

3. 不锈钢用具

不锈钢用具主要有头盆刀、叉，汤匙，鱼刀、叉，肉刀、叉，黄油刀，点心叉、匙，水果刀、叉，咖啡匙，服务叉、匙等。

4. 服务用具

服务用具主要有托盘、开瓶器、开塞钻、宴会菜单、席位卡、冰桶、蜡烛、烛台、火柴、花盆、花泥、鲜花、洗手盅等。

5. 棉织品

棉织品主要有餐巾（客用餐巾和服务用餐巾）、台布、桌裙以及托盘垫巾等。

另外，高级西餐宴会厅为了防止台布滑动并有效减少金属餐具与桌面碰撞而发出的噪声，一般还会使用桌垫。桌垫又被称为消音垫，通常选用毡片或橡木片等材料制作而成。

（七）摆台

服务员按照西餐宴会摆台的规范、要求摆放餐具用具。

（八）准备酒类饮料

饭店通常会在宴会厅一侧或休息室设置吧台（可为固定的，也可为临时的）。吧台内应备齐本次宴会所需要的各种酒类饮料以及调酒用具，根据酒水的适合饮用温度，服务员应对酒水提前降温或升温，并准备好酒篮、冰桶、开瓶器、开塞钻等用具。吧台应有调酒师在岗，以便为客人调制鸡尾酒。此外，还应准备好虾条、果仁、面包条等佐酒小食品。

（九）准备面包、黄油

大型宴会一般在宴会开始前的5min左右，服务员将面包、黄油摆放在客人的面包盘和黄油碟内，并为宾客斟倒好冰水或矿泉水。需要注意的是，所有客人的面包、黄油的种类及数量都应该是一致的，若是小型宴会或是单桌，可以在宾客入座后进行此项服务。

（十）宴前检查

西餐宴会前检查的内容及方法与中餐宴会相同。

二、西餐宴会服务注意事项

（1）在西餐宴会整个服务过程中应遵循“先宾后主、女士优先”的服务原则。

（2）在上每一道菜肴之前，服务员应先撤去上一道菜肴的餐具，斟倒好与菜肴相配的酒水，再为宾客送上菜肴。

（3）如果餐桌上的餐具已经用完，则应先摆好相应的餐用具，再为宾客上菜。

（4）在撤换餐用具时，服务员的动作要轻稳。西餐撤盘一般是徒手进行操作，因此一次撤盘不应拿得太多，以免失手摔破。

（5）西餐宴会厅全场上菜或撤盘的时机应保持一致。如是多桌宴会时，一般应以主桌作为基准。

任务实施

步骤 1：引领。

客人到达宴会厅门口时，主管人员与迎宾员应在门口主动向客人问候，并引领客人到休息室，根据客人需要为其提供接挂衣帽等服务。

步骤 2：休息室鸡尾酒服务。

当客人进入休息室时，休息室的服务员应主动向其表示欢迎，问候并及时送上各式餐前酒。服务员在为客人送酒水前应先做介绍并礼貌地征求宾客的意见。如果客人是立饮，则应先给其纸巾，然后再递送酒水；如果客人是坐饮，服务员则应先在客人面前的茶几上放上杯垫，再为其送上酒水。如果客人需要鸡尾酒，则应将客人引至吧台前，由调酒师按照客人的要求进行现场调制；或者先请客人入座，再去吧台将客人所需要的鸡尾酒托送至客人面前。

步骤 3：引客到宴会厅，拉椅让座。

当客人到达本服务区时，值台服务员应主动上前迎接问好表示欢迎，然后按照女士优先、先宾后主的顺序依次为宾客拉椅让座。等到客人坐下后，为客人递铺餐巾，同时点燃蜡烛以示欢迎。

步骤 4：服务头盆。

根据头盆选配食用的酒类，服务员先为宾客斟倒酒水，再为宾客送上头盆。如是冷头盆，服务员则可以在开宴前大约 10min 事先将冷头盆上好。当客人食用完头盆后，服务员应从客人的右侧撤盘，撤盘时应连同头盆刀、头盆叉一起撤下来。

步骤 5：服务汤。

服务员上汤时应先加垫盘，然后将汤从客人右侧送上餐桌。喝汤时一般是不喝酒的，但如果安排了酒类，服务员则应该先斟酒，再为客人送上汤。当客人喝完汤后，服务员就可以从客人的右侧连同汤碗、汤匙一起撤下来。

步骤 6：服务鱼类菜肴。

按照西餐菜肴与酒水的搭配惯例，鱼类菜肴一般与白葡萄酒相配。服务员应事先斟倒好白葡萄酒，再为客人从右侧送上鱼类菜肴。当客人食用完鱼类菜肴时，服务员就可以从客人右侧撤下鱼盘以及鱼刀、鱼叉。

步骤 7：服务肉类菜肴。

肉类菜肴一般盛放在大菜盘中由值台员为宾客分派，并配有蔬菜和沙司，有时还配有色拉。按照西餐菜肴与酒水搭配惯例，肉类菜肴一般与红葡萄酒相配。上肉类菜肴之前，服务员应事先斟好红葡萄酒，并视情况为宾客续添面包及黄油。

肉类菜肴的服务程序如下：

（1）从客人右侧撤下装饰盘，摆上餐盘。

（2）值台员托着菜盘从客人左侧为其分派主菜和蔬菜，菜肴的主要部分应靠近客人。

（3）另一名值台员随后从客人左侧为客人分派沙司。

（4）如是配有色拉的，也应该由值台员从客人左侧为其送上。等到客人开始品尝主菜后，值台员应礼貌地询问客人对主菜的意见。当客人都对主菜感到满意之后，值台员方可礼貌告退、离去；如果客人对菜肴不满意，服务员则应该及时反馈至厨房，由厨师进行相应的处理。

步骤8：服务甜点。

等到客人食用完主菜后，值台服务员应及时地撤走主菜盘、主菜刀叉、色拉盘、黄油碟、面包盘以及黄油刀，摆上干净的点心盘。然后，服务员托送奶酪及配食的饼干等小食品到客人面前，待客人选定后，用服务叉、匙从客人左侧进行分派。服务员上奶酪之前一般要先斟酒，此时可以饮用甜型葡萄酒或是钵酒（Port），也可以继续饮用配主菜的酒品。

当客人食用过奶酪后便开始上甜品，此时一般会安排宾主致辞。因此，值台员在撤去食用奶酪的餐具后，应先为客人斟倒好有汽葡萄酒（Sparkling Wine）或是香槟酒（Champagne），摆上甜品餐具，然后再送上甜品。有汽葡萄酒或香槟酒一定要在宾主致辞之前全部斟倒好，以便客人能够举杯祝酒。

上水果之前应先撤去餐桌上除了酒杯以外的所有餐用具，并为客人摆上餐盘和水果刀、叉，再托着水果盘从客人的左侧进行分派水果；然后应从客人的左侧上洗手盅，盅内一般放有温水、一片柠檬以及数片花瓣。

步骤9：服务饮料。

当主人请客人到休息室休息时，值台员应主动为客人拉椅，并引领客人去休息室入座。

待到客人坐下后，休息室的服务员应及时为客人送上红茶或咖啡，将糖缸和淡奶壶放置在茶几上（一般按照每四个客人配备一套），服务方法与西餐早餐服务相同。

在客人饮咖啡或红茶时，休息室的服务员或调酒师应向客人推销餐后酒和雪茄烟。餐后酒主要是白兰地和各种利口酒（Liqueur），待客人选定后，服务员斟倒好酒水为客人送上。高级西餐宴会厅一般配备有酒水车来为客人提供此项服务；如果无酒水车，则应用托盘进行服务。如果客人选了雪茄，服务员应为其点燃雪茄。

步骤10：结账服务。

当宴会客人在享用餐后饮料以及餐后酒时，值台服务员应清点其所用的菜肴、饮料、酒水等。如收费标准没有包括饮料费用，则要立即开出客人在宴会中所耗用的饮料清单，交给收银员算出总账单。宴会结束后，服务员将账单交给主人或其助手，按预订时商定好的方式进行结账。

步骤11：热情送客。

当宴会客人起身离座时，服务员应为其拉椅，检查是否有遗留物品。送客人到宴会厅门口并欢迎客人下次光临。

步骤12：收台检查。

宴会客人离开餐厅后，服务员应及时收拾餐厅及休息室，检查台面及地毯上有无烟头、杂物，按顺序收拾餐桌上的物品、撤换台布、摆好桌椅等。宴会领班记录宴会完成情况，并关好门窗，切断电源。

学习评价

一、基础知识测试

（一）填空题

1. 中国菜是由（　　　　　）、（　　　　　）、（　　　　　）、（　　　　　）、（　　　　　）构成的。

2. 鲁菜有（　　　　　）之说，川菜有（　　　　　）之说。

3. 按酒的生产方法分类，可以分为（　　　　　）、（　　　　　）、（　　　　　）。

4. 白酒按香型可以分为（　　　　　）、（　　　　　）、（　　　　　）、（　　　　　）、（　　　　　）。

5. 被公认为“东方名酒之冠”的黄酒是（　　　　　）。

6. 中餐宴会台型布局一般采取（　　　　　）、（　　　　　）、（　　　　　）的原则予以安排。

7. 西餐的主要菜式有（　　　　　）、（　　　　　）、（　　　　　）、（　　　　　）、（　　　　　）。

8. 西餐上菜顺序是（　　　　　）、（　　　　　）、色拉、（　　　　　）、甜点、咖啡或茶。

9. 波尔多生产的红葡萄酒被称为（　　　　　），勃艮地生产的白葡萄酒被誉为（　　　　　）。

10. 西餐烹饪中注重肉类菜肴的老嫩程度，一般有五种火候：（　　　　　）、（　　　　　）、（　　　　　）、（　　　　　）、（　　　　　）。

（二）不定项选择题

1. 中国的四大菜系是指（　　）。

A. 鲁、川、闽、粤　　B. 鲁、川、苏、浙

C. 鲁、川、苏、粤　　D. 鲁、川、湘、粤

2. 被誉为“鸡尾酒的心脏”的酒水是（　　）。

A. 白兰地　　B. 威士忌　　C. 金酒　　D. 伏特加

3. 西餐中最有地位的菜是（　　）。

A. 法国菜　　B. 意大利菜　　C. 英式菜　　D. 美式菜

4. 被誉为“欧洲大陆烹饪之始祖”的国家是（　　）。

A. 法国　　B. 意大利　　C. 英国　　D. 美国

5. 法国菜的特点有（　　）。

A. 烹调精细、讲究原汁原味　　B. 调味喜欢用酒

C. 追求菜肴的鲜嫩　　D. 选料广泛，用料讲究

（三）判断题

1.（　　）葡萄酒的上酒顺序是最清淡的酒应该先上，质感较厚的酒最后上。

2.（　　）举行国宴时，要求挂国旗、奏国歌，乐队席间奏乐，体现鲜明的民族特色。

3.（　　）在法国白兰地产品中，以干邑最为著名，被称为“葡萄酒之王”。

4.（　　）葡萄酒与食物搭配的传统习惯是红葡萄酒配深色的肉类和野味，白葡萄酒配浅色的肉类、禽类和海鲜。

5.（　　）讲究客前烹制的菜肴是意大利菜。

二、能力训练

（一）个人能力训练

1. 请准确描述中餐宴会服务中的“八知”“五了解”的内容。

2. 连线题。

（1）请将不同就餐目的的客人类型与对应推销的菜品连接起来。

填饱肚子或请人吃便餐	本餐厅的风味特色菜
宾客慕名而来品尝菜肴	突出菜肴的丰盛与高档
以改善生活为目的	家庭不易制作的偏高档菜肴
以团聚为目的	中低档经济实惠菜肴
以宴请为目的	突出菜肴的品种齐全
以约会为目的	突出菜肴的香甜可口

（2）请将不同年龄、性别、健康状况的客人类型与对应推销的菜品连接起来。

老年人	味重、量大、高热量
年轻人	造型别致、口味特别
女宾	有助于美容食品
穿着入时的爱美女士	甜酸味
儿童	滋补性菜肴
体质欠佳的宾客	精细少油、高营养低热量
脑力劳动者	色彩鲜艳、口感香脆
体力劳动者	酥软、滑嫩、易消化

（二）团队能力作业

1. 讨论

案例：

有四位客人落座酒吧后，点了9瓶科罗娜。酒水上台后，请客的先生大概嫌花钱太多，想把酒水退掉，于是：

客人问：“如果酒不启开能不能退?”

服务员答：“能退。”

客人问：“那为什么给我上的酒都启开?”

服务员答：“因为科罗娜啤酒出品时，在吧台要加柠檬角，所以全部要启开。”

客人问：“那我要跟你说只开启4瓶，其他5瓶不开启怎么办?”

此时服务员已面露不耐烦表情，当着所有同桌客人的面回答：“一般来说酒吧有两种情况退酒，一种是买不起单；另一种是摆阔，然后退酒。”

结果该服务员被客人投诉，挨罚。

请你分析：

（1）服务人员向客人推销酒水时应注意什么？

（2）针对酒水推销中常出现的问题，服务人员应如何应对或改进？

2. 情境模拟

点菜任务训练

组成两人学习小组，模拟完成受理宾客点菜任务，要求如下：

（1）认真记录。

（2）综合运用行为暗示成交法、吉祥法、附和认同法、贴身秘书成交法、举例法等方法适时推销酒水及菜品。

（3）复述菜单。

项目四 餐饮经营设计

情境描述

厨房与餐厅的设计以及菜单的设计，在餐饮企业中极为重要。一个理想的设计方案，不仅可以让厨师与相关部门人员井然有序地密切配合，还为制作美味佳肴提供了良好舒心的环境，顾客也因此得到更好的服务。通过本项目的学习，学生将能够根据目标市场进行企业选址、能够根据所学知识设计餐厅及厨房空间布局、能够设计菜单。为了达到教学目标，本项目设计了餐饮企业选址、厨房环境设计、餐厅空间布局、餐饮组织构建和菜单筹划设计五个学习任务。

教学目标

【知识目标】

1. 熟知餐饮企业选址的原则和方法。
2. 熟知厨房环境设计的内容。
3. 熟知餐厅空间布局的影响因素。
4. 熟知菜单的类型和设计原则。

【技能目标】

1. 能够分析餐饮企业目标市场，根据目标市场进行企业选址。
2. 能够计算厨房面积，设计厨房布局。
3. 能够估算餐厅面积，设计餐厅的通道和餐座布局。
4. 能够设计菜单内容，安排顺序，制作菜单。

【素质目标】

1. 认识餐厅、厨房、菜单的重要性，树立正确的服务理念。
2. 培养学生按照规范操作的良好的职业习惯。

任务一　餐饮企业选址

任务布置

为了方便准确地找到连锁餐厅选址的方法，当今世界上的餐饮行业都已开始利用计算机来建立选址数学模型，作为人们选址的辅助参考。这里提供美国餐饮企业家卡尔·卡彻·恩廷（Carl Karch Ent）设计的一个选址模式，这一模型通过占有充分的市场资料，运用多元回归分析来预测和评估某一连锁餐厅的位置优劣。

对于某一连锁餐厅位置来说，要想进行评估，必须获得如下有关本区域的数据：

（1）附近街道上的日常交通流量（每天通过的车辆数）。

（2）本区域内所有餐厅的座位数。

（3）工薪阶层人口占该地区人口的比例。

（4）10min 以内即可到达餐厅的职员的估计人数。

（5）周围 10min 就可到达的单身人数。

（6）本地区人口的平均年龄。

（7）营业区域内已有的连锁餐厅数。

（8）本区域方圆 2.5km 以内，也就是 10min 内可到达的所有人口总数。

由此可建立如下线性回归方程：

$$Y = a - X_1A + X_2BX_3C + X_4D$$

其中：Y——这家连锁餐厅的预计销售额；A——本区域内所有餐厅的座位数；B——工薪阶层人口在该地区人口中所占的比例；C——该地区人口的平均年龄；D——10min 内到达这家餐厅的职员人数；a——经验系数；X_i——用来衡量 A、B、C、D 四个因素权重的系数。

如果上述 4 项主要信息参数达到如下的要求，则在该区域内选择连锁经营企业就具备了成功的条件：

（1）本地区所有餐厅座位数 A 不少于 1 200 个。

（2）该地区约有 75% 的人口属于工薪阶层，即 $B \approx 75\%$。

（3）该地区人口的平均年龄 C 在 26～32 岁。

（4）10min 内大约有 10 000 名职员可到达这家餐厅，$D \approx 10\ 000$。

问题：

（1）请你帮助分析一下，上述案例的餐厅选址和哪些因素有关？

（2）除了上述因素，还有哪些因素影响餐厅选址？

相关知识

“一步差市”，说的是选址的重要性。餐饮产品与制造业产品不同，不是将产品从生产地向顾客消费地输送，而是将顾客吸引到餐饮店内来就餐，因而餐厅的地理位置对餐饮经营的成败有很大影响。好的店址，有利于餐厅合理做好长期投资、减少浪费，也有利于餐厅制定科学的营销策略。有人把餐饮业称为“选址的行业”，只要餐厅位置选择恰当，就等于成功了一半。餐厅的经营管理者不仅要懂得去利用和发挥其原先的地理位置优势，弥补不足，而且要学会充分考虑地区经济的发展优势、交通条件、人口状况、消费习俗等，凭借地区经济的发展优势，在一个完整构思理念的支配下，寻找合适的位置。

一、餐厅地址类型划分

（一）商业中心区

商业区是人们外出购物、逛街、休闲娱乐、约会的场所，这里人流众多，是开设餐厅的理想地点。商业区内各类商业、娱乐业、休闲服务业云集，设施齐全，人、车密度最大，相应的市场区域辐射半径长，商圈范围也比较大。

（二）机关、公司和学校集中区

这类地区的顾客流量虽然较商业中心少，但在一个城市中也属于人流较集中的地区。该地区餐厅的主要顾客是上下班职工、学生和办公务的人员，他们就餐的目的主要是充饥、洽谈生意和聊天。

（三）郊外型

郊外型餐厅是随着城市的改、扩建而越来越多地开设在郊外的餐厅，其顾客群相对固定，经营成本较低，特色更浓，适合开设风味餐厅和特色餐厅。

（四）社区型

由于人们生活节奏的加快，用于家务的时间相对较少，社区型餐厅位于居民集中居住区内，作为社区配套设施方便居民生活。

二、餐厅选址原则

【引导案例】

麦当劳选址五原则

原则一：针对目标消费群：麦当劳经营定位于年轻人、儿童和家庭成员，所以选点必须在这些人出没的地方或繁华闹市人潮涌动之所。

原则二：着眼于今天和明天：麦当劳选点，要求20年不变。所以，每个网点最终确定都要有3～6个月的考察，考察重点在于看其是否与城市规划发展相符合，是否会出现市政动迁和周边动迁，是否会进入城市规划红线。进入红线坚决不碰，老化商圈内坚决不设点，纯住宅区原则上也不设点。

原则三：讲究醒目：设点一定要在一楼临街店堂，要有透明落地玻璃窗，让路上行人感到麦当劳的文化氛围，体现其经营宗旨——清洁卫生、方便安全、物有所值。

原则四：不急于求成。黄金地段的房价往往过高，当房主要价超过投资心理价位时，麦当劳一般不急于求成，而是先放下，去开发其他店，用其他店的成功去影响房主。

原则五：优势互动。麦当劳往往选择品牌知名度和信誉度较高的“家乐福”“沃尔玛”等知名百货企业来开店中店，这样既可为百货企业带来客源，又吸引逛商场的顾客到麦当劳就餐。

（一）交通便利

它是顾客决定消费行为的一个重要因素。因此，选择地址时，一般选择在旅客上下车较多的车站，或者在几个主要车站的附近，或是在目标顾客步行不超过10min的街道上。

（二）不扎堆

餐厅不应设在餐厅成群的地方，更不要门对门地经营，这必然会对营业收入造成影响。

（三）寻找商业活动高频区

在闹市区，商业活动极为频繁，把餐厅设在这样的地区，餐厅营业额必然高。这样的店址就是所谓的“黄金口岸”。相反，如果在非闹市区，在一些冷僻的街道开餐厅，人迹罕至，营业额就很难提高。

但对于那些以独特的气氛、特色或特殊环境见长的主题餐厅来说，位置稍偏僻些问题不大，因为顾客总会找到它们的。

（四）临街

餐厅一般都设在街道旁，不同的街道拥有不同的客流量，因此，选择餐厅的地址时，一个重要原则便是确保餐厅面向的街道有足够大的客流量。受客流量和通行速度影响，处在客流量大的街道上的餐厅，顾客就餐相对方便。

（五）选好邻居

如果条件许可，应优先选择客源互补共荣的店家为邻。顾客会认为，彼此相邻的店面，其商品质量也相当类似，所以，跟类似的品牌坐落在同一地点十分重要，因为有些选址策略就是要“寄生”。在大百货公司旁开服饰店、在高级超市旁开冷饮店，被大品牌所吸引的顾客，也会被你所吸引。

三、餐厅地址选择应考虑的因素

【引导案例】

常州大娘水饺选址“五不做”

1. 不是大型商圈的中心位置不做。
2. 没有充足的客流量不做。
3. 相对封闭的二层楼层以上不做。
4. 户外无独立醒目的广告牌不做。
5. 得不到房东与当地主管部门支持不做。

（一）交通状况

交通状况是指车辆的通行状况和行人的多少，它意味着潜在的客源。但必须清楚客源绝不等同于交通的频繁程度，如在交通要道，交通极为频繁，人们都想尽快通过这里，更别提在这停留，根本产生不了就餐的欲望。有就餐机会和欲望的过路人才会成为客源，选址即便远些，只要交通便利，也会顾客盈门的。

（二）周边环境

【引导案例】

“香格里拉”酒楼失败的原因

“香格里拉”酒楼开在一个三线城市的高新开发区与主城区的结合部，仿古罗马建筑风格，走中高端消费路线，主营中式简餐、西餐、咖啡等，营业面积 2 000 多平方米。酒楼自开业伊始，生意一直十分清淡，每天上门的消费者屈指可数，几乎天天都要赔钱。酒楼运营一段时间之后，几位股东坐不住了，开始反复查找生意不好的原因，包括酒楼的前厅服务、后厨出品、出品定价、客人反映、市场宣传等各个方面，然而大家把能够想到的地方查找了一个遍，依然找不出酒楼无人喝彩的真正原因在哪里，众人为此头疼不已。

“香格里拉”酒楼的几个股东均来自事业单位，他们中间没有人从事过餐饮行业，项目是他们结伴到其他中心城市旅游的时候，发现并喜欢上这种高雅的餐饮形式。凭直觉他们感到中西简餐、咖啡茶饮之类出品的利润一定非常可观，他们相信这样的餐饮形式肯定拥有较大的市场空间，几个人便一拍即合，决定投资“香格里拉”酒楼。然而在选定酒楼地址的关键问题上，他们犯下了一个令人无法原谅的错误，即他们把未来酒楼的位置选定在人流稀少的高新开发区，而非在客流人流稠密，商业氛围旺盛的闹市区。

目前在国内的不少城市，中式简餐、西餐咖啡、茶餐厅等的主流消费群体仍为二十多岁、三十多岁的年轻人，他们的餐饮消费特点就是围着闹市区转，宁肯闹中取静，也不愿到相对清净的区域去就餐。“香格里拉”酒楼在进行经营地段选择的时候显然没有考虑到这一点，只是一厢情愿地相信只要一家酒楼有了大的资金投资，门脸做得恢宏大气与众不同，就会有人进门消费捧场，那么赚大钱则是水到渠成的事。在开业不到两个月的时间，一直惨淡经营的“香格里拉”酒楼最终还是选择了关门。在一年之后，酒楼才转让了出去，几个股东为此蒙受重大经济损失。

餐厅周边环境的特性直接影响餐厅的经营，必须根据其特性做出相应的对策。比如对商业区、商务区、工业区、大学区、娱乐区或住宅区等不同特性的区域，餐厅要采用不同的营销策略。

餐厅的周边环境如果整洁、幽雅，再加上营造较好的内部环境，如幽静的休息室、清洁的洗手间等，就能吸引更多的顾客。据美国一家调查公司的调查，发现餐厅休息室以及餐厅周边环境整洁，竟是大多数顾客光顾的最大理由。可见，创造整洁、幽雅的环境显得多么重要。

（三）区域规划

区域规划往往涉及建筑的拆迁和重建。如果未做分析，餐厅就盲目上马，在成本收回之前就要拆迁，无疑会使餐厅经营者蒙受损失或者失去原有的地理优势。所以在确定餐厅位置之前，一定要向有关部门进行咨询。目前我国很多城市都在做老城区改建扩建以及新城区的拓展，充分考虑区域规划是必要的。

（四）竞争情况

对于竞争的评估可以分两个部分来考虑。提供同种类型食品服务的餐厅可能会导致直接的竞争，这会被认为是消极的因素。间接的竞争包括提供不同菜品和不同服务的餐厅。在拟选地点时，直接竞争和间接竞争都值得考虑，因为这有可能带来绝好商机，当然也有可能会很糟糕。直接竞争未必会导致两败俱伤，相反可能促进双方共同繁荣。

（五）地区经济背景

要注意选址区域的经济发展趋势，特别是商业发展速度，这对餐厅的前景有很人的影响。办法是选取相同类型的区域作为参照，详细考察它们的经济发展模式，因为在很大程度上这些模式都是相同或相通的。

（六）价格

和大多数商品一样，好的地址比不好的地址需要更多的费用。如果你正在开辟第一个餐厅，可能买不起最好的地段。但是好的地址对于开餐厅是非常重要的，只要细心，你会找到一个价格合适的好地址。

（七）市政设施和服务

市政设施包括经营所必须具备的能源供应，如水、电、燃气（天然气、煤气等），下水道设施，周边道路和建筑的建设与绿化，垃圾处理设施，通讯设施，消防设施等。市政服务包括与上述设施有关的服务和环卫、环保、治安等情况。这些将决定餐厅周围是否具有良好的社区环境。

任务实施

步骤1：对当地餐饮业进行市场调研。

餐厅选址确定前，就要对餐厅周边的消费群体进行调查，包括当地的人流情况；各年龄组的人数、男女性别数；各种职业人数及平均收入；企事业单位的性质和数量；地区特征，是商业区还是住宅区，是高级地区还是平民地区，是企事业单位集中地还是车站附近。

调查了消费群体，当然还少不了对同行竞争者进行调查，主要是对直接竞争者的调查。所谓直接竞争者，就是周边与餐厅经营范围、档次、规模和主要消费群体相似的餐厅。对直接竞争者的调查，主要包括：营业状况；营业范围和价格；主要顾客类别；餐厅规模及装潢；服务状况。

此外，还要客观地分析周边的同行经营成功的因素和不成功的因素，并运用SWOT分析法，整理餐厅内部的优、劣势和外部的机会、威胁，通过四种战略的拟定，确定餐厅与周边直接竞争者的差异化，建立自己的特色和个性。

步骤2：根据调研结果，进行餐厅目标市场定位分析。

餐饮企业的客户市场细分要从本企业所处的地理位置、经营环境等状况出发，在进行广泛市场调查分析的基础上，做出符合本企业的定位。也就是说，当企业所处环境之客户群特征相对集中时，企业人群定位应力争细致准确；当企业所处环境的客户群特征相对分散时，企业定位也应有相应层次，既要有主导性的定位，也要有非主导性的定位，企业在选择主要目标市场的同时，还要从实际出发，选择若干细分市场作为企业的可争夺市场，尽可能满足几个消费群体的需求。

步骤3：根据目标市场定位分析结果。

步骤4：确定餐厅类型，明确餐厅的选址情况。

补充资料

餐饮店选址几大致命错误

餐饮店选址的三大致命错误，创业者一定要引起重视：

第一种情况是主力店或商圈不成熟，客源太少，即使所有人都来用餐也不能实现满意的营业额。

目前北京商业竞争激烈，新开业的商场生意一般不会太好，客流量很小，一般需要养一段时间才能达到不错的客流量和营业水平。新商场开在成熟商圈内，客流培养时间相对短一些，如果新商场作为主力店开在新商圈里，客流培养时间会更长，风险相当大。快餐店是依托主力店（大型商场等）生存的附着店，顾客来源主要依赖商场的客流。

如果快餐店开在不成熟的主力店及商圈内，通常会像商场一样遇到客源不足的问题，开业初期赔钱的可能性极大。例如，望京商圈几年前开过中福等大型商场，但后来都倒闭或转型，在其内开设的餐厅自然也难逃厄运。因此中小快餐品牌要有心理准备，如果资金不足以支撑店铺赔一年的就不要选择不成熟商圈开店。

第二种情况是顾客类型不符，虽然看起来客流很大，由于年龄、职业、消费水平及消费偏好与目标顾客特征不符，多数人都不可能经常来用餐，导致有效客源不足。

顾客的各项特征中对餐厅经营影响最大的是消费水平，如果在低收入人群密集的小商品批发市场旁边开一家高价位快餐店，餐厅外面人流量虽然很大，但因消费能力不够而很少来用餐，餐厅生意肯定不会好。

例如，有一家金翠河茶餐厅，价位很高，却在北海西侧一个普通消费群体集中的地方开了一家店，结果自然是经营惨淡。因此，选址不能光看客流的绝对数量，更重要的是考察目标顾客的类型和数量，看其能否达到要求。

第三种情况是由于位置不好顾客进入不便或因为竞争对手拦截导致客源不足，虽然外面客流量很大，但对餐厅的实际贡献却不大，很多快餐店所犯错误都属于这种类型。

例如，安贞华联三层的玄生日本料理隐藏在商场的深处，顾客很难看到和找到。再如双安商场北面的馄饨侯，顾客主要来自超市发方向，中间经过麦当劳、永和大王、半亩园、吉野家等品牌的重重拦截，最后前来用餐的只是“漏网之鱼”和一些偏好者。对那些可见度低、进出不便、被拦截程度很高的店址来说，除非租金特别低，足以弥补位置不好所带来的不良影响，否则根本不值得选择。

避免餐饮店选址三大错误，才能为自己更好盈利加分。

任务二　厨房环境设计

任务布置

学生分成5～8人项目小组，完成如下项目训练：

1. 厨房面积的确定：分析影响厨房面积大小的因素，根据小组餐饮企业情况估算厨房面积。

2. 设计厨房布局：画出厨房布局图并设计烹调设备布局。

相关知识

厨房是餐厅的生产中心，负责将各类原料经过加工处理后，烹制成各具特色的名菜佳肴供应给顾客，直接关系到餐饮企业的经营能否实现预期利润。厨房的设计与布局应考虑厨房的有效功能联结和厨房生产操作流程。在一些餐厅里，由于厨房设计不当，生产布局不合理而给员工带来很多麻烦。无论从餐饮生产的特点出发，还是从卫生、安全、降低劳动强度、提高生产效率、改善工作环境、调动发挥员工的生产积极性等角度出发，都应对厨房的设计与布局给予高度重视。

一、厨房环境设计

（一）厨房高度和天花板

厨房高度应为3.6～4m，这样便于清扫，保持空气流通，对厨房安装排油烟罩也较合适。厨房过高，会使建造、装饰、清扫、维修增加费用；厨房过低，使人产生压抑感，同时透气性差，气味大，散热差，温度易升高。天花板的平面应力求平整，不应有裂缝和凹凸，如有破损应及时维修，不应有暴露的管道，因为这些地方最容易藏污纳垢，甚至滋生虫蝇，影响食品生产的安全卫生。天花板的材料应采用光滑防水材料。

（二）墙壁和地面

厨房墙壁应该平整光洁，无裂缝凹陷，经久耐用和易于清洁，以免藏污纳垢和滋生虫害。因为潮暖的地方最容易滋生细菌。由于厨房墙壁和天花板一样，处在湿度较大的环境，因此，为了便于清洁和防止霉变，也为了整洁美观，减少返工，厨房墙面应从墙角至天花板铺满瓷砖，有些规模较小的餐厅只将厨师生产操作高度之内的1.8m范围内贴上瓷砖，认为足以达到易清洁的标准，这是不足取的。

厨房地面通常要求耐磨，能承受重压，耐高温、耐腐蚀、不吸水、不吸油、防滑、易清扫。用于这方面的铺面材料有钢砖、耐热塑料砖等。选择具有一定弹性的材料铺地，对减轻厨师的劳动强度是很有益的，地面颜色要求鲜明，以促使人们保持地面清洁。另外，要求地面平整而不积污垢，并有适当倾斜度，下水道应低于正常表面1.25cm，使冲洗的水能流走。为防止气味返回厨房，下水道出口处要有回水池和化粪池来收集淤泥和管道中的脏物。下水道直径要大，以免冬季因为油污冻结而堵塞。

（三）厨房通风

要保证自然通风。但要保证厨房油烟不四处扩散、不污染餐厅，仅靠自然通风是不够的，必须借助机械通风系统及排烟装置，这是排除烟气、热量、蒸汽的必要条件。机械通风系统可保持厨房为负压区，使餐厅和其他设施中的空气徐徐流入厨房，以保证厨房空气清新。尤其在夏季，可减轻厨房高温，方便厨师判断菜肴气味。厨房温度，冬季应在22～26℃，秋季24～28℃，冷菜间不超过15℃；厨房的相对湿度不应超过

60%。但要注意做好排气的控制，若控制不适当会使在排气罩和气流出气处附近的职工感到不舒适。排气罩安置的高度要适当，安置过高，会由于室内空气交流，而使排气效果下降。

（四）厨房照明

厨房光线不足，容易使员工产生疲乏劳累感；足够的光亮，不会使员工产生眼睛疲劳，还增加了操作的安全系数。照明应考虑光的方向、颜色、覆盖面和强度。另外，光的稳定性要好，要有保护罩，保证作业区能看清楚食品，同时，颜色不失真，无阴影。采用荧光灯照明，不仅经济、发光效率高、寿命长，最重要的是阴影相对较少，因此适宜用做厨房照明。

（五）设备摆放与工作空间

设备的摆放除了根据工作流程外，还应方便维修和清扫，因此，距墙要留有30cm的宽度，并尽可能做到距地面20cm。一般厨师操作时双手左右正常伸展幅度为115cm，最大伸展幅度为175cm。因此，工作台大小、设备的安放位置要考虑操作人员身体伸展幅度，既不要超出人体伸展范围，又要保证每位厨房操作人员拥有足够的工作空间（厨房工作人员占地面积不得小于每人1.5m^2）。设备高度以方便操作，便利清洁为宜，各类工作台和炉灶的标准高度为86cm左右，以方便架锅烹炒，而用作放置砧板的切配工作台则需76cm高。其他设备，如蒸箱、醒发箱、烤箱以及烟罩等高度都应充分考虑方便、安全、减轻劳动强度等因素。当一件设备可以安装在几个地方，又符合工作流程，这时应考虑设备需要的能源和安装成本。

另外，厨房内各处通道应有一定的宽度，主通道一般应有1.8m宽，如果通道两侧有操作点或大型机械设备，则宽度至少应增至2.5m才能避免造成拥挤和发生事故。

（六）环境色彩和背景音乐

厨房的环境色彩宜淡雅、明快、简洁，不宜繁杂和过于鲜艳。繁杂和鲜艳使人心神不定，更会分散人的注意力，是厨房安全的隐患。

背景音乐能使噪声被遮掩，消除疲劳，使工作更有节奏感。音乐一般以优美轻快的轻音乐为宜。背景音乐的播放时间一天不应超过3h，每次播放不应超过20min。

二、厨房环境设计注意问题

（一）同一平面设计厨房

厨房的不同加工作业点应集中紧凑，安排在同一平面上，即同一楼层的区域。这样可缩短原料、食品的搬运距离，便于互相调剂原料和设备用具，有利于垃圾的集中清运，减轻厨师的劳动强度，提高工作效率，保证出品质量，缩短客人等餐时间，也更便于管理者的集中控制和督导。如果同层面积不够容纳厨房全部作业点，可将食品仓库、冰库、烧烤间等安排到其他相邻的楼层，但要求它们与出品厨房有方便的垂直交通联系。同样，厨房要和餐厅设计在同一平面上，并使它尽量靠近餐厅。厨房与餐厅的关系非常密切。因为在餐厅用餐的客人希望能尽快地吃到自己挑选的餐食；餐饮人员也希望把制作出来的菜肴等食品尽快地送到客人面前。再加上餐厅与厨房间每日的食品与盘碟进出量很大，所以有必要缩短厨房与餐厅的距离，提高工作效率。

（二）保证工作流程通畅

餐饮生产从原料购进开始，经加工、切割和配份到烹调出品，是一项接连不断、循序渐进的工作。因此，厨房原料进货和领用路线、菜品烹制与出品路线要避免交叉回流，特别要注意防止烹调出菜与收台、洗碟、入柜的交错。厨房的物流和人流路线在设计时应充分考虑到领料车和垃圾清运车的通道以及在大型餐饮活动中餐车、冷碟车进出的通道。

（三）兼顾厨房的促销功能

厨房虽然是餐饮后台，若设计独具匠心，巧妙得体，不仅可以美化、活跃餐厅气氛，也可以推动厨房产品的销售。若将活养箱池置于餐厅与厨房相连处，既可供就餐宾客观赏、选点，美化餐饮环境，还可以刺激客人的消费欲望。同样，将色泽诱人、香气四溢的各类烧烤制品布置于明档，由衣着整齐、动作娴熟的厨师操作，无疑也将起到美化餐饮环境、引导消费的作用。对这样的厨房，不仅要精心设计，精细施工，还应要求厨房内部整洁卫生，厨师着装干净，举止文明。

（四）作业点流程合理

作业点是厨房的基本工作岗位，作业点的分布要符合作业流程的规律，原料的验收点和仓库可安排在与餐厅较远的地方，而厨房的出品部门要安排在与餐厅较近的位置。餐具既要方便厨房人员取用，又要方便餐厅人员取用。另外，各作业点用具、设备的安放要方便厨师作业时使用。如放置不合理，就会增加作业人员行走的距离，增加作业人员的体力消耗，进而影响工作效率。

（五）作业点尽可能兼用、套用

现代酒店大多设有多功能餐厅、小宴会厅以及风味餐厅、零点餐厅等，提供相应产品的厨房自然增多。而各厨房若不能合理安排布局，势必要配齐若干套厨房设备。尤其是多功能餐厅厨房，由于其使用频率不是很高，厨房设备大多闲置，很不经济。因此，厨房设计时应尽可能合并厨房的相同功能，如将点心、烧烤、冷菜厨房合而为一，集中生产制作，分店灵活调配使用，可节省厨房场地和劳动力，大大减少投资。

（六）创造良好的工作条件

为了提高工作效率，厨房的通风、照明、高温、噪声问题要引起高度重视。厨房的总体布局要在整个酒店后部或两边的位置，要考虑到油烟管道的排风效果，如出风量与进风量的配比；考虑到噪声情况，排风管的材料要符合标准，把噪声降到最低点。假如设计存在缺陷，就会严重影响员工的工作情绪和工作效率；油烟味进入餐厅，会严重影响到餐厅的就餐环境。

任务实施

活动一　厨房面积确定

步骤1：分析影响厨房面积大小的因素。

厨房区域是指粗加工处、烹调区、冷菜区、面点区、清洁卫生区、食品备餐区等各工作中心面积的总和。

影响厨房面积大小的因素主要有：

（1）餐厅经营的类型和特点，即菜单类型决定厨房面积的需要量。

（2）食品生产和加工的复杂程度。

（3）生产的方法和使用设备的不同。

（4）建筑结构的不同。

（5）供应量和是否使用方便食品等。

目前，国内外很多饭店和餐厅已经普遍使用方便食品，如半成品的肉、禽、水产、速冻蔬菜，点心和各种乳制品等也不是自己烤制和加工，而是以直接向供应商采购为主；又由于小型厨房有节省能源、效率较高等优越性，因而国外餐厅以及一些国内餐厅厨房的设计已经开始向小型化发展。

步骤2：估算厨房面积。

1. 根据餐厅类型估算厨房面积

不同类型的餐厅由于餐厅档次、顾客就餐特点、菜单内容的不同，厨房面积的计算标准也有所不同。一般来说，饭店的正餐厅，即提供各类桌边服务的餐厅，因其供应食品种类齐全，规格较高，烹调复杂，所以厨房面积也较大，一般每餐位需要0.5～0.8m^2的厨房；咖啡厅供应品种有限，烹调相对简单，每餐位需0.4～0.6m^2的厨房；自助餐厅由于供应量较大，每餐位需要0.5～0.7m^2的厨房。例如某正餐厅设172个座位，则其厨房面积需86～137.6m^2。

2. 根据就餐人数估算厨房面积

一般来说，就餐人数越少，每餐位所需的平均生产面积越大；就餐人数越多，每餐位所需的平均生产面积越小（表4－1）。

表4－1　就餐人数与厨房面积需要量关系

就餐人数	平均每位就餐客人所需厨房面积/m^2	所需总面积/m^2
100～200	0.465	46～93
200～400	0.372	74～149
400～800	0.325	130～260
800～1 300	0.279	223～362
1 300～2 000	0.232	302～465
2 000～3 000	0.186	372～557
3 000～5 000	0.170	511～859

总之，许多有经验的餐饮管理人员认为：厨房面积应为餐厅面积的40%～50%，厨房面积应为全部餐饮区面积的25%～40%。

步骤3：确定辅助区面积。

辅助区是指验收处、贮存区、清洁卫生区、职工区、客人区面积的总和，而辅助区面积＋厨房面积＝后台总面积。

辅助区面积一般应为餐厅面积的 30% ~40%；至于后台总面积要求，在绝大部分的饭店中常以每一餐位需 1.0 ~1.2m^2 的比例进行设计。

活动二　设计厨房布局

西餐厨房分工较明细，设备种类多；中餐厨房设备少，分工不太明细，一位厨师用一个炒勺要烹制多份菜肴。因此，相比之下，饭店西餐厨房较讲究布局，中餐厨房布局有些混乱，一般是厨房造好，设备运抵后再东拼西凑。当然，先造厨房再做设备布局往往难以避免，只是此时对厨房的人流、物流的研究设计更显重要。

科学合理的厨房布局应考虑厨房的有效功能联结，即厨房及验收贮藏，餐厅酒吧的联结；此外还要考虑厨房生产操作流程，才能保证厨房内物流、人流的快捷通畅，才能达到布局合理、便于生产、利于节能、安全卫生、提高生产效率的目的。

步骤 1：设计厨房布局（图 4 –1）。

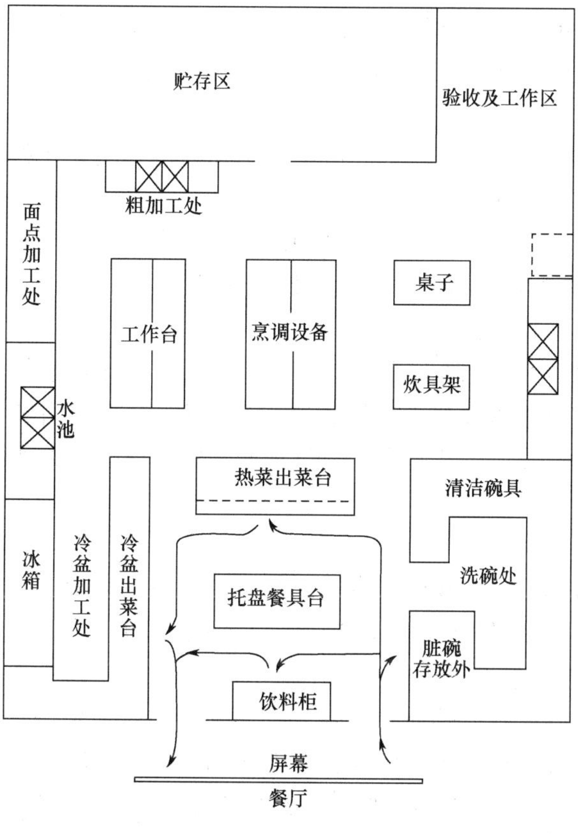

图 4 –1　厨房空间布局

图 4 –1 显示了厨房的有效功能联结，采购回来的物资经过验收处验收合格，一部分直接进入厨房，一部分转入贮存区。还显示了一个厨房备餐区的热菜出菜台、托盘餐具台和饮料柜的合理布局。服务员从餐厅进入厨房时，先在洗碗处放下脏餐具，而后取饮料、热菜或冷菜出厨房。这样的服务路线经济合理，不需要走来回路，这种布局能使服务线路尽可能缩短。

1. 贮存区

分为食品仓库和冷库，食品仓库又分为干货仓库和粮油仓库。冷库一般采用预制组合式冷库，这种冷库的壁板采用保温性能极高的材料，壁板之间有凹凸槽连接，安装方便、迅速，效果良好。仓库和冷库内应充分利用空间，制作尺寸合适的陈放架。

2. 原料初加工区（粗加工处）

中式烹饪原料采购后，蔬菜要进行挑拣、清洗，鸡鸭要进行屠宰、煺毛等处理，所以初加工间的面积相对要比西餐馆的初加工间面积大。随着食品供应质量的提高和配送中心的发展，中餐厨房的初加工区将会缩小。目前初加工部分主要包括工作台、水池、货架及活养区。在规划时要考虑到地面冲洗的排水、水池容量的大小、自来水的进水流量、污水的排放速度等问题。

3. 精加工区

精加工区即切配区，主要分蔬菜加工区、肉类加工区、糕点加工区等。厨师在精加工区按照已定的菜单进行切制加工和配菜，为下一烹调工序做好准备。精加工区的规划要求是所在区域要有冰箱（冷藏库），并要靠近烹调区。

4. 烹调区

烹调是厨房中最重要的工序，烹调质量的好坏直接影响餐厅的经营效益。中、西菜的烹调截然不同，其设备与布局也各异。

（1）中餐烹调。中餐烹调，一般配制炉灶与出菜台，出菜台又称打荷台，炉灶与打荷台距离应在850～1 100mm。炉灶有二眼、三眼、五眼之分，上方要配制吸风罩，以利油烟的排放，中餐炉灶靠墙的为多。

（2）西餐烹调。西餐把烹饪区分为主菜烹饪间、点菜制作间等。西餐炉灶有四头、六头、八头明火炉，有不附设烤箱与附设烤箱等多种。西餐灶有用电的、用煤气的，其他西餐设备有扒炉、炸炉、西式汤炉、热汤池、烤炉等。上方要配置吸风罩，多摆放在厨房中间。

5. 冷菜间

冷菜间设计应考虑二次更衣间、生制品加工间、冷菜切配出品间，并应配有冷气设备或单独装有空调。除照明灯外，还要装有红外线消毒灯，配置充足的冷藏设施。

6. 点心制作间

点心制作间应具有一定的相对独立性。必须配置相应的面点原料加工、搅拌、发酵和蒸、煮、炸、烤等设备。应考虑大功率电源的设置，并应具备良好的排油烟、水蒸气系统。一般制作点心的设备有发酵箱、多功能搅拌机、压面机、蒸炉、烤箱等。

步骤2：设计烹调设备布局。

1. “相背”型布局

“相背”型布局适于分工不明细的厨房。

相背型布局是把所有主要烹调设备背靠背地组合在厨房内，置于同一通风排气罩之下，厨师相对而站，进行操作。工作台安装在厨师的背后，其他公用设备可分布在其附近的地方。相背型布局适用于分工不很明细的厨房。这种布局由于设备比较集中，只使用一个通风排气罩，因而比较经济；但另一方面却存在着厨师操作时必须多次转身取工具、原料以及必须多走路才能使用其他设备的不足。

2. “直线”型布局

适于高度分工的厨房。

直线型布局适用于高度分工合作的大型饭店厨房，所有烹调设备通常依墙直线排列，置于一个长方形的通风排气罩之下；每位厨师按分工专门负责某一类菜肴的加工烹制，所需的设备工具均分布在左右和附近，因而能减少取用工具行走的距离。

3. “L”字型布局

当厨房面积形状不便于设备作相背型或直线型布局时往往采取“L”字型布局。

通常把煤气灶、烤炉、扒炉、烤板、炸锅、炒锅等常用设备组合在一边，把另一些较大的如蒸锅、汤锅等设备组合在另一边，厨师可以方便使用每组设备。这种布局方式在一般的餐馆厨房里得到广泛应用。

4. “相对”型布局（国外称“U”字型布局）

这种布局是将两组烹调设备面对面地相对排列，中间以工作台隔开但留有通道，相对型布局实际上是两组直线型布局，这类布局主要适用于不要求菜肴的制作和供应紧密衔接的厨房。

任务三　餐厅空间布局

任务布置

学生分成5～8人项目小组，完成如下项目训练：

1. 估算餐厅面积：确定每一餐座所需要的平方米数，计划的餐座数，估算餐厅面积。
2. 设计餐厅的通道并安排动线。
3. 设计餐座布局，画出餐座布局图。
4. 设计餐厅的空间分隔。

相关知识

餐厅布局就是如何确定餐厅的空间，座席桌椅空间、餐厅的通道、交通流量以及各种设备、家具在餐厅的合理分布。

一、餐厅布局的原则

1. 有方向感

所谓方向感就是在餐厅的空间里，通过壁画、装饰物、通道等要素体现出有序的空间排列。

在餐厅里，最通常的表现是以餐厅入口为始点，选择正对着餐厅入口的墙面做图案来表现其空间的方向感，也有选择虽然不是正对着餐厅入口、但墙壁面积较大的一面做壁画，以表现餐厅的方向感。在一些需要兼顾其他功能的餐厅里，舞台的设置就是方向感的体现。在另外一些异形，或多柱而且没有较宽阔的墙面的餐厅，是通过装饰物的点缀来表现其空间的方向感的。

2. 整齐划一

无论是使用圆桌、方桌还是圆桌方桌混合使用，都应该整齐划一，大小归类，成行成列，应体现出相应的规律，这样就能在餐厅空间里表现出强烈的秩序感。

3. 安排灵活

人们不喜欢在拥挤不堪的餐厅中就餐，也不喜欢选择生意清淡的餐馆，“庙不在大，在于香火盛”就是这个缘故。为此，多数餐厅附带包房，平时可关闭，客人多时使用，这样使客人不会有冷清的感觉。大一些的餐厅可以附带屏风或隔板，客人少时可将餐厅截开。

二、影响餐厅面积大小的因素

1. 客人的舒适度

在进行餐厅区的计划时，要充分考虑客人的舒适度。桌椅尺寸的选择要依据客人的身高、体型等因素。如果尺寸不合适，客人在进餐过程中就会感到不舒适，影响客人的就餐效果。一般而言，小孩就餐时，每座只需要 $0.74m^2$ 的面积，而成年人至少需要 $1.1m^2$ 的面积。

2. 桌椅的尺寸

桌椅的尺寸也是决定餐厅面积大小的因素。

（1）圆台的尺寸。“圆”有团圆、团聚、圆满之意，故中国人用餐时多首选圆餐台。圆台有不同的规格，其规格与适宜就餐人数如表 4－2 所示。

表 4－2　　圆餐台规格与适宜就餐人数

圆餐台规格（直径，cm）	适宜就餐人数（位）
150	4～5
160	6～7
170	8～9
180	10
200	12
220	14
240	16
260	18

（2）方台的尺寸。方台在快餐、自助餐、火锅以及各式零点餐厅使用，常用方餐台规格与适宜就餐人数如表 4－3 所示。

表 4－3　　　　方餐台规格与适宜就餐人数

方餐台规格（cm×cm）	适宜就餐人数（位）
90×90	1～2
100×100	3～4
110×110	4
80×120	5～6

3. 餐桌活动平面图

（1）4 人餐桌活动平面图（图 4－2）。

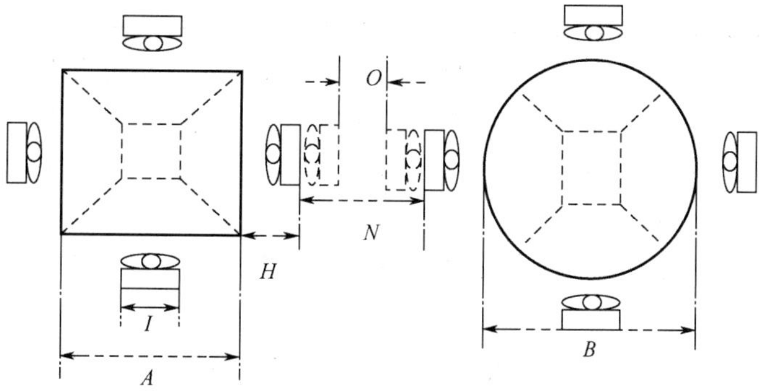

图 4－2　4 人餐桌活动平面图

（2）6 人餐桌活动平面图（图 4－3）。

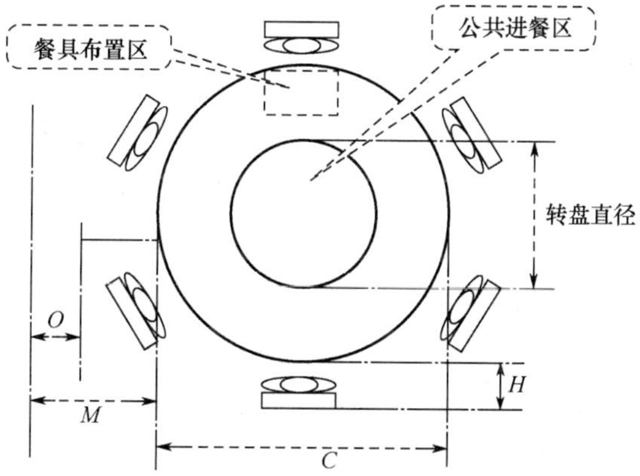

图 4－3　6 人餐桌活动平面图

三、餐厅设计注意事项

（1）在餐厅入口处设立收款台、引座员柜台，以控制进出、结账收款，并设衣帽间。

（2）将餐厅分为若干小区，在营业低峰时可以关闭部分小区。

(3) 餐桌要有大小不同的规格，以便招待人数不同的各批次顾客。

(4) 餐厅里应设食品陈列柜。

(5) 每间包厢设一只工作台，大厅约5桌设一只工作台，用于为顾客提供水、咖啡，分派菜肴、置放餐具之用。

(6) 使用可变灯光调节装置，以便创造不同的用餐气氛。

任务实施

活动一　估算餐厅面积。

步骤1：确定每一餐座所需要的平方米数。

以4人方桌为例，可计算出每餐位所需面积数：

4人方桌面积 = 100cm × 100 cm = $1m^2$，就餐客人前后活动距离大约1m，椅子的宽度一般为0.4 m，人就餐时左右活动距离各为0.5 m，这样，供每餐位活动的占地面积 = 长1m × 宽1.4 m = $1.4m^2$。平均每餐位的占地面积 = $1m^2/4 + 1.4m^2 = 1.65m^2$

步骤2：计划餐座数。

餐座需要数是根据某段时间内需要接待的就餐客人数与该时段最大座位周转率来确定的。

$$\text{座位需要数} = \frac{\text{预计就餐客人数}}{\text{座位周转率}}$$

座位周转率取决于客人食用的食品和饮料的数量、服务的复杂程度以及开餐的时间长短。在计算座位周转率时，要留出一定的空位率，这是因为客人的到达时间不同，有些客人不愿意与陌生人同桌进餐。在计算座位周转率时，还要考虑服务员的撤桌摆台时间，因而

$$\text{座位周转率} = \frac{\text{供餐时间}}{\text{客人平均就餐时间} \times (1 + \text{空位率} + \text{撤桌摆台率})}$$

例如某快餐店在高峰时段2h内，预计有300位客人就餐，15%的座位会空闲，10%的座位需要服务员撤桌摆台，平均每位客人的就餐时间为25min，那么该餐厅座位周转率为

$$\text{座位周转率} = \frac{60 \times 2}{25 \times (1 + 15\% + 10\%)} = 3.84$$

$$\text{应设餐座数} = \frac{300}{3.84} = 79\ (\text{座})$$

步骤3：估算餐厅面积。

$$\text{餐厅面积} = \text{每一餐座所需要的平方米数} \times \text{计划的餐座数}$$

由此，我们在已知每一餐座所需的面积和计划餐座数后，餐厅的面积估算就迎刃而解了。

活动二　设计餐厅的通道并安排动线

餐厅通道的设计布置应体现流畅、便利、安全的特点，切忌杂乱。要求从视觉上给人以统一的感觉，要求其平面变化达到完整与灵活相结合的布局效果。餐厅动线是指客人、服务员、食品与食物在厅内流动的方向与路线。客人动线应以从大门到座位

之间的通道畅通无阻为基本要求。

一般来说，餐厅中客人动线采用直线为好，避免迂回绕道。任何不必要的迂回曲折都会给人一种人流杂乱的感觉，影响、干扰客人进餐的情绪和食欲。餐厅中客人的流通通道尽可能宽畅，动线以一个基点为准。餐厅中服务人员的动线长度对工作效率有直接影响，原则上越短越好。在服务人员的动线安排中，同一个方向的作业动线不要过于集中，并尽可能除去不必要的曲折。所以设置一个区域服务台——工作台是非常必要的，既可存放餐具，又有助于服务人员缩短行走路线。

活动三　设计餐座布局

在进行餐座布局时应该考虑客人、服务员、食品与器物在餐厅内的行走路线。客人路线应以餐厅的大门到座位之间畅通无阻为基本出发点，一般来说这一路线以直线为好，峰回路转的效果在这里会产生混乱的感觉，影响客人就餐情绪。服务员路线以经济、安全、方便服务为好。除此，餐厅还要留出必要的通道，方便客人入座、离开和行走。

餐座不同的布局方法影响餐厅的空间利用效率。

餐厅中座席的配置一般要根据用餐人数、桌子形状来确定合适的座席数，做到既不使客人感到拥挤、局促，又不使其感到相互间的疏远。

1. 圆形餐桌

按圆桌的直径与人数的关系来计算餐位数，即每 17 ~ 20cm 的直径可容纳一人的比率来计算餐位数。如：150cm 为 5 ~ 6 个餐位，250cm 为 12 ~ 16 个餐位。或以圆桌大小与人数关系计算，以每人占 55 ~ 60cm 的桌边长来确定餐位。

2. 长方形餐桌

根据用餐人数来确定不同的餐桌宽度和长度。长方形餐桌座席的设计见图 4 - 4。

在此图中，同样安排 16 个餐座，斜方形安排法可比正方形安排法节约 $3m^2$，而且当客人用餐完毕推座起身和服务员服务时，正方形安排比斜方形安排的障碍大。混合形安排法少放了 2 个餐座，火车厢和方桌的混合安排法能放 20 个餐座，而全部火车厢位布局则可安排 24 个餐座，由此可见，火车厢位布局最节约空间。

活动四　设计餐厅的空间分隔

1. 软隔断分隔

软隔断分隔就是用垂珠帘、帷幔、金属帘、折叠垂吊帘等把餐厅进行分隔。软隔断富丽、高档，一般在有空调的餐厅中使用。

2. 通透隔断分隔

通透隔断空间表现出传统的文化气息，通透隔断通常是指屏风、博古架、花窗墙、竹排隔断等，一般是将大餐厅分隔成若干个雅座时使用。

3. 用列柱、翼墙分隔

列柱、翼墙是为满足特定空间的要求而虚设的，列柱、翼墙有稳定、厚重的感觉。

4. 用灯具分隔

用灯具对餐厅空间进行分隔，有一种隔而不断的感觉，可以达到一种特殊效果。灯具的布置起到了空间分区的作用，是西餐厅和酒吧室内环境设计的常用手法，灯具分区的特点是既保持了大的整体空间的气魄，又在顾客的心理上形成分隔，而且空气

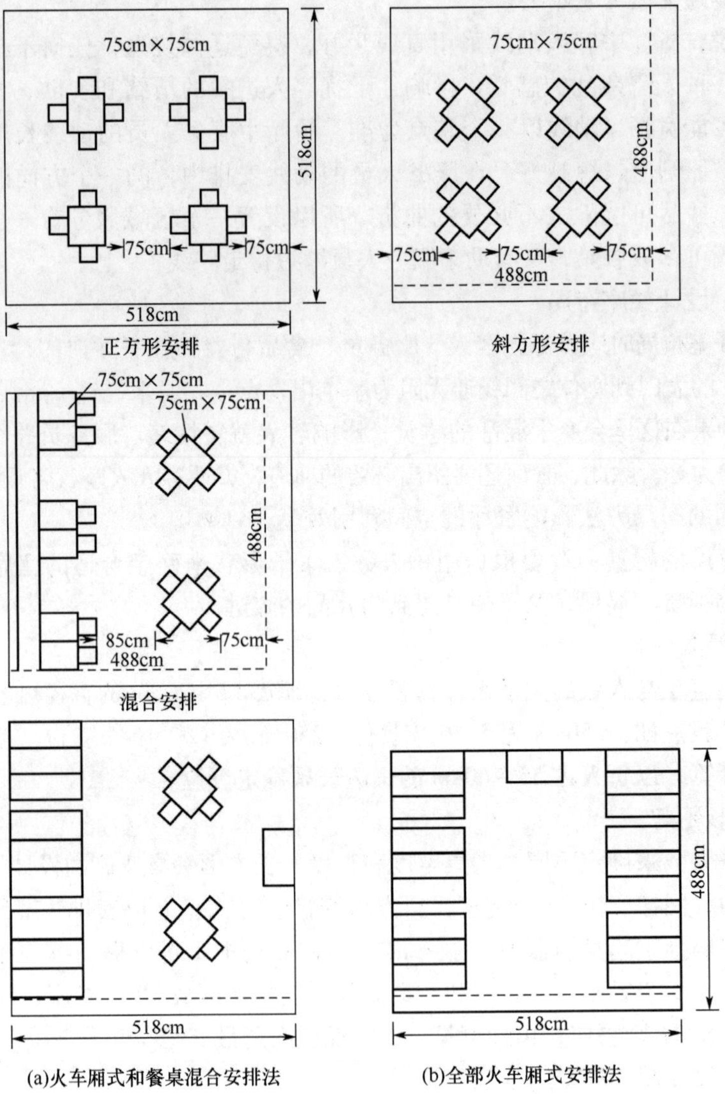

图4－4　餐座布局图

流通良好，视野宽广。

5. 矮墙分隔

矮墙分隔空间使就餐者在心理上产生一种受到保护的感觉。人们既享受大空间的共融性又保持了一定心理上的隐秘性，矮墙分隔同样具有灯具分隔的多种优点。

6. 升降高程划分

升降高程划分就是将餐厅室内的地面标高局部提高或局部下降，用台阶作为联系的通路。一般升高程用得较多，通过突出地面，暗示出两个空间区域。

7. 用植物分隔

用植物分隔不仅可以限定两个功能不同的空间，还可以阻挡视线，围合成具有相对独立性的私密空间。植物本身就成为一种充满生机的“屏”，隔而不断，使空间保持其完整性和开敞性。植物还可以调节室内空气，调节温湿度，改善小气候，增加视觉和听觉的舒适度。同时，对回归大自然的向往，使人们对植物也有一种偏爱。

8. 装饰物分隔

装饰物的放置也可以暗示一个空间的结束，另一个空间的开始。半部通透的隔断或柱子具有相同的作用，不会阻碍人们的视线，却阻碍人们的行动，从而给室内带来丰富的空间层次。按照空间构成的原理，多种类型的物体都可以在分隔空间时加以利用，如花架、水池以及铺地材质的变化等。

任务四　菜单筹划设计

任务布置

上海浦东嘉里大酒店是白金五星级酒店，位于上海市浦东嘉里城，是集客房、餐饮、娱乐及购物中心于一体的综合建筑。酒店位于浦东开发区中心地带，交通便利，与上海新国际博览中心直接相连，正对世纪公园。该酒店主营粤菜，兼营川菜、鲁菜、淮扬菜。

问题：酒店开业在即，请你根据该酒店的情况，为这家酒店量身设计一款固定菜单。

要求：

（1）组成两人学习小组，讨论菜单制定事宜（制定依据、菜品选择、菜单内容安排、菜肴价格等）。

（2）根据情境描述提供的信息，上机完成该酒店固定式菜单的制作，提交电子版及打印作业。

相关知识

在餐饮运行与管理中，菜单的筹划和设计是餐饮经营中一个至关重要的核心环节。菜单的种类很多，各餐饮企业在制定菜单的过程中，一定要遵循目标市场供需关系平衡的原则，深入分析市场竞争状况，结合本企业的自身特点，设计出具有自身特色的菜单，以便于餐饮企业的日常经营管理。

菜单是餐饮经营者向宾客推出的联结市场供给和客人需求的菜点目录。在餐饮运行过程中，菜单是一位不入编制的、勤劳的推销员，它总是无声地向宾客展示食品的目录和价格，是开展市场营销活动的纽带和桥梁，是完成餐饮产品市场交易的凭借和工具。

一、菜单的作用

（一）菜单是传播品种信息的载体

餐饮企业通过菜单向宾客介绍餐厅提供的品种名称和特色，进而推销菜品和服务。

宾客通过菜单了解餐厅的类别、特色和价格，并凭借着菜单决定自己需要的品种和服务。因此，菜单是连接餐厅和宾客的桥梁，它反映了餐饮企业的经营方针，也体现了餐饮企业的营销策略，起着促成买卖成交的媒介作用。

菜单还反映出该餐厅的档次和形象，通过浏览菜单上的品种、价格以及菜单的艺术设计，宾客很容易判断出餐厅的风味特色及档次的高低。

（二）菜单是餐饮经营的计划书

菜单在整个餐饮运行中起着计划和控制的作用，它是一项重要的管理工具。

菜单反映了该餐饮企业的烹调水平。从菜单的品种目录上，大体可以看出该餐厅的烹调水平及特色，比如品种分类、有何特色品种、招牌品种是什么。

菜单决定原料的采购和储存活动。既然决定了销售什么样的品种，必然就决定了需要购买什么样的原料和储存什么样的原料。

菜单影响着餐饮原料成本和毛利率。菜单上的销售规格和品种价格，实际上就决定了餐饮原料成本的高低，同时也反映了餐饮企业的综合毛利率水平。

（三）菜单是餐饮促销的控制工具

菜单是管理人员分析品种销售状况的基础材料。餐饮管理者定期对菜单上的每个分类的销售状况、顾客喜爱程度、顾客对品种价格的敏感度进行调查和分析，会发现品种的原料计划、烹调技术、价格定位以及品种选址方面存在的问题，从而能帮助餐饮管理者正确认识产品的销售情况、及时更换品种、改进烹调技术、改进品种促销方法、调整品种价格。

（四）菜单是餐饮促销的手段

菜单不仅通过提供信息向宾客进行促销，而且餐厅还通过菜单的艺术设计烘托餐厅的情调。菜单上不仅有文字，还往往配以精美的品种图案，让宾客更直接地了解品种。

菜单既是艺术品又是宣传品。一份设计精美的菜单可以创造良好的用餐气氛，能够反映出餐厅的格调，可以使宾客对所列的美味佳肴留下深刻印象，并可作为一种艺术欣赏，甚至留作纪念。

补充资料

菜单的历史

最初菜单并不是为了向客人说明菜肴内容和价格而制作的，而是厨师为了备忘而写的单子，英文为 Menu。

据说在 16 世纪初期，法国宫廷菜肴是很一般的。1533 年法国国王昂里二世的王妃卡得里努从佛罗伦萨带来了厨师作为陪嫁，从此法国宫廷菜肴才逐步得到改善。法国的厨师为了记住这些意大利菜肴的烹调方法及原材料，将它们记录下来，这就是菜单的雏形。而这些记录真正成为向客人提供的菜单，已是 16 世纪中叶的事情了。

1554 年布伦斯维克侯爵在自己的宅邸举行晚宴，每上一道菜，侯爵都要看看桌上的单子，当客人们知道他看的是今天的菜单时，十分欣赏这种方法。大家争相仿效，在举行宴会时，都预先制作了菜单，菜单便真正出现了。

二、菜单种类

（一）根据市场特点分类

1. 固定菜单

固定菜单是指每天都提供相同菜目的菜单，是一种菜肴和内容标准化而不做经常性调整的菜单。它适用于就餐宾客较多，流动性大的商业型餐厅。旅游饭店、社会餐厅大多使用固定菜单，他们的顾客几乎每天都在变化，餐厅不会因为每天提供相同的菜单而使顾客感到单调。

固定菜单的优点在于：有利于食品成本控制，有利于原料采购与贮存，有利于餐厅设备的选购与使用，有利于员工的安排和设备的充分利用，有利于菜肴质量的稳定和提高。但是固定菜单的菜式不变，难以提供多种风格的餐饮产品，缺乏灵活性，缺乏创新，容易使人产生厌倦感。

2. 循环菜单

循环菜单是指按一定周期循环使用的菜单。这类菜单适宜旅游饭店团体餐厅、长住型饭店的餐厅以及企业和事业单位食堂餐厅使用。

使用循环菜单，餐厅必须按照预定的周期天数制定一整套菜单，每天使用其中一套。当整套菜单全部使用完毕后，就算结束了一个周期，然后周而复始，再重新使用这套菜单。

与固定菜单相比，循环菜单的菜品经常更新，丰富多样，顾客不会感到单调；每天的变化也会给员工带来新鲜感，避免产生厌烦情绪。但剩余食物原料不便利用；采购麻烦，库存品种增加；使用设备多，使用率低。

3. 即时性菜单

这是根据某一时期内原料的供应情况而制定的菜单。这种菜单编制的依据是菜品原料的及时采购、菜品原料的质量和价格以及厨师的烹调水平。这种菜单没有固定的模式，菜单相当灵活，使饭店能及时地采购使用廉价原料和时鲜食物，也有利于饭店充分利用当天未推销完的食物和菜肴，使用时间比较短或每天更换。

4. 综合性菜单

综合性菜单就是将固定菜单、循环菜单和即时性菜单依据饭店经营的宗旨和餐饮市场的需求，切合实际、有机地结合在一起，共性与个性相结合，局部与整体相结合，成为完整的菜单体系，充分发挥菜单的作用。

（二）根据服务方式划分

餐饮服务的方法从大的方式上可以归为中餐服务方法和西餐服务方法两类，根据这两类服务方式，就有了两类不同的菜单。

1. 点菜菜单

各类零点餐厅使用的菜单，属于此类。使用这类菜单的餐厅，将就餐消费者作为主体，消费者根据自己的口味，选自己喜欢的食品；而餐厅作为客体，则必须根据消费者的口味提供适销对路的餐饮产品。

2. 套菜菜单

所谓套菜菜单，是指在一个价格下所包括的是整套餐饮。套菜菜单又称为特定组合菜单，是餐饮企业为了满足顾客的各种需求，同时也是为了促销的需要，而推出的搭配好的菜点组合。套菜菜单可以指为团体客人所提供的餐饮，也可以指为单独的顾客所提供的一整套食品，如婚宴、生日宴会、中秋套餐、会议正餐套餐（表4－4）等。

表4－4　会议正餐套餐菜单

代号	菜名	价格
套餐A	四喜拼盘　广东菜心　芙蓉里脊片　脆皮乳鸽　丁香排骨 豆瓣青鱼　芦笋氽烧鸭片　扬州炒饭　水果拼盘	每人28元 每桌280元
套餐B	五味冷菜　鸡汤娃娃菜　响油鳝糊　海参锅巴　咕咾肉　香酥鸭 清蒸武昌鱼　莼菜鸡片汤　扬州炒饭　水果拼盘	每人32元 每桌320元
套餐C	七味冷碟　蘑菇时蔬　芙蓉鸡片　酱爆肉丁　三鲜海参 双冬扒鸭　松鼠鳜鱼　火鸡鱼圆汤　扬州炒饭　水果拼盘	每人36元 每桌360元

（三）根据餐别分类

（1）中餐菜单：包括早餐菜单、午餐菜单、晚餐菜单等。

（2）西餐菜单：包括西式早餐菜单、正餐菜单、下午茶点菜单等。

（3）自助餐菜单：客人可自由选择取用其所喜爱之佳肴，价格也较便宜。

（4）其他菜单：如宴会菜单、客房送餐菜单、酒水单等。

（四）根据菜单的制作方式分类

1. 台卡式菜单

台卡式菜单由菜单封面、菜单正页和菜单封底组成，是最常见的菜单装帧方式。主要适用于各种正餐菜单，其特点是菜单内容量大，宾客有充分的选择余地；缺点是制作成本较高。

2. 招贴式菜单

招贴式菜单张贴或悬挂于饭店餐饮场所或公共区域的空间，容易被宾客发现和使用，发挥了菜单的广告功能。

3. 纸垫式菜单

纸垫式菜单用于服务快捷的快餐厅、速食店或咖啡厅以及“每日特选”“厨师特选”等销售形式。这类菜单一般设计制作比较简单，成本较低，绝大多数为一次性菜单。

4. 折叠式菜单

折叠式菜单常见于中西餐宴会、特别推销等销售形式的菜单中，以两折、三折的形式居多。这类菜单既可以平放在桌面上，也可以立在桌面上，它起着点缀和吸引顾客的作用。

5. 活页式菜单

活页式菜单是在激烈的市场竞争中产生的一种菜单形式，这种菜单对经营者来说非常方便、灵活。它可以随时根据市场需求的变化调整菜单形式，而不必重新制作菜单封页。

6. 迷你型小菜单

迷你型小菜单是将菜单的全部内容缩成小册子，赠送给前来就餐的宾客或作为广告宣传单散发。是宾客就餐经历的一种纪念，又是餐饮推广的一种有效途径。

此外，依顾客不同的要求、年龄和宗教信仰等，菜单亦分为宴会菜单、客房用菜单、儿童菜单、素食菜单、外带菜单、快餐菜单等。

三、菜品选择的原则

菜单筹划是餐饮管理人员在详尽的市场调查的基础上，综合顾客需求、市场环境和餐饮企业自身情况等方面因素，提出可供录到菜单的菜肴品种，再根据一定的原则来选择，经过版面设计和美化，最终形成顾客看到的成品菜单。

菜品的选择和计划要反映出餐厅经营的风格，要能影响餐厅顾客的需求。菜单上出的菜品是宾客就餐时购买决策的依据。菜品选择合理会促使宾客购买，吸引他们下次再来，从而提高餐厅的收入和经营利润。

（一）菜肴要有独特性

现在的餐厅遍地生花，一个餐厅若能创出其他餐厅没有或赶不上的某类、某个品种、某种烹调方法、某种服务用餐方法等，就能大大突出餐厅的形象，使人们提起某种菜就会想到此家餐厅。这就像北京全聚德因烤鸭技术出名而创出名气，某酒店用竹做的小帆船蒸鳜鱼片等。现在的饮食界也往往有流行吃法一说，这一点就说明了人们对新的菜式的猎奇心理。当然，做到这一点需要餐厅的全体工作人员共同努力，但切忌创造的新菜式缺乏应有的菜肴的美感和无法调动人的食欲，让人不敢动筷或毫无兴趣。

（二）菜肴种类要平衡

为满足不同口味的顾客，菜单所选的品种不能太窄。选择品种时要考虑以下因素：

（1）每类菜品的价格要平衡。因为宾客的消费水平不同，每类菜的价格应尽量在一定范围内有高、中、低的搭配，比例一般控制在1∶2∶1的范围。

（2）原料搭配平衡。俗话说“萝卜白菜，各有所爱”，每类菜的原料不同，每个宾客的口味不同，有的宾客不吃肉，有的宾客不吃鸡蛋，而原料搭配好就可使更多的宾客能选择到自己喜欢的品种。

（3）烹调法平衡。各类菜的烹调方法不同，如炸、炒、煮、蒸、炖。成品的质地要生、老、嫩、脆搭配，口味要咸、甜、清淡、辛辣搭配合理。

（4）营养均衡。随着生活水平的提高，顾客不但注重菜肴的口味，而且更加讲究菜肴搭配合理，达到营养均衡。

（三）选择毛利较大的品种

餐厅经营者最关心的还是自己的成本和利润。有些菜式虽然出售的价格高，但除去其成本后就发现所得利润并不可观，而有些价格低廉的菜品，因它的成本较低，除去成本，毛利还可能比高价销售的菜品要大。由此可见，在选择菜式时，不能只看到眼前出售的高价；而要从成本的角度来分析利润的高低，在选择菜式时，对于那些毛利大的品种要多选一些，适当地舍弃那些毛利小的菜式，使各种菜式互相弥补，利润最大化。

（四）品种不宜过多

菜单上的菜式过多，对餐厅和宾客都产生障碍。菜式过多，客人拿到菜单点菜时，对形形色色的菜肴都得一一过目。因为品种多，客人点菜时就显得困难和犹豫不决，这样占用了厨师做菜的时间，又因占据了座位从而降低了座位的周转率，影响餐厅的收入。品种过多还会增加采购和贮藏成本，餐厅也无法把握各种菜品每天的销售量，有可能在某种菜价贵的时候采购了此种菜，而放了几天还没客人来过问。在贮藏方面，又得花费大量的资金来保鲜，这样既占用了贮藏空间，还会给厨师的操作带来麻烦。种类繁多的原料放在一起，会令厨师拿错原料做错菜。

（五）与整体经营相协调

餐厅的装潢环境正好反映了餐厅的消费水准，餐厅的装潢在一定程度上也是餐厅的“隐形价值”。一家大型的餐厅和一家小快餐厅的消费水平是有区别的。如果一家装潢简陋质朴的餐厅专提供高档的菜肴给顾客，顾客就会觉得既享受不到舒适的用餐环境，又觉得价格不值而与餐厅发生矛盾。同理，如果一家设计美观、豪华的餐厅里提供的菜式只是一些毫无特色的普通菜，顾客也会觉得亏，对餐厅大失所望。所以，选择菜式不是越精致越好，菜式的档次和价格要与整体经营一致才是主要的。

（六）迎合顾客的需求

客人是检验餐厅是否成功的关键，餐厅的经营宗旨就是要竭力迎合不同客人的需求。每一家餐厅都必须在经营过程中分析来餐厅的客人中具有代表性的那一类。因为这一类客人的特征，可以让餐厅经营者看到一个目标消费群体，这也就等于在做一种市场调查。餐厅所做的菜肴要深受客人的喜爱，就要了解这一类客人对各大菜系的偏爱，他们的收入及他们的消费档次和消费习惯。如果来这里的北方人多，那么面食为主的餐厅就很受欢迎；如果来这里的家庭较多，菜式就要丰富多样些，比如设计生日餐、婚礼套餐等。餐厅经营者还要关注餐厅周围的市场，观察一下附近的同行，看同行中的顾客消费情况，这样可以从中找出捷径，来寻找自己的经营目标。对内部市场和外部市场的调查都可为餐厅的经营提供必要的参考，餐厅经营者可视自己的规模来吸引自己的客人。

（七）注意菜式原料的来源

在采购菜式原料时，一定要通过正当的渠道来获取，而不能为了节约成本而采购那些卫生不合格、质量没有保证的低价原料。更不能高价购买那些受国家保护的珍稀动物和植物。一家餐厅要想长期生存下去就必须在守法经营的大前提下，以高质量的菜肴来满足信任自己的顾客。

（八）经常更换菜式

如果一家餐厅长期都用一个菜单，客人拿起菜单看来看去还是老套的菜色，进餐时就无法更好地品尝厨师的烹调技艺，从而使客人对此家餐厅失去原有的兴趣，因此菜式要“变”。菜式的更换要从几个方面来进行：

（1）先从利润角度来考虑。在更换菜式时，餐厅经营者要根据以前菜单总结出毛利大的菜式，换去那些滞销、利润小的菜式。

（2）要抓住菜品的季节性，换去一些不合季节的菜品，补充新鲜的时令菜。这样使顾客能时常品尝到新鲜的菜肴。

（3）调整不同价格的菜式的搭配。这方面主要针对套餐或营养因素。比如可以不降低原有套餐的价格，但里面的菜色可以多增加些价格低的素菜，减少一点贵菜，或者增加贵菜中的“含金量”，减少些价格低的素菜。有些餐厅还会采用改变餐具的办法来调整菜色。比如原来三盘炒菜，现在可以把它制成简易实惠的小火锅或大杂烩形式。同一种菜名，从营养的角度来更换一些原料也很有必要。

（4）可根据顾客点菜的菜单临时调整。这一点主要是为顾客着想，当然也能使厨师的厨艺更好地发挥。客人点菜时可能对某些菜式的做法不熟悉，而有些菜的配料是一样的，假设客人点的三种菜里有两种配料重复，这样的吃法肯定比较单调。遇上这种情况，往往是菜单没有注明菜肴的加工过程。而作为餐厅的经营者来说，为了弥补这方面的不足，若能让服务人员询问清楚后加以调整，必定能让客人花同样的钱吃得更好些。

（5）更换菜式时，要避免浪费那些没用完的原料。在使用循环菜单的过程中，换菜单时要清查现贮藏的原料还剩多少，如果还剩很多，暂不要使用新菜单，在此期间应让服务人员向客人推荐此类菜式，等这些原料用完后再开始使用新的菜单。

（6）在菜式更换时乘机增加一些新的品种。这些新品种可以是餐厅原来已有但很久没出售的，也可以是厨师在原有菜式的基础上改进的，还可以是引进别家餐厅而自己餐厅原来没有的。

（7）通过分析去掉那些利薄、客人极少过问或厨师制作困难、原料经常供应不上的菜式。

任务实施

活动一　设计菜单内容

步骤1：菜品的品名和价格。

菜品的名字会直接影响顾客的选择。顾客未曾尝试过某菜，往往会凭品名去挑选。菜单上的品名会在就餐客人的头脑中产生一种联想。顾客对一餐是否满意在很大程度上取决于看了菜单品名后对菜品产生的期望值，而更重要的是，餐厅提供的菜品能否满足客人的期望。

菜品名和价格要具有真实性，这种真实性要求全面，它包括：

（1）菜品名真实。菜品名应该好听，但必须真实，不能太离奇。以前曾流行过充满想象力、离奇和不精确的名字。国际餐馆协会对顾客进行调查发现，故弄玄虚而离奇的名字，客人不熟悉或名不副实的名字，不容易被顾客接受，只有一种小型的、以常客为主的餐厅可用不寻常的名字。向大众开放的餐厅应该采用副实并为顾客熟悉的菜名。

（2）菜品的质量真实。菜品的质量真实包括原料的质量和规格要与菜单的介绍相一致。如菜品名为炸牛里脊，餐厅就不能供应炸牛腿肉。产品的产地必须真实，如果品名是烤新西兰牛排，那么原料必须从新西兰进口。菜品的份额必须准确，菜单上介绍份额为300g的烤肉必须是300g。菜品的新鲜程度应正确，如果菜单上写的是新鲜蔬菜，就不应该提供罐头或速冻食品。

(3) 菜品价格真实。菜单上的价格应该与实际供应的一样。如果餐厅加收服务费，则必须在菜单上加以注明，若有价格调整要立即改动菜单。

(4) 外文名字正确。菜单是餐厅质量的一种标记。如果西餐厅菜单的英文或法文名搞错或拼写错误，说明西餐厅对该国的烹调根本不熟悉或对质量控制不严，这样会使顾客对餐厅产生不信任感。

(5) 菜单上列出的产品应保证供应。

步骤2：菜品的介绍。

菜单上要对一些产品进行介绍。这种介绍可代替服务员站立向顾客介绍，减少顾客选菜的时间。菜品介绍的内容有：

(1) 主要配料以及一些独特的浇汁和调料。有些配料要注明规格，如肉类要注明是里脊、还是腿肉等。有些配料需注明质量，如新鲜橘子的汁、活鱼等。

(2) 菜品的烹调和服务方法。某些菜品具有独特的烹调方法和服务方法必须介绍，而普通的方法则不需介绍。

(3) 菜品的份额。有些菜品要注上每份的量。如果以重量表示是指烹调后菜品的重量，有的菜品注上数量，如美式早餐套餐注明有两个农式煎蛋。

菜品的介绍便于推销菜品。菜单上的介绍要注意引导顾客出订那些餐厅希望销售的菜肴，因此要着重介绍高价菜、名牌菜，同时，还要介绍一些名字不清楚的菜。

餐厅的菜单中，往往有许多菜仅凭名字客人难以明白是什么样的菜，难以做出菜品的选择决策。例如，西餐菜单上有一个品名是“Any Pork in a Storm”译成中文是“暴风雨猪肉”。它是某餐厅的特色菜。如不加介绍，客人难以知道它是什么样的菜。餐厅在菜单上做了如下介绍：“山核桃熏咸肉、维也纳成牛肉、瑞士奶酪、海甘蓝色拉，配合法式面包趁热上菜。”这样介绍菜令人明白并能吸引客人。又如中餐菜单上有一个名为“叫花鸡”的菜，译成英文为“Beggar's Chicken”。若不作介绍，会给客人一种不好的印象而不去点这个菜，应加上一段英文和中文说明：“镶有肉丁、火腿、海鲜、香料的童鸡，外裹荷叶和特殊焙泥等烤制而成。Chicken stuffed with diced pork, ham, fine herbs and seafood wrapped in lotus leaves and special mud; and roast.”这样，客人不但会清楚是什么菜，并且会产生兴趣，愿意去尝试而点此菜。

菜品的介绍不宜过多，非信息性介绍会使顾客感到厌烦，使顾客拒绝菜单而不产生购买行为或不再光顾餐厅。但如果一张菜单就像产品目录那样呆板地列出菜名和价格，这张菜单就显得过于枯燥。

步骤3：告示性信息。

每张菜单都应提供一些告示性信息。告示性信息必须十分简洁，一般有以下内容：

(1) 餐厅的名字。通常安排在封面。

(2) 餐厅的特色风味。如果餐厅具有某些特色风味而餐厅名又反映不出来，就要在菜单封面的餐厅名下列出其风味。

（3）餐厅的地址、电话和商标记号。一般列在菜单的封底下方，有的菜单还列出餐厅在城市中的位置。

（4）餐厅经营的时间。列在封面或封底。

（5）餐厅加收的费用。如果餐厅加收服务费要在菜单的内页上注明，如果餐厅只收外汇、人民币必须注上。例如，在菜单上注上这样一句话："所有价目均加收10%服务费，请用外汇券结账。"

步骤4：机构性信息。

有的菜单上还介绍餐厅的质量、历史背景和餐厅的特点。许多餐厅需要推销自己的特色，而菜单是推销的最佳途径。例如，肯德基家乡鸡餐馆的菜单介绍了这个国际集团的规模、这种炸鸡的烹调特色以及肯德基家乡鸡餐厅的产生和历史背景。

步骤5：特色菜推销。

（1）什么样的菜品需要特殊推销。一家成功的餐厅很少将菜单上的菜品"同样处理"。无论哪一类菜品、汤类、热炒、主食，如果每个菜品与其他菜品做同样处理就显不出重点了。一张好的菜单应有一些菜得到"特殊处理"，以引起顾客的特别注意。从餐厅经营的角度出发，有两类菜品应得到特殊处理：

1）能使餐厅扬名的菜品。一家餐厅总要有意识地计划几种菜品使餐厅出名，这些菜应有独有的特色且价格不能贵。这些能使餐厅出名的菜品应该得到特殊处理。

2）愿意多销售的菜品。价格高、毛利大、容易烹调的菜是管理人员最愿意销售的菜。西餐中的开胃品、主菜、甜品一般盈利较大并容易制作，应列在显目的位置。

特殊菜品的推销主要有两大作用：对畅销菜、名牌菜做宣传；对高利润但不太畅销的菜做推销，使它们成为既畅销，利润又高的菜。

（2）特殊推销菜品的类别。特殊推销菜品有以下四类：

1）特殊的菜品，指一种畅销或高利润的菜。这种特殊菜品可以是经常服务的某种菜品，也可以是时令菜。时令菜容易吸引客人，也能获取高利润。

2）特殊套餐。推销一些特殊套餐能提高销售额，增强推销效果。例如，北京丽都饭店在各国国庆节推出各国的风味套餐，如印度国庆节时推出印度套餐，并配合演出各国的文娱节目，吸引了驻京的各国朋友。

3）每日时菜。有的菜单上留出空间来上每日的特色菜和时令菜，以增加菜单的新鲜感。

4）特色烹调菜。有些餐厅以独特的烹调方法来推销一些特殊菜。例如，有的西餐厅推出主厨特色菜：主厨特色汤、主厨特色沙律、主厨特色主菜等。

（3）如何进行特殊推销。在菜单上对重点推销的菜做特殊处理的方法有多种：

1）用粗字体、大号字体或特殊字体列出菜名。

2）增加对特殊菜品介绍的内容，对特殊菜进行较为详细的推销性介绍。

3）采用框框、线条或其他图形使特色菜比其他菜更为令人注目。

4）放在菜单的引人注目的位置。

5）列上菜品漂亮的彩色照片。

活动二　安排菜单内容

步骤1：菜品按就餐顺序编排。

菜单的内容一般按就餐顺序排列，因为顾客一般按就餐顺序点菜，也希望菜单按就餐顺序编排，以便能很快找到菜品的类别不致漏点非基本食品。中餐菜单的排列顺序一般是冷盘、热炒、汤、主食、饮料。西餐菜单的顺序一般是开胃品、汤、沙律、主菜、三明治、甜点、饮品。

步骤2：处理好重点促销菜肴的位置。

主菜应该尽量列在显著的位置，单页菜单应列在单页的中间，双页菜单应该列在右页。三页菜单应该列在中页，四页菜单应该列在第二页和第三页。

但是，菜单的编排也要注意眼光集中点的推销效应，要将重点推销的菜列在醒目之处。菜品在菜单上的位置对于菜单的推销有很大的影响。要使推销效果显著必须遵循两个原则，即最早和最晚原则。经过调查，顾客几乎总是能注意到同类产品的第一个和最后一个菜品。列在第一项和最后一项的菜品最能吸引人们注意，并能在人们头脑中留下最深刻的印象。因此，应将盈利最大的菜品放在顾客第一眼和最后一眼注意的地方。

（1）单页菜单内容的排列（图4－5）。

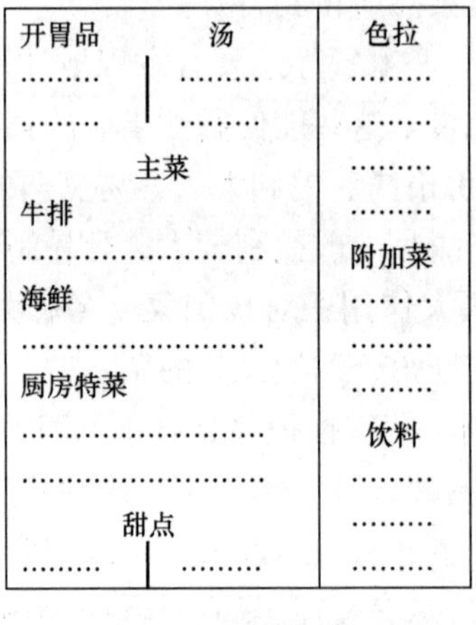

图4－5　单页菜单内容的排列

（2）双页菜单内容的排列（图4－6）。

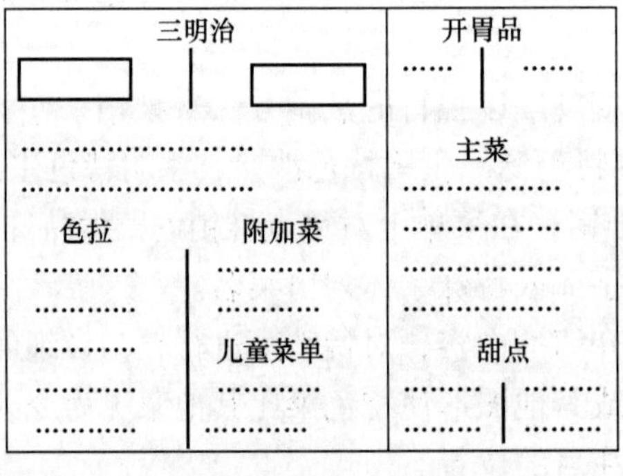

图4－6　双页菜单内容的排列

（3）三页菜单内容的排列（图4－7）。

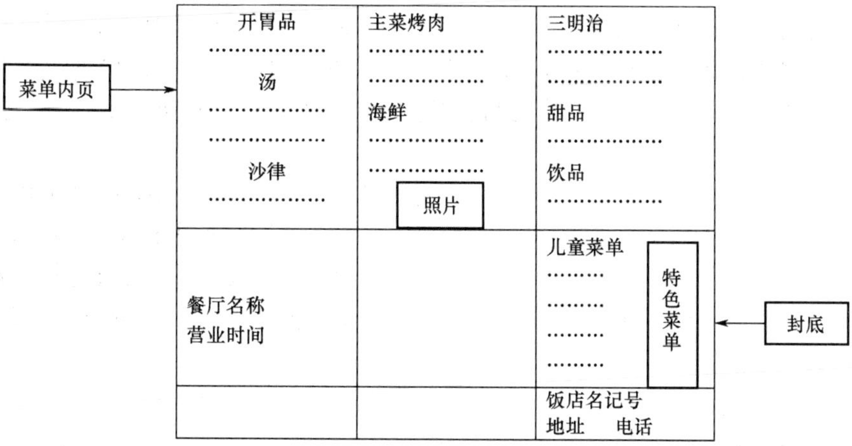

图4－7　三页菜单内容的排列

菜单上有些重点推销的菜、名牌菜、高价菜和特色菜或套菜可以单独进行推销。这些菜不要列在各类菜通常的位置，应该放在菜单显眼的位置。不同大小的菜单其令人注目的重点推销区是不同的。

单页菜单。单页菜单应以横线将菜单对分，菜单的上半部是重点推销区。

二折菜单。二折菜单的右上角为重点推销区，该区域是以上边及右边的3/4做出一个三角形。

三折菜单。三折菜单进行菜品推销很有利。中间部分是人们打开菜单首先注意的地方。如果客人的眼睛首先注意到普通的菜品和饮料，会立即对菜单失去兴趣。使用三折菜单，人们首先注意其正中位置，然后移到右上角，接着移向左上角，再到左下角，之后眼光又回到正中，再到右下角，最后回到正中及正中之上方。根据对人们眼睛注意力研究的结果表明，人们对正中部分的注视程度是对全部菜单注视程度的七倍。因而中页的中部是最显眼之处，应列上餐厅最需要推销的菜品。

活动三　制作菜单

步骤1：准备制作菜单。

1. 选择列入菜单的菜品

在制作菜单以前，要将拟提供的菜品分类列出一份清单。注意所选菜品在原料、烹调方法、价格和营养等方面是否搭配得当，而且要写出拟重点推销的特色菜及套菜。如双人套菜及其他各色套菜，如家庭套菜、周末特色套菜、节日特色菜、海鲜特选菜等。每种特色菜要列出具体菜品名，列出包价或各菜品价格，并将管理者的推销意图在清单上注明，使艺术设计师和撰稿人能理解并帮助餐饮企业达到推销特色菜、提高企业利润的目的。

2. 选择艺术设计师、撰稿人

菜单对餐厅有点缀作用、推销作用，并且也是餐厅的重要标记，它会反映餐厅的形象和情调。因此，菜单的设计一定要选一位专业的艺术设计师。菜品名、菜品介绍等描述性的措辞可适当运用。

步骤2：选择制作菜单的材料。

菜单的制作材料不仅能很好地反映菜单的外观质量，同时也能给顾客留下较好的第一印象。因此，在菜单选材时，既要考虑餐厅的类型与规格，也要顾及制作成本，根据菜单的使用方式合理选择制作材料。纸张的成本在制作一份菜单中占1/3左右。

1. 菜单内页的材料用纸

菜单内页的用纸选择主要考虑菜单的使用期限。一次性使用菜单可印在轻型的、无涂层的纸上，不必考虑纸张的耐污耐磨等性能，但一次性使用并不意味着粗制滥造。而较长久使用的菜单可印刷在防水纸上，脏了可用温布擦净。另外，在同一份菜单上使用不同类的纸张可起到强化的作用，纸张薄厚和颜色的不同可以突出显示菜单的某一部分是餐厅推销的重点。

2. 菜单封面材料的选用

菜单封面应避免使用塑料、绢绸等材料，塑料制品通常给人的感觉是廉价的，易给顾客造成不良的印象，绢绸固然高档，但极易污损，也不宜做菜单封面。一般可选用塑料薄膜压膜的厚纸，这样如有水或油腻也不易留下痕迹，四周不易卷曲。

步骤3：确定菜单的规格和字体。

菜单的式样和尺寸大小应根据餐饮内容和餐厅规模而定。一般餐厅使用28 cm×40cm单面、25cm×35cm对折或18cm×35cm三折的菜单，最理想的开本为23cm×30cm。要求字间不要太密，菜单的篇幅上应该保持一定的空白。篇幅上的空白会使字体突出，易读并避免杂乱。文字占的篇幅不能超过50%。

菜单的字体同餐厅所用的标记一样，是构成菜单整体风格的重要组成部分，字体印刷要端正，要使客人在餐厅的光线下很容易看清。菜单上字体一经确定，就和餐厅标记颜色一起印在菜单上，同时还印在火柴盒、餐巾纸、餐垫以及餐具上。仿宋体、黑体等字体更多地应用于菜单正文，而隶书常被用做菜肴类别的题头。在外文字母上，要根据标准的拼字法统一规范。英文字有大写和小写之分，大写字体不便阅读，人们习惯阅读小写字体。在菜单上，标题一般用大写字体，说明用小写字体，避免使用花体、圆体等印刷体。

步骤4：菜单的颜色及艺术设计。

1. 菜单的颜色

菜单颜色具有装饰作用，使菜单更具吸引力，更令人产生兴趣，同时还能显示餐厅的风格和气氛。一般来讲，鲜艳的大色块、五彩标题、五彩插图等较适合于快餐厅之类的餐厅菜单，而以淡雅颜色，如米黄、天蓝等为基调设计的菜单，点缀性运用色彩，可以使人觉得这是一个具有相当档次的餐厅。不同的颜色能起到突出某部分的作用。

某些特色推销的菜品采用与众不同的颜色，会使它们显得突出，在这里须遵循一条原则，即只能让少量文字印成彩色，因为大量文字印成彩色，不容易阅读且伤眼睛，人们最容易辨读的是黑白对比色。

2. 菜单上的插图

为了增强菜单的艺术性和吸引力，往往会在封面和内页使用一些插图，让客人有直观的印象，能使顾客加快点菜速度，加快座位周转率。市场趋势是，越来越多的菜单使用菜肴图片加文字的形式。

使用图案时，一定要注意其色彩必须与餐厅的整体环境相协调。菜单中常见的插图主要有：菜点的照片、餐厅外貌、本店名菜、重要人物在餐厅就餐的图片。除此之外，几何图案、抽象图案等也经常作为插图使用，但这些图案要与经营特色相对应。

步骤5：设计菜单的封面与封底。

菜单的封面与封底是菜单的“门面”，其设计如何在整体上影响菜单的效果，所以在设计封底与封面时要注意下述四项要求：

（1）菜单的封面代表着餐厅的形象。因此，封面必须反映出餐厅的经营特色、餐厅的风格和餐厅的等级等特点。

（2）菜单封面的颜色应当与餐厅内部环境的颜色相协调，使餐厅内部环境的色调更加和谐，这样，当顾客在餐厅点菜时，菜单可以作为餐厅的点缀品。

（3）餐厅的名称一定要设计在菜单的封面上，并且要有特色，笔画要简单，容易读，容易记忆，这一方面可以增加餐厅的知名度；另一方面又可以树立餐厅的形象。

（4）菜单的封底应当印有餐厅的地址、电话号码、营业时间及其他的营业信息等。这样，可以借点菜机会向顾客进行宣传。

学习评价

一、基础知识测试

（一）填空题

1. 餐厅地址类型包括（　　）、（　　）、（　　）、（　　）。

2. 任何餐饮企业，都要根据其（　　），研究其作息规律，按所在地人们行进、停留的规律选址，使顾客容易接近。

3. 厨房高度应为（　　）之间，这样便于清扫，保持空气流通，对厨房安装排油烟罩也较合适。

4. 厨房温度，冬季应在（　　），秋季24～28℃，冷菜间不超过（　　）；厨房的相对湿度不应超过（　　）。

5. 厨房内各处通道应有一定的宽度，主通道一般应有1.8m宽，如果通道两侧有操作点或大型机械设备，则宽度至少应增至（　　）m才能避免造成拥挤和发生事故。

6. 辅助区面积一般应为餐厅面积的（　　）；至于后台总面积要求，在绝大部分的饭店中常以每一餐位需（　　）m^2 的比例进行设计。

7. 因为宾客的消费水平不同，每类菜的价格应尽量在一定范围内有高、中、低的搭配，比例一般控制在（　　）的范围。

8. 一般而言，小孩就餐时，每座只需要（　　）m^2 的面积，而成年人至少需要（　　）m^2 的面积。

9. 餐座需要数是根据某段时间内需要接待的（　　）与该时段（　　）来确定的。

10. 按圆桌的直径与人数的关系来计算餐位数，即每（　　）的直径可容纳一人的比率来计算餐位数。

（二）不定项选择题

1. 厨房地面通常要求（　）。

A. 耐磨　　B. 耐高温　　C. 耐腐蚀　　D. 防滑

2. 餐厅通道的设计布置应体现（　　）的特点，切忌杂乱。

A. 流畅　　B. 便利　　C. 安全　　D. 紧凑

3.（　　）菜单由菜单封面、菜单正页和菜单封底组成，是最常见的菜单装帧方式。

A. 台卡式　　B. 招贴式　　C. 纸垫式　　D. 折叠式

4. 一般每餐位需要（　　）的厨房；咖啡厅供应品种有限，烹调相对简单，每餐位需 $0.4 \sim 0.6m^2$ 的厨房；自助餐厅由于供应量较大，每餐位需要 $0.5 \sim 0.7m^2$ 的厨房。

A. $0.5 \sim 0.8m^2$　　B. $0.4 \sim 0.6m^2$　　C. $0.2 \sim 0.3m^2$　　D. $0.6 \sim 0.8m^2$

5. 中餐菜单包括（　　）等。

A. 早餐菜单　　B. 午餐菜单　　C. 晚餐菜单　　D. 门把手菜单

（三）判断题

1.（　　）当厨房面积形状不便于设备作相背型或直线型布局时往往采取 L 字型布局。

2.（　　）冷菜间设计不应考虑二次更衣间、生制品加工间、冷菜切配出品间，应配有冷气设备或单独装有空调。

3.（　　）精加工区的规划要求是所在区域要有冰箱（冷藏库），并要靠近烹调区。

4.（　　）中式烹饪原料采购后，蔬菜要进行挑拣、清洗，鸡鸭要进行屠宰、煺毛等处理，所以初加工间的面积相对要比国外餐馆的初加工间面积大。

5.（　　）菜品的介绍不宜过多，非信息性介绍会使顾客感到厌烦，使顾客拒绝菜单而不产生购买行为或不再光顾餐厅。

6.（　　）活页式菜单是在激烈的市场竞争中产生的一种菜单形式，这种菜单对经营者来说非常方便、灵活。

7.（　　）方台在快餐、自助餐、火锅以及各式零点餐厅使用。

8.（　　）座位周转率取决于客人食用的食品和饮料的数量、服务的复杂程度以及开餐的时间长短。

9.（　　）软隔断分隔就是用垂珠帘、帷幔、金属帘、折叠垂吊帘等把餐厅进行分隔。

二、能力训练

（一）个人能力训练

1. 案例分析

有一家面馆的老板第一次搞餐饮，他租赁了一家临街正在营业的门面餐馆，此餐馆无论从餐厅营业面积、地理位置以及租金等都非常理想。而且店面前离马路尚有

20m 宽的路面，不仅有足够的停车位，也可搞夜市经营。事情谈妥后老板花了大量资金搞装修，增添设备。但此店经营还不到半年，因在国家规定的拆迁范围之内，被拆迁了，老板受到比较大的经济损失。这就说明选址是一项很重要的工作，要想不失误应怎么办?

2. 填表

就餐人数	平均每位就餐客人所需厨房面积/m^2	所需总面积/m^2
100 ~ 100	0. 465	46 ~ 93
200 ~ 400		74 ~ 149
	0. 325	130 ~ 260
800 ~ 1 300	0. 279	
1 300 ~ 2 000	0. 232	302 ~ 465
2 000 ~ 3 000		372 ~ 557
	0. 170	511 ~ 859

（二）团队能力训练

1. 在你就读的大学附近计划开一家咖啡厅，请组成六人学习小组，设计一份调研问卷并进行调研，对调研结果进行统计分析，论证咖啡厅开设的可行性

2. 案例分析

某酒店设计的“香港回归宴”套菜菜单

1. 看盘　紫荆花开（由白萝卜、红萝卜、青菜制作）

2. 凉菜

（1）普天同庆。由白炖鸡、五香肘肉、酱牛肉、熟猪肚、松花蛋、咸鸡蛋拼成。

（2）和平发展。由烤猪肚、盐水鸡脯、广式香肠、鱼糕、蛋黄糕、胡萝卜、炝黄瓜拼成和平鸽状，象征中国与世界和平发展。

（3）风光无限。由猴头菇、黄白蛋糕、松花蛋、黄瓜、青椒、海蜇、鸡蛋制作，色彩鲜明，意为祖国山河无限美好。

（4）根。山药、白糖排成“根”字形状，意为华夏儿女同根相连。

3. 热菜

（1）唇齿相依。鱼唇、鱼翅汁、冬菇、菜花、豌豆苗、奶汁配炖后，汤汁乳白、香鲜醇厚，鱼唇莹润软滑，鱼翅滑软，意为内地、香港唇齿相依。

（2）血脉相连。京糕、山药、蜜饯青梅，红白绿三色相间，脉络清晰，故取名为血脉相连。

（3）明珠托翠。鸭掌、对虾肉、鸡茸、鸽蛋、油菜，用鸭掌贴以鸽蛋，取油菜叶包鸡茸成“翠珠”，意为香港是中国的东方之珠。

（4）水乳交融。银鱼、牛奶、菱角粉，晶莹透亮、白如美玉，意为内地与香港人民水乳交融。

（5）香江水长。豌豆、白菜、银耳、清汁薄蒙其上，晶莹滑润，线条流畅，酷似

流水，故取名“香江水长”。

（6）东方之珠。猪肚、臀尖肉、红樱桃、樱桃晶莹剔透，意指香港。

（7）百年沧桑。鱼翅、白人参、鸡脯肉、肘子、火腿，此菜为药膳，有安神定魄之功，增补血气，意指香港历史道路曲折。

（8）九龙腾飞。龙虾九只、鲤鱼、冬菇、火腿、粉丝，造型生动，九只龙虾象征着香港九龙，借喻回归后的香港更加繁荣昌盛。

4. 面点

一国两制。银耳杏仁和龙须面。

5. 汤

庆回归。西瓜雕成龙舟状，汤盛其中，扬帆驶向祖国怀抱

问题：

（1）主题宴席菜单在内容设计上有什么要求或特点？这份主题宴席菜单内容设计全面和科学吗？

（2）针对这份主题宴席菜单的内容，请试着为其成形设计提出建议。

3. 案例分析

厨房与餐厅

长春市内有一家新修的三星级饭店，由于种种原因，该饭店的厨房被置于距离主楼约50m处的另外一栋建筑之内，且这两处建筑之间没遮没盖。传菜时菜肴直接同外界接触，夏冬季节时，气候直接影响了菜肴的温度，这样一来，菜肴的质量便难以得到保证。

问题：

（1）分析厨房与餐厅间的空间距离应怎样才合适。

（2）如果无法改变情况，如何重新设计餐厅？

项目五 餐饮日常管理

情境描述

餐饮企业的日常运作从总体上可分为四大环节，即进货环节、生产环节销售环节和服务环节。这四大环节是一个有机整体，即餐饮企业要满足客人的需求，而食品原料的采购又必须满足生产的需求。只有使产、供、销、服务在运行中形成协调的一体化格局，才能使餐饮企业进入良性循环。通过本项目学习，要求学生能够掌握采购与库存相关常识、能够策划餐饮促销活动、能够进行餐饮服务现场控制、编写服务员排班次安排表、组织召开班前会，为了实现教学目标，本项目设计了餐饮原料管理、餐饮生产管理、餐饮销售管理和餐饮服务管理四个学习任务。

教学目标

【知识目标】

1. 熟知采购的方式。
2. 熟知贮存控制技术。
3. 熟知发料与库存盘点控制。
4. 熟知餐厅加工生产、配份生产、烹调生产、点心生产管理、冷菜生产管理环节。
5. 熟知餐饮定价策略、内部促销方法及外部促销方法。
6. 熟知餐饮服务质量分析的内容方法、服务质量控制的方法及服务投诉处理的方法。

【技能目标】

1. 能够确定采购数量。
2. 能够制作标准食谱、应用重点控制法进行餐饮生产管理。
3. 能够策划餐饮促销活动。
4. 能够排班。
5. 能够组织召开班前会。
6. 能够进行餐饮服务质量控制。

【素质目标】

1. 认识餐厅日常管理的重要性。
2. 培养学生的管理意识，提高学生组织与协调能力。

任务一　餐饮原料管理

任务布置

学生分成5～8人项目小组，完成如下项目训练：

1. 填写标准采购规格。
2. 确定采购数量。
3. 模拟验收过程。
4. 仓库库房设计。
5. 货物存放设计。
6. 模拟库存盘点。

相关知识

食品原料的采购、验收、保管与发放是整个餐饮企业运作的开始和基础。采购过程运行的好坏，将影响企业资金的使用或流失；验收是保证食品质量的关键环节；储存对企业的成本计算有直接关系；而发放控制则是保证厨房生产供应、控制原料使用的重要一环。

民以食为天，开设餐厅的目的就是要向客人提供优质的食品，食品的质量是餐厅服务质量的重要标志，影响着餐厅的经济效益和声誉，餐厅必须确保食品在采购、贮存、生产的全过程都处于最安全的完美状态，因为拥有质量稳定的原料才能生产质量上乘的菜肴。餐厅原料管理就是对原料的采购、验收、贮存、发放实施控制，这是餐厅生产经营正常运行的前提。

一、采购控制

（一）采购的目的

1. 采购到合适的原料

要生产质量稳定的菜肴，必须有质量稳定的原料。为此，餐厅的每一道菜都要有标准菜谱，每种原料都要有标准采购规格，这样才能保证菜肴的质量稳定。而餐饮原料是否达标，以这种原料是否符合这道菜的生产要求为准，不一定是越昂贵越好。例如最好的牛肉是嫩牛腰肉，但没有哪一家餐厅愿意用嫩牛腰肉作为“菜炒牛肉”的主料。

【引导案例】

产品高质量，顾客未必买你的账

某餐厅在二类城市做得不错，2008年决定进京。进入高端，就要追求完美，扬弃原来的许多做法。以餐前茶为例，原来使用的是每斤100～200元的茶，来到北京，经理让采购部买300元左右的茶。因为是试营业，顾客不多，主要是自己人模拟，几个主管说茶叶不行，档次太低，加上几个高层也说不行，采购部就买了每斤800元的茶。

可是在第二天的试营业中，仍然有客人反馈茶叶太次。

管理人员认为可能是煮茶的水有问题，就把自来水换成了“纯净水”，可是煮出来的茶仍然被认为口味不行。

无奈之下，经理派人买“天福茗茶”店铺里最好的茶叶，每斤价值5 000元以上。买了2斤好茶，花了近万元，结果除了管理人员认为这茶不错外，顾客也没有什么肯定的反映。

思考题：是不是原料的成本越高就越合适？

2. 达到质量最优

从长远角度来说，任何一种食品饮料原料都会变质。采购时应考虑原料的用量，以免由于采购数量不合适造成近期无法使用、原料积存，最终导致贮存过程中腐败变质，造成不必要的成本浪费。因此，为保证原料质量最优，在原料需购量决定之前，应充分考虑贮存能力，计算标准贮存量。

3. 选择最佳供应商

在选择供应商时，应该综合考虑如下条件：供应商的地点应该以最近为宜，这样便于与供应商建立长期稳定的合作关系，也会由于地理位置较近的因素降低采购成本；供应商是否有足够的硬件实力，拥有健全的确保食品品质的设备；供应商是否有足够的专业知识；供应商的财务状况以及供应商的诚信情况等。

4. 获得最优价格

采购的最佳境界是能够采购到质优价廉的商品，为此，采购时应该在保证质量的前提下选择最优价格，货比三家，也可以通过减少中间环节、现金支付、自运货物、大批量采购等方式降低采购成本。

5. 适时采购

早不如恰，意思就是说在最适当的时候进货，在最需要的时候进货，这样不仅可以涉及最少的流动资金占用，而且也可以减少库存的压力，保证原料的质量。

（二）采购的原则

1. 勤进快销

勤进快销是通过减少批量、增加批次，以防止库存积压、提高资金周转率的一种方式，是商业零售企业进行采购的一条基本原则，也适用于餐饮企业原料采购。

2. “以销定进”和“以进促销”相结合

“以销定进”是根据顾客的消费需求来决定采购内容的，进货完全以顾客需求及其变化为依据，可减少积压，但往往也会由于对市场变化估计不准而不能保证生产经营活动的顺利进行，桎梏了餐厅的盈利空间。“以进促销”是先购进原料并生产出产品，之后再进行促销。这往往是饭店满足宾客追新猎奇，寻求新口味、新服务时使用的原则，可形成新的利润增长点。

【引导案例】

哥伦比亚饭店的桌面物品采购

哥伦比亚饭店副总经理路易斯为了使餐厅所需物品能达到操作和美学要求，决定让餐厅部主任、饮料部主任、招待部主任对采购桌面物品给出一些建议。他决定制定一份具体采购的单子，供装修设计者和上述三位主任在采购饭店桌面物品决策时考虑。他草拟了一份备忘录附件。

采购备忘录

收件人：装修设计师、餐厅部主任、招待部主任、饮料部主任和采购部人员

发件人：负责餐饮工作的副总经理路易斯·斯科特

内容：哥伦比亚饭店各餐饮部门桌面物品的选择一定要符合各餐饮部门的期望。桌面物品必须确切地反映顾客在各餐饮部门亲眼见到的服务水平、饭菜品种和质量以及价格范围。全部桌面物品必须相互匹配，并与餐厅的装修协调一致。我们要使顾客立即认识到我们对他们的就餐经历是多么地关注。我们要使桌面物品既富于情趣，又有创造性。

为了达到这些目标，必须对桌面物品的选择问题进行认真仔细的考虑。我们提供的食品和饮料与呈送食品和饮料的器皿之间必须有一个明确的关系。

思考题：1. 该饭店副总经理制定这份采购备忘录的目的是什么？

2. 该备忘录给了我们什么启示？

（三）搞好采购的前提

优秀采购员的选择是任何一家餐厅搞好采购工作的前提。餐饮采购员是指负责餐厅食品饮料等原料采购的工作人员。目前国内一些小型餐厅都是由经理亲自进行采购，可见采购员的配备对成本控制有着举足轻重的影响，可以为餐饮企业节约成本。在绝大多数中资饭店中，往往都是由餐饮部负责所有餐饮原料的采购，采购员也隶属于餐饮部。在一些星级标准高、规模较大的合资、独资饭店往往是由饭店采购部负责所有餐饮原料的采购，由于使用者和采购者分属于两个不同的部门，对采购的管理就比较严格。在一些饭店中，餐饮原料的采购由餐饮部和采购部共同负责，鲜活原料由餐饮部负责采购，可贮存原料由采购部负责采购。但无论哪种情况，合格的采购员都必须具备如下条件。

1. 熟悉餐饮经营生产

采购人员必须熟悉菜单，熟悉厨房加工、切配和烹调的各个环节，要懂得各种原料在各个加工环节的损耗情况。

2. 熟悉餐饮市场和采购渠道

采购人员应了解原料生产的供应情况以及顾客对食品的偏爱和选择，熟悉菜品、酒品的销售渠道，熟悉各批发商和零售商，并建立互信的合作关系。

3. 熟悉食品饮料的产品知识

采购人员要懂得各种原料的最佳采购季节，什么时候买什么，各种原料的贮存条件，原料产地，各种原料的标准采购规格。

4. 严格执行财务制度

采购人员还应该有一定的财务知识，不能违反财务制度。

5. 思想品质好

采购人员要诚实可靠，不以权谋私，私拿供货商的回扣。

6. 善于交际

采购人员要口才好，有较强的谈判能力。

（四）采购方式

1. 报价法

餐饮企业生产所需原料品种多，市场价格波动也较大。为了能采购到质优价廉的原料，采购员必须预先对市场行情进行调查。在把握了市场总体情况以后，将所要采购的食品饮料原料，向拟选的几个供货商取得报价。一般至少选择3家供货商，然后从中选择最低价。

2. 直接市场采购

对大多数中、小餐饮企业而言，经营者往往直接拿现金到市场进行交易。此种方法虽然在价格上未必最优，但库存可以降至最低，原料的新鲜程度也最优。

3. 直接至产地采购

对一些采购量大，原料在产地价格较低的原料，可以直接从产地进货。如有的海鲜餐厅直接到渔港与船主交易，有的餐厅直接到蔬菜种植园采购等。

4. 集中采购

这是为连锁餐饮企业普遍采用的采购方式，是集团总部集中为所属企业进行的采购。

补充资料

希尔顿的集中采购

拥有数家饭店的饭店集团进行集中采购肯定是有利的。当然，有些物品必须由每一家饭店自行采购，但也要注意向制造商直接大批采购。这样做不仅能使所采购的同类物品标准统一、价格便宜，而且也会使制造商产生以高标准来改进其产品的兴趣。希尔顿饭店系统的桌布、床具、地毯、电视机、餐巾、灯泡、瓷器等21种商品都是由公司在洛杉矶的采购部订货的。每年光火柴一项就要订购500万盒，耗资25万美元。由于集体或大批量购买，希尔顿饭店公司节省了大量的采购费用。

5. “一次停靠”采购

餐饮经营所需的原料品种繁多，如果完全按最低价进行采购，势必增加采购的人力物力。因此许多餐厅将同类原料向一个综合报价较低的供应商购买，不仅节省人力，而且相对能得到长期优惠。

（五）采购流程（图5-1）

二、验收控制

原料控制的几个环节都是环环相扣的，忽视其中的哪个环节都会使餐厅的原材料控制工作功亏一篑。采购原料时对其质量、数量、价格进行了严格的控制，但这并不能保证实际发送的货物也是如此。如果不严格加以控制，供应单位发送的原料物资会有意无意地将并未采购的原料发来；或超出定量；或缺斤短两；或在价格上与原先商定的价格大有出入。验收就是要核实这些标准是否与订购的一致，验收也是原料控制

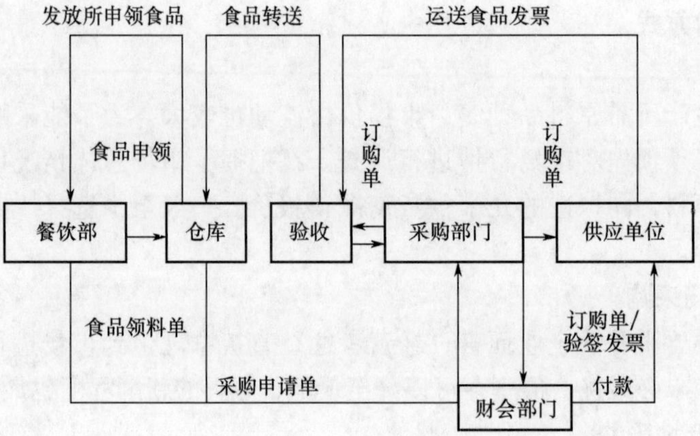

图 5-1　采购流程

和成本控制的重要环节。

（一）验收部门的设置与归属

验收部门的设置与归属因餐厅规模大小而异。大型饭店有独立的验收部，而中型饭店和社会餐饮则不必设置专门的验收部，只设验收员就可以了。无论怎样，餐厅应根据自身的规模和特点，建立自己有效的验收体系，只要能真正发挥作用，控制好成本和原料质量，减少舞弊行为，就不失为好的验收体系。

（二）验收员的配备和职责

1. 验收员的配备

合格的验收员是餐厅搞好验收工作的前提，合格的验收员应该具备如下素质：

（1）必须有很强的责任心，对验收工作感兴趣。

（2）能严格把关、不徇私情，认真按验收程序检查进货。

（3）熟悉原料的产品知识，了解原料的采购规格并且熟悉财务制度。所以，最好从仓库、厨房工作人员中进行选择。

2. 验收员的职责

（1）检查送货的数量是否符合订购的数量，原料的质量是否符合采购规格，价格是否符合商定的价格。

（2）控制退出的包装箱、饮料瓶、罐头中是否混入未用的原料。

（3）对有关食品的商标、厂家和“三期”（出厂日期、保质日期、存放日期）应严格查验。

（4）必须每日填写验收日报表。

（三）验收室与验收设备

大型饭店应设验收办公室，应接近后门和储藏室。有些饭店验收室的正面墙壁由玻璃制成，这样可以确保验收员方便地看到每一样货物的进出。

验收处应有一块宽敞的装卸货物以及汽车掉头的空间，并且设一块高度与卡车车厢等高（1m 左右）的卸货台，这样可以使货物顺畅进出。验收处应有足够数量和多种型号的精准称量工具，如磅秤、大平、电子秤等。此外，验收办公室还应有温度计、暗箱、起钉器、纸板箱切割工具、榔头、尖刀等工具以及验收单、验收标签、送货发票、验收工作手册、采购食品原料的质量标准等单据及材料。

三、贮存控制

关于库存这一问题，美国人和日本人持不同的看法。美国人认为库存是生产和销售的救世主，而日本人则认为库存是资金运作的坟墓。对于餐饮运作来说，不可能做到“零储存”，但过多的库存不仅是资金的一种积压，而且损耗的机会也大。基于此，餐饮企业更有必要对贮存进行有效的控制。

原料经过验收，紧接着的一个环节就是贮存，它对菜肴的质量和餐厅的成本控制有重要影响。许多餐厅贮存管理混乱，不仅引起食品饮料原料变质，而且遭偷窃、丢失，被私自挪用。由此可见，贮存管理不善，不仅不能向客人提供高质量的菜品，而且会造成餐饮成本和经营费用提高。

库房按贮存条件来划分主要有干货库、冷藏库、冷冻库、酒水库。

（一）干货库

干货库存放的食品类别比较复杂。所谓干货，狭义来看，是指不含水分或含水分很少的食品原料，如木耳、干黄花、干蘑菇、香料以及鱼干、腊肉等基本脱水的动植物性原料；广义来看，则泛指不易腐败，不需低温贮存的食品原料。

1. 干货库贮存的原料

（1）面粉、谷物、豆类食品。

（2）木耳、干黄花、干蘑菇等各种脱水蔬菜。

（3）各种食用油、调料、香料。

（4）罐装瓶装食品。

（5）饼干、糕点、糖果，包括蜜饯、果仁、巧克力和可可制品。

（6）粉条、土豆、洋葱等。

2. 干货贮存的条件

（1）干货库的温度应保持在 10～21℃。对大部分原料来说，若能使室温保持在 10℃，则更能保证食品质量。

（2）干货库应保持干燥，相对湿度应控制在 50%～60%，谷物类可再低些，以防霉变。为保持库房干燥，库房要保持良好通风，按照标准，每小时应交换空气 4 次。

（3）尽量避免自然光线直接照射而影响原料质量，如有窗则要尽量使用毛玻璃。

（二）冷藏库

冷藏是利用低温抑制细菌繁殖来延长食品保质期和提高贮存质量的一种有效方法。由于微生物耐低温能力很强，这种方法也只是抑制其繁殖。

1. 冷藏库贮存的原料

（1）各类肉、禽、鱼、虾。

（2）蛋、乳制品。

（3）新鲜蔬菜、水果。

（4）已经加工的成品或半成品，如各种甜点、卤制品、冷菜、剩菜。

（5）需使用的饮料、啤酒等。

2. 冷藏贮存的条件

（1）理想的做法是将冷藏室的温度控制在4℃以下，因为细菌一般在4℃以下不活动。

（2）如果库内制冷管外结冰达0.5cm，应进行解冻。

（3）尽量减少开启冷藏库的次数，这样既节能又能保证冷藏食品质量。

（4）湿度大有利于细菌生长，会加速食品变质，必要时应使用保鲜膜或湿布遮盖，以防干缩。

（三）冷冻库

冷冻库是指在极低温度下贮存食品原料的贮存方法。

1. 冷冻库贮存的原料

（1）冻肉、鱼、蔬菜、禽等。

（2）已加工的成品或半成品，如速冻饺子、春卷等。

2. 冷冻贮存的条件

（1）冷冻库的温度一般控制在-23～-18℃，这种温度有利于原料长时间贮存。

（2）原料冷冻的速度越快越好，为此有必要使用速冻设备，速冻设备能使温度迅速降低至-30℃以下，因为速冻之下，原料内部的冰结晶颗粒细小，不易损坏结构组织。

（3）解冻要适当。

各类食品应分别解冻；切忌在室温下隔夜解冻，一般应在冷藏室解冻；时间紧时，用塑料袋装好扔进冷水解冻。

（四）酒水库

酒水库中存放各种酒水和软饮料，不同的酒水需要不同的贮存条件。

1. 烈酒贮存条件

（1）通风良好，室温控制在18℃左右。

（2）注意防止金属瓶盖生锈而使酒液发生变化。

（3）酒架要牢固。

（4）优质名贵的酒水应予以特殊保管，以防被盗和碰碎。

2. 葡萄酒贮存条件

（1）一般的葡萄酒可在室温下贮存，名贵的红葡萄酒在12～15℃贮存，名贵的白葡萄酒在10～12℃贮存。

（2）葡萄酒应平躺在货架上，使软木塞浸泡在酒液中而不至于干缩，软木塞干缩会使空气进入瓶内与里面酒液发生化学反应，使酒液变质。

3. 香槟酒贮存条件

（1）香槟酒内含有大量二氧化碳气体，贮存时要避免振动。

（2）酒瓶应平躺在货架上。

（3）应在温度较凉快的条件下贮存，温度太高会使酒液老化，湿度太大会使软木塞和酒标霉变。

4. 啤酒贮存条件

（1）啤酒是酒水家族中唯一越新鲜越好的酒类，不宜较长时间贮存。罐装啤酒一般较瓶装啤酒保质期长些，瓶装最佳保质期在三个月之内，罐装最好不超过六个月。

（2）温度太高啤酒会变质，太低会浑浊，最好在8～11℃，避免冷热巨大变化。

（3）避免振动。

四、发料与库存盘点控制

（一）发料的要求

1. 凭领料单发货

餐饮部经理或厨师长指定的领料人根据需要填写领料单。领料人持单请餐饮部经理或厨师长核准签字，没有审批者签名，任何原料都不得从仓库发出。

2. 定时发放

为使仓库保管员有充足时间对库房进行整理，检查各种原料的库房情况，通常饭店都规定上午两个小时和下午两个小时为全天的发料时间（如上午8：30—10：30；下午14：30—16：30），其他时间除紧急情况外一律不准领料。

3. 认真执行先进先出原则

原则上应按先进先出法发料，这样既可保证食品原料的新鲜品质又可使原料得到循环使用，做好库存管理。

【引导案例】

生意好的餐厅也会有长了毛的辣椒酱

沈阳某餐厅是一家大型的中餐厅，主要以接待各种会议和婚宴包餐为主，过年过节要订餐必须在一个月前就得预定，生意一直不错。

这段时间，大厅里时时传出一股刺鼻的味道，管理者和服务人员都没有怎么在意。可这味道一天比一天大，引起了经理的注意。经理顺着气味，找到了库房。

原来，气味是从库房的一个角落里散发出来的，是10箱三年前的辣椒酱长毛了。生意这么好，辣椒酱怎么会坏呢？

生意好的酒店，原材料的购进和流通都比较快，所以酒店的菜品也比较新鲜，可是这么好的生意，库房却有存放三年的辣椒酱没有使用。

出现这种问题的主要原因是这家酒店库房的物品进出没有制度，货物存放没有规矩，货物堆得到处都是。进货出货也没有规矩，看到什么货物快没有了就进货，采购回来的货物堆在门口，服务人员领货就把刚进来的货物领用，剩下的货物仍然堆在某个角落一动不动，时间长了，库管员就想不起整理了，所以就出现了保存三年的辣椒酱一直没有使用的现象，导致了10箱辣椒酱彻底坏掉，还影响了整个库房的货物。

思考题：针对原料贮存和发放管理混乱这一问题，该餐厅应做怎样的调整？

4. 正确计价

已发放出的物品要及时在库存卡、账目上做记录，并根据该物品的实际进货单价核算出成本额，便于库存盘点。

（二）原料的发放统计

1. 直接采购原料的发放统计

直接采购原料是指经验收后，直接进入厨房用于生产的食品原料。直接采购原料大多数是鲜活货，而且在进货后当天基本上就被消耗掉，其价值按进货价格直接计入当日的餐饮成本。

2. 库房采购原料的发放统计

库房采购原料包括干货、冷冻食品，经验收直接进入库房，同时其价值计入流动资产的原材料库存，而不计入当日的食品成本，待原料从库房发出后，再计入当日的餐饮成本。因此，发料要做记录。

（三）饮品的发放

由于饮料容易丢失，再加上一些名酒价值很高，所以饮料的发放除遵循食品原料发放的原则外，还有一些特殊的要求，领料时不仅要凭领料单，还要凭酒吧和餐厅退回的空瓶或整瓶销售报告单。为此，饭店需要对每个餐厅（酒吧）规定一个标准储量（一般为日消耗量的2~3倍）。

（四）食品饮料的内部调拨处理

大型饭店的厨房之间、酒吧之间往往会发生食品和酒水的相互调拨。为使各部门的成本核算尽可能准确，饭店有必要使用“食品饮料内部调拨单”来记录所有的调拨往来。在统计各部门的成本时，要减去该部门调出原料的金额，加上调入原料的金额。食品饮料内部调拨单应一式三份，调入与调出部门各一份，另一份交财务部成本核算。

任务实施

活动一　填写标准采购规格

所谓标准采购规格，就是根据各餐厅生产菜肴的特殊要求，对所要采购的食品饮料原料在质量上做出详细而具体的规定，如原料部位、产地、等级、外观、色泽、包装、新鲜度、肥瘦比例、切割情况、冷冻状况、供货间隔天数等。

当然在实际采购过程中并不是所有原料都需要标准采购规格，但对于那些成本高、原料质量标准难以把握，或有特殊要求的原料，就必须要使用标准采购规格进行采购了，标准采购规格实例如表5-1所示。

表5-1　标准采购规格实例

品名	产地	部位/形状	色泽与外观	气味与味道	规格	发货要求
葡萄柚	海南	9~10cm圆形或椭圆形，内有12~14瓣鲜果	金黄色，皮薄质细，无斑点及挤压伤痕	酸度适中，无明显苦味	每箱36只	订货后次日交货
牛腰肉	新西兰	带骨切块25cm宽，每块重5~6kg	油层1~15cm中度脂肪条纹，肉色微红	无不良气味，无变质及溶冻现象	符合商业部牛肉一级标准	订货后十一天交货

活动二　确定采购数量

步骤1：确定易坏性原料的采购数量。

易坏性原料一般指鲜活货，如鲜肉、鲜鱼，这类原料在购入后必须在较短的时间内用完，用完以后再采购新货。

这类原料的采购方法有两种：

（1）根据实际用量采购法。根据实际用量采购法多用于日消耗量变化大的鲜活货。为方便采购，需将每日要采购的原料编制成原料采购清单（表5－2），清单上要列出原料的名称、规格、需用量、现存量、需购量，同时还要加上供应商的报价。

表5－2　原料采购清单

原料名称	需用量	现存量	需购量	供应商报价		
				供应商A	供应商B	供应商C
牛里脊						
牛上脑						
牛底板						
猪里脊						
猪精排						

每次采购的数量用公式表示为：

需购量＝需用量－现存量

原料采购清单的使用，可节省厨师长和采购员的工作量，无须每日填写。原料采购清单和标准采购规格结合在一起使用，能使采购质量、数量标准化易于控制。

（2）长期订货法。长期订货法适用于价值不太高、日消耗量大而且每日用量变化不大的原料，这类原料有鲜奶、鸡蛋、常用蔬菜水果、常用饮料等。一般做法是餐厅与某一家供应商签订合同，由其以固定价格每日或每隔几日向餐厅供应规定数量的原料。例如某饭店与乳制品厂商定每日提供鲜奶100kg，只规定需求量或结存量，有必要时再增加或减少采购数量。这样，对这些低价值原料，采购员不必每日检查现存量和每日进行采购，省时省力。

步骤2：确定非易坏性原料的采购数量。

非易坏性原料一般为不易迅速变质的干货和需要冷藏、冷冻处理的原料。为便于对非易坏性原料的采购和贮存进行管理，通常使用定期订货法和永续盘存法对这类食品饮料原料进行采购。

（1）定期订货法。定期订货法是使存货保持在一个适当水平上的最普遍方法，是一种订货周期固定不变，即进货间隔时间（一周、一旬、半月或一月等）不变，但每次订货数量可以根据库存和实际需要改变的一种订货方法。每到某种原料的订货日，仓库保管员应对该原料的库存进行盘点，然后确定本次采购的订货数量，其计算方法如下：

需订货数量＝下期需用量－实际库存量＋期末需存量

下期需用量＝日需要量×定期采购间隔天数

日需要量指每日消耗量，一般根据经验得出；实际库存量则必须通过实物盘存才能得到。

期末需存量指从订货到实际到货这一段时间能够保证生产需要的数量。用公式表示为：

期末需存量 = 日需要量 × 订购期天数 + 保险储量

注意：决定期末需存量，还要考虑到供货单位发货有可能因为某些意外因素而推迟，为此还要加上一个保险储量。保险储量的多少视原料的供应情况而定，一般饭店把保险储量定为订购期内需用量的 50%。

例：某饭店一月一次采购菠萝罐头。菠萝罐头的消耗量为平均每天 15 罐，正常订货周期为 4 天。在当月的订货日，仓库保管员通过盘点，发现库存菠萝罐头还有 70 罐。饭店确定菠萝罐头的保险储量为订购期内需用量的 50%，则：

下期需用量 = 15 × 30 = 450（罐）

期末需存量 = 15 × 4 + 15 × 4 × 50% = 90（罐）

需订货数量 = 450 − 70 + 90 = 470（罐）

（2）永续盘存卡订货法。永续盘存卡订货法也称订货点采购法，它是通过查阅永续盘存卡上原料的结存量，对达到或接近订货点储量的原料进行采购的方法。

使用这种方法要求对每种原料都建立一份永续盘存卡（表 5 − 3），每种原料还必须确定最高存量和订货点量。

表 5 − 3　　食品原料永续盘存卡

食品原料永续盘存卡　编号：3122				
品名：菠萝罐头 规格：　　单价：		最高储备量：270 罐 订货点量：　130 罐		
日期	订单号	进货量/罐	发货量/罐	结存量/罐
26/4				145（承前）
27/4	324657		18	127
28/4			15	112
29/4			15	97
30/4			16	81
01/5			17	64
02/5		220	15	269
…		…	…	…

原料的最高存量指原料在采购后的最高储备量。

订货点量也就是该原料的最低存量（即定期订货法中的期末需存量）。当原料达到或接近订货点储量时，该原料就必须采购补充。这时，订货数量为：

订货数量 = 最高存量 − 订货点量 + 日需要量 × 订货期天数

例：某饭店采购青豆罐头，该罐头日均消耗量为 12 罐，订货期为 4 天，最高存量为150罐，保险储量定为订购期内需用量的50%，则：

订货点量 = 日需要量 × 订货期天数 + 保险储量 = 12 × 4 + 12 × 4 × 50% = 72（罐）

订货数量 = 最高存量 − 订货点量 + 日需要量 × 订货期天数 = 150 − 72 + 12 × 4 = 126（罐）

采用以上两种方式进行非易坏性原料的采购可以使每次原料的采购数量都能控制在一个合理的范围内，既能保证生产的顺利进行，又不会造成过量的库存积压。

活动三　模拟验收过程

步骤1：数量验收。

验收员在进行数量验收时，应先检查实物与订购单和发票上的是否相符。在清点数量时应注意：

（1）凡是以重量计算的食品原料，一定要逐一过秤，记录正确的重量。

（2）凡是以件数或个数计量的食品原料，要逐一清点。

（3）带外包装和商标的食品原料，由于商标上已注明重量，要仔细点数，必要时抽样称重。

（4）无包装的食品原料要过秤。

（5）以箱或匣包装的食品原料要开箱检查下层是否装满。

步骤2：质量验收。

质量验收往往是最容易引起争议的一个环节，因此验收员要不断丰富自己的食品原料知识，验收时严格对照标准采购规格和订购单，检查实物是否与之相符。

步骤3：价格验收。

认真检查账单上的价格与订购单上的价格是否相符，有时供货商在订货时答应了一个价格，但在开账单时又偷偷提价，如不仔细检查会让供货商有空子可钻。

活动四　仓库库房设计

步骤1：确定仓库面积和容积。

在规划仓库面积和容积时必须综合考虑餐厅的类型和规模、菜单的类型、采购的批量和周期。总之，仓库面积的大小应视各餐厅具体情况具体分析。

（1）根据饭店营业量确定仓库面积。即根据每天就餐的人次数而定。一般认为，每一人次需要仓库面积为0.1m^2。例如：某餐厅中午可接待75人，晚上可接待140人，每天供应餐数为75 + 140 = 215（人），那么仓库面积则需要215 × 0.1 = 21.5（m^2）。

（2）根据前厅与后堂的比例确定仓库面积。许多餐饮管理人员认为，前厅与后堂的合理比例是2∶1。假设前厅面积为280m^2，则后堂面积为140m^2。

（3）根据菜品销量的预测。餐厅还可以根据经验，预测出10～15天销售量，以此计算仓库面积。

步骤2：确定仓库位置。

科学合理的仓库位置应该设在验收处和厨房之间，最好离两者都近，这样可以保证发料迅速、降低劳动强度，原料质量不下降，不丢失。有些饭店将仓库设在地下室，这样温度、湿度、光照等较容易控制。

步骤3：设计仓库的温度、湿度、通风和照明。

在进行仓库设计时，必须充分考虑与食品饮料原料贮存质量关系密切的温度、湿度、通风、光照。

（1）温度是保证食品贮存质量的最关键因素。干货贮存和低温冷藏、冷冻贮存的温度有较大区别。

（2）湿度是影响食品贮存质量的另一个重要因素。湿度过大会引起食品霉变，不仅影响食品的外观效果，还会大大降低食品的食用价值。

（3）通风有利于保持适宜的温湿度。同时，还可以排除异味，保证空气清新。

（4）许多食品饮料原料的贮存都是要求避光的。例如酒水在贮存时一定要避免自然光线的直接照射，因为自然光线的直接照射容易引起酒品变质，酒液挥发过程加剧，造成酒味寡淡、酒液浑浊、变色。故而，仓库的照明一般用灯光而不用窗户，即使有窗，也要尽量使用毛玻璃。

活动五　货物的存放设计

步骤1：设计货架和盛器。

货架底层离地面应为15～20cm，货物应离墙5cm。干货仓库宜用结实的钢架和铁架，冷藏库的货架应选择不易导热的木架。散装原料必须由相应的密封防虫的不锈钢容器盛装。

步骤2：设计货物摆放。

（1）存放位置固定。所有货物都应始终放在固定的位置上，否则容易被遗忘，也给盘点带来麻烦，甚至可能引起采购过量。

（2）四号定位。“四号定位”就是用四个号码来表示某种物资在仓库中的存放位置。这四个号码依次是库号、架号、层号和位号。例如干香菇在账页上的编号是3－4－4－3，即可知它存放于3号库、4号架、第4层的第3号货位上。

“四号定位”法便于存料发料、盘点清仓，也便于新来的仓库保管员尽快熟悉情况。

（3）五五摆放。根据分类后的物资形状，以五为计算单位进行摆放。即做到“五五成堆、五五成行、五五成排、五五成串、五五成捆、五五成层”，适用于包装较为规范的罐、瓶、盒、箱装的原料。

活动六　模拟库存盘点

分别采用实际进价法、先进先出法、后进先出法、平均价格法、最后进价法五种计价方法进行盘点。

（1）实际进价法。如果企业在库存的原料上挂有货物标牌，标牌上写有进货价格，这样采用实际进价法来计算库存原料的价值就较为容易，也最为客观。

假如上述饭店6月底结存芦笋罐头120罐，根据货物标牌，它们的进价分别是：

6月7日进货剩余	20罐×4.6元/罐＝92元
6月17日进货剩余	30罐×4.8元/罐＝144元
6月27日进货剩余	70罐×4.9元/罐＝343元
合　计	579元

（2）先进先出法。如果仓库内不用货物标牌注明单价，可按照进料日期的先后，采用先进先出法计价。先购进的原料价格，在发料时计入成本，月末盘点得到的库存额，则以最近价格计算。

要求、盛器、装饰、单价—金额—成本、使用设备及烹饪方法、制作批量或份数、类别及序号。其中，单价指标准食谱应说明每种用料的单位价格，在此基础上计算出每种原料的金额，汇总之后即可得出该道菜点的成本。

（三）标准食谱的样式

（1）以方便随时核算成本为特点的标准食谱（表5－4）。

表5－4　　　　标准食谱（样）

菜点名称			生产厨房	总分量	每份规格	日期
用料	单位	数量	日期		日期	
			单位成本	合计	单位成本	合计
合　　计						
菜式的预备及做法					特点及质量标准	

（2）以形象直观、方便对照执行为特点的标准食谱（表5－5）。

表5－5　　　　标准食谱（样）　　　　编号：

名称：________						照片
类别：________			成　本：________			
分量：________			售　价：________			
盛器：________			毛利率：________			
质量标准						
用料名称	单位	数量	单价	金额	备注	制作程序
合　　计						

日期：

六、厨房产品管理

厨房产品就是厨房加工生产的各类热菜、冷菜、点心、甜品、汤羹以及水果拼盘等。厨房产品质量直接影响到就餐人群，影响到餐饮企业的经济效益，影响到企业的声誉和长远发展。因此，加强厨房质量管理尤为重要。

（一）厨房产品自身质量的内涵

厨房产品质量是一个动态的概念，实际上就是厨房提供的产品不断地与顾客的期望和需求相吻合。充分了解厨房产品质量概念是进行厨房产品质量管理的前提。厨房产品质量包括菜点本身的质量和外围质量两个方面。厨房产品自身质量主要是指菜点的色、香、味、形、器，以及质地、温度、营养、卫生等方面。

1. 色

菜点的颜色是吸引就餐者的第一感官指标，人们通过视觉对食物进行第一步的鉴赏。厨房菜点的颜色可以由动植物组织中天然产生的色素形成。厨房加工和烹调过程与菜点成品的颜色有很大关系。大多数原料经过加工或高温烹调后会改变颜色，烹调的目的之一就是通过恰当的操作和处理，使其达到最好的颜色品质。菜肴的色泽应该自然清新，适应季节变化，搭配和谐悦目，色彩鲜明，给就餐者以美的享受。

2. 香

香是指菜点的香味。人们进食时总是先闻到菜点的香味，再品尝其味道。由于嗅觉感受器官容易疲劳，对任何气味的感觉总是减弱得很快，因此要特别重视“热菜热上”的时效性，尤其是炒菜。如果菜肴特有的香味不能得到挥发，就会影响到消费者对菜点的评价。

3. 味

味，即味道，是菜点的灵魂。酸、甜、苦、辣、咸是五种基本的味道，基本味道的不同组合可以调制出各种各样的菜点口味。如果菜肴调味适度，浓淡相宜，变化多样，能使就餐者唇齿留香、回味无穷。人们通过味蕾来感知菜肴的味道，随着年龄的增长，味蕾的数目不断下降，因此儿童比成年人更容易品尝到食物的味道。为此，厨房生产和管理人员要区别对待不同年龄段的就餐客人，为其设计恰到好处的菜点味道。

4. 形

形是指菜点的刀工成形和装盘造型。原料本身的形态、加工处理的方法以及烹调装盘的拼摆都会直接影响到菜点的形。刀工精湛、装盘美观，会给就餐客人以美的视觉享受。热菜造型以快捷、神似为主；而冷菜的造型比热菜有更高的要求。无论热菜、冷菜，对菜点形的追求要把握分寸，过分精雕细刻则是对菜点形的极大破坏。

5. 质地

质地包括脆性、韧性、弹性、胶性、粘附性、纤维性、切片性等。通过菜点的质地可以感觉到菜点的酥、脆、韧、嫩、烂等。因此制作菜点时必须把握好每道菜点合适的烹制时间，以体现出菜点的质地。

6. 器

不同的菜点要使用不同的盛器。菜点和盛器配合恰当，则相映成辉、相得益彰。菜点的多少与盛器的大小相一致，菜点的名称与盛器的叫法相吻合，菜点的价值与盛器的价格相匹配，可使菜点锦上添花。虽然盛器对菜点的质量不会产生直接影响，但对于用砂锅、火锅、铁板、明炉等需要较长时间保温和制造特定气氛的菜点来说，盛器对菜点的质量却有着至关重要的作用。一般来说，热菜用保温盛器，而冷菜用常温餐具。

7. 温

温，即菜点的温度。温度是菜点的重要质量指标之一。同一种菜点，食用的温度不同，则口感质量会有明显的差异。因此，厨房生产人员应把握好每种菜点的食用温度。各种菜点的食用温度分别为：冷菜15℃左右，热菜70℃以上，热汤80℃以上，热饭65℃以上，砂锅100℃。配备保温餐具柜，将餐具先行保温处理，可以有效延长热菜的温度。

8. 声

声，即声音、声响。有些菜肴由于厨师的特别处理或者特殊盛器的配合使用而具有一定的声响，如锅巴类菜肴、铁板类菜肴等。这类菜肴上桌时会发出响声，说明菜肴的温度足够，质地达标，从而为客人就餐创造出热烈的气氛。

此外，营养和卫生是菜点以及其他一切食品所必须具备的共同条件。该指标虽然抽象，但也可以通过菜点的外表和内在质量指标加以把握。上述八个方面都可以不同程度地反映营养、卫生的质量情况。

【补充阅读】

中餐味型

人们一般将肴馔的味型分为基本型和复合型两类。基本型大约可分为9种，即咸、甜、酸、辣、苦、鲜、香、麻、淡。复合型难以胜计，大体有以下这些味型：①咸味型，包括咸香味、咸酸味、咸辣味、咸甜味、酱香味、腐乳味、怪味。②甜味型，包括甜香味、荔枝味、甜咸味。③酸味型，包括酸辣味、酸甜味、姜醋味、茄汁味。④辣味型，包括胡辣味、香辣味、芥末味、鱼香味、蒜泥味、家常味。⑤苦味型，包括咸苦味、苦香味。⑥鲜味型，包括咸鲜味、蚝油味、蟹黄味、鲜香味。⑦香味型，包括葱香味、酒香味、糟香味、蒜香味、椒香味、五香味、十香味、麻酱味、花香味、清香味、果香味、奶香味、烟香味、糊香味、腊香味、孜然味、陈皮味、咖喱味、姜汁味、芝麻味、冷香味、臭香味。⑧麻味型，包括咸麻味、麻辣味。⑨淡味型，包括淡香味、本味。

（二）感官质量评定法

感官质量评定法是餐饮实践中最基本、最实用也是最简便有效的质量评定方法。感官质量评定法就是运用人的感觉器官对菜点进行品尝和鉴赏，从而评定菜点各项指标质量的方法。在实际操作中，通常是几种感官并用，从而全面感知菜点的质量。

1. 嗅觉评定

嗅觉评定就是运用人的嗅觉器官来评定菜点的气味。菜点的气味大部分来自于菜点原料本身，调味和烹调处理可以为菜点增添香气，如焦香、咸香、辣香等。

2. 视觉评定

视觉评定就是用肉眼对菜点的色彩、光泽、形态、造型等进行观察和鉴赏，以评定其质量优劣。用视觉评定的高质量菜点应该是：充分利用菜点的天然色彩，合理搭配；烹调恰当，色泽诱人；刀工精湛，装盘造型美观。

3. 味觉评定

味觉评定就是运用舌头表面的味蕾辨别食物的酸、甜、苦、辣、咸等滋味。在对菜点口味进行评定时，味觉评定具有重要作用。菜肴几乎没有单一的口味，大多是复合型味道。用味觉评定的高质量菜点应该是：调味用料准确，口味地道纯正。

4. 听觉评定

听觉评定就是运用人的听觉对发出响声的菜肴进行质量评定。通过辨别菜肴的声响，既可以检查其温度是否达到要求，又可以考核其服务是否到位。用听觉评定的高质量菜点应该是：菜肴有响声，且香气四溢。

5. 触觉评定

触觉评定就是运用手、舌、牙齿对菜点按、摸、捏、敲、咬、咀嚼等来感受其质地、温度等，从而评定菜点的质量。如用手借助筷子、汤匙可以检查菜肴的酥嫩程度，用舌和口腔接触汤、菜可以判断温度是否合适，用牙齿咀嚼可以发现菜肴的老嫩程度等。通过触觉评定的高质量的菜点应该是：菜肴软硬适中，酥嫩可口。

综上所述，这种感官质量评定法具有以下特点：厨房产品质量因鉴评人感官灵敏程度而异、因消费者个人偏好而异，且容易受特殊环境、条件和假象的影响。由此可知，感官质量评定法带有一定的主观性和相对性，但对于提高厨房产品质量和消费者对厨房产品的评价相当重要。

（三）影响厨房产品质量的因素分析

影响厨房产品质量的因素是多方面的，既有主观的也有客观的，既有餐饮企业内部的也有顾客自身的，只要稍有疏忽就会出现厨房产品质量问题。因此，分析影响厨房产品质量的因素，并采取相应的措施，对于保持厨房产品质量至关重要。

1. 厨房生产的人为因素

厨房生产的人为因素就是指厨房员工在厨房生产过程中表现出来的主、客观因素对厨房产品质量造成的影响。厨房产品很大程度上依靠厨房员工的手工生产，因此厨房人员的主观情绪波动和技术、体力、能力、接受反应等方面的差异均会对厨房产品的质量产生直接影响。厨房管理者在生产第一线现场督导的同时，应多与员工谈心，充分调动员工的生产积极性。另外，还应采取适当的方法提高员工的操作技能。

2. 生产过程的客观因素

厨房产品的质量常常受到原料、调料质量的影响。原料固有品质较好，只要烹调得当，产品质量就会相对较好。如果原料先天不足，即使厨师精心改良和精细烹制，其产品质量要合乎标准仍很困难。此外，在厨房的生产过程中，还有一些因素影响着厨房产品的质量，如炉火的大小等。

3. 就餐者自身的因素

在餐饮经营过程中，即使厨房生产完全合乎规范，产品全部达标，在消费过程中仍会有客人抱怨。对同一种厨房产品，因不同就餐者的心理感受，会产生不同的评价。“众口难调”道出了“食无定味，适口者珍”这一就餐者中普遍存在的口味差异。这是影响厨房产品质量的就餐者因素。就餐者的经济收入、消费价值观和就餐经历等与其对菜点价格的衡量和菜点质量的评价直接相关。

4. 服务销售的附加因素

客人消费与厨房生产的默契配合是创造、保证厨房产品质量的一个重要条件。而服务员的适当解释和及时提醒是达成客人消费和厨房生产默契的重要途径。餐厅服务销售从某种意义上讲是厨房生产的延伸和继续，而有些菜肴，如各种火锅以及涮烧菜肴等可以说是在餐桌上完成的烹饪。因此，服务员的服务技艺、应变能力也影响着顾客对菜肴质量的评价。

（四）厨房产品质量控制方法

由于各种因素的影响，厨房产品的质量可能会产生波动，而厨房管理的任务就是要保证厨房产品质量的稳定性。厨房产品质量的控制应从原料选择开始，对厨房生产全过程进行控制，从而确保厨房产品质量的稳定性。

1. 阶段标准控制法

阶段标准控制法就是针对食品原料、食品生产和食品销售这三个阶段的不同工作特点分别制定相关作业标准，并加以检查、督导和控制，以确保厨房产品质量的稳定性。

（1）食品原料阶段的控制。食品原料阶段主要包括原料的采购、验收和储存，这一阶段应重点控制原料采购的规格、质量验收和储存的方法。要严格按照采购规格采购各种原料，要全面细致地验收以保证进货质量，要加强储存管理以防止原料保管不当而降低质量。

（2）食品生产阶段的控制。食品生产阶段主要应控制菜肴加工、配份和烹调的质量。加工是菜肴生产的第一个环节，要根据烹调的需要对各类原料进行加工。配份是决定菜肴原料组成和分量的操作，要根据标准菜谱对菜肴进行配份。烹调是菜肴从原材料到成品的关键环节，其质量控制尤其重要。

（3）食品销售阶段的控制。菜肴由厨房烹制完成，交由餐厅出菜销售，这一阶段应重点控制备餐服务和上菜服务。备餐要为菜肴配齐相应的佐料、餐具等。服务员上菜服务要及时规范，对于食用方法独特的菜肴，应向客人做适当的介绍，要按照上菜次序循序渐进地进行菜点销售服务。

阶段标准控制法特别强调各岗位、各环节的质量检查，因此建立和实行系统的检查制度是厨房产品阶段控制的有效保证。厨房产品质量检查重点是根据生产过程，抓好原料领用检查、生产制作检查和出菜服务销售检查三个方面。

2. 岗位职责控制法

厨房产品质量岗位职责控制法就是利用厨房岗位分工，强化岗位职能并加以检查督导从而保证厨房产品的质量。

（1）厨房所有工作均应分工落实。岗位职责控制法的前提是厨房的各项工作必须全面落实分工。厨房生产既包括切配、炒菜，又包括领料、打荷、食品雕刻等。厨房所有的工作都应明确划分，合理安排到各生产岗位，同时强调各岗位的分工协作。厨房各岗位职责明确后，要强化各司其职、各尽其能的意识，员工要在各自的岗位上保质、保量、按时完成各项任务，从而保证厨房产品的质量。

（2）厨房岗位责任应有主次之分。厨房所有工作不仅要有相应的岗位承担，而且各岗位承担的职责也不是均衡一致的，而是应有主次之分。应将一些高规格的菜肴制作和菜肴口味的控制以及技术难度较大的工作交给各工种主要岗位完成。这样可以明确责任，有效地控制厨房产品的质量。

任务实施

活动一　制作标准食谱

步骤1：确定主、配料及其数量。这是至关重要的一步，它确定了菜肴的基调，决定了该菜点的主要成本。

步骤2：规定调味料品种，试验确定每份用量。调味料品种、牌号要明确，调味料只能用批量分摊的方式测算。

步骤3：根据主料、配料和调料的用量，计算成本、毛利和售价。

步骤4：规定加工制作的步骤。

步骤5：选定盛器，落实盘饰用料及样式。

步骤6：明确产品特点及质量标准。标准食谱既是培训、生产制作的依据，又是检查、考核的依据，其质量要求应明确具体。

步骤7：填写标准食谱。填写时字迹要端正，要使员工都能看懂。

步骤8：按照标准食谱培训员工，统一生产出品标准。

标准食谱的制定，实际上是对菜点进行论证和定性。当制定标准食谱时，要求厨师对菜点配伍提出自己的看法。当采用标准食谱进行制作时，要通过详细观察厨师的制作过程来改进食谱。标准食谱一经制定，必须严格执行。在使用过程中，要维持标准食谱的严肃性和权威性。

活动二　应用重点控制法进行餐饮生产管理

重点控制法是针对厨房生产的某些阶段，或对重点客情、重要任务以及重大餐饮活动进行的更加全面、详细的督导管理，从而确保厨房产品的质量。

步骤1：重点岗位及环节控制。

首先，画出厨房生产和产品检查的岗位和环节。其次，找出其中影响产品质量的岗位和环节，重点标出。最后，对关键环节进行重点控制。

通过对厨房生产和产品质量的检查，找出影响产品质量的岗位或环节，并加强管理，从而提高厨房产品的质量。这种控制法的关键就是寻找和确定厨房控制的重点。对厨房产品质量的检查，可以采取管理者自查的方式，也可以听取顾客的意见，还可以聘请质量检查员进行明察暗访。通过检查厨房产品质量，分析影响厨房产品质量的环节，加以重点控制，以提高厨房产品质量。

步骤2：重点客情、重要任务控制。

首先，对于重点客情、重要任务的控制，应从菜单制定开始。从原料的选用到菜点的出品，要始终给予高度关注。

其次，厨房管理者要加强对每个岗位、每个环节生产的督导和质量检查控制。尽可能安排技术和心理素质比较好的厨师负责重点客情和重点任务，还要安排专人跟踪负责菜点，以确保制作和出品万无一失。

最后，在客人用餐后，还应主动征询客人意见，以积累客史资料。

步骤3：重大活动控制加强。

在重大餐饮活动期间，厨房应采取有效措施，加强食品卫生的监控，主动做好食品留样工作，严防食物中毒事故发生。大型餐饮活动结束后，要及时处理各类剩余原料和成品，注意收集客人的意见，为以后此类活动的承办积累经验。

对重大餐饮活动生产制作过程的组织和控制，不仅可以有效地节约成本，而且还可以为企业创造良好的经济效益和社会效益。厨房对重大餐饮活动的控制，也应从菜单制定开始，精心准备各类原料并加以合理利用，适当调整安排厨房人手，及时提供各类出品。厨房管理人员和主要技术骨干应亲临厨房生产第一线，从事主要岗位的烹饪制作，严把各阶段的产品质量关。重大餐饮活动的前后台配合十分重要，厨房应设总指挥负责统一调度，确保菜点出品的次序和质量。

任务三　餐饮销售管理

任务布置

上海龙柏饭店（五星级）推出了针对白领阶层的婚宴产品，其促销方案有以下几种。

一、优惠措施

（1）龙凤呈祥宴（每席1 588元+15%服务费）凡惠顾10席以上，可获赠：①蜜月房一晚（或提供豪华行政房一晚，补差价800元）。②客房内精美鲜花篮和鲜果篮各一份。③次日沙逊花园西餐厅欧式自助早餐两份。④婚宴中雪碧、可乐、青啤畅饮（限时2小时）。⑤提供主桌鲜花布置。⑥提供音响设备。⑦提供大巴士一辆接送客人（30公里内）。⑧提供来宾泊车车位。

（2）玫瑰双人行（每席1 888元+15%服务费）赠①~⑧项基础上再增加或升级为：⑨第①项中蜜月房升级为豪华行政房。⑩第③项中升级为次日早餐送房服务。⑪提供隆重婚礼仪式（视当日天气而定）。⑫提供迎宾花门1个。⑬提供香槟塔。⑭主桌赠送张裕大香槟1瓶。⑮赠送三层喜庆蛋糕1只。⑯嘉宾签名册1本。⑰举行浪漫同心结仪式（视当日天气而定）。⑱制作婚礼VCD（像带由新人提供）。

（3）豪华连理宴（每席2 388元+15%服务费）凡惠顾10席以上，在获赠①~⑱项项基础上再增加或升级为：⑲第⑨项中蜜月豪华行政房两晚。⑳入住期间，综合部所有项目（美容、按摩除外）免费开放（限新婚夫妇）。㉑每桌赠送鲜橙汁两桶。㉒主桌赠送龙凤立雕1座。㉓每桌赠送王朝干红1瓶。㉔主桌赠送进口香槟1瓶。㉕赠送天然精美押花1幅。

（4）宝贵同心宴（每席2 888元+15%服务费）凡惠顾10席以上，在获赠①~㉕项基础上再增加或升级为：㉖第⑲项中蜜月豪华行政房升级为豪华套房两晚。㉗提供婚宴前花园婚礼仪式的迎宾饮料（雪碧、可乐、锦碧矿水、青啤）。㉘每桌赠送王朝干红两瓶。㉙赠送度身量做的主题漫画、饭店婚房布置。㉚奉送价值1 000元的龙柏消费券。

二、广告策划

（1）广告创意和策略主题：龙柏——您的爱情伊甸园表现：①强调龙柏饭店独有的花园特色，宽大的绿色草坪，几块蓝色的湖面，亭轩楼阁，曲桥潺水，高高的树枝上挂着同心结纪念品。②阳光从窗口进入婚房，桌上是精美的早餐。③著名球星的婚礼策略：一是让顾客知晓龙柏的婚宴产品各媒体发广告（1998年3月开始）策划球星的婚宴（1998年5月）邀请沪上白领人士参加龙柏游园会（1998年6月）。二是加深对龙柏婚宴产品的印象电视台密集广告（1998年9月，每天有30秒，连续1个月）与电视台“爱情牵手”专栏合作办一次节目，地点在龙柏花园。三是提示顾客：1999年开始每月一次广告，每季一次形象推广活动。

（2）媒体策略。

1）《上海新娘》杂志这是一本面向沪上婚宴市场的杂志，针对性很强，作1998年5月—1999年5月全年广告内容：龙柏婚宴形象、龙柏婚宴产品、新人在龙柏办婚宴的专访费用预算：RMB37 800。

2）《That' Shanghai》和《Shanghai Talket》这两份刊物面向在沪外籍人士和白领阶层，而这些读者是饭店婚宴的重要客人，他们对浪漫婚宴的向往及消费能力，决定了他们会在阅读刊物的休闲阶段，有兴致看龙柏的婚宴广告。作全年广告内容：龙柏的婚宴形象、完善的健身设施、饭店自然之美费用预算：RMB530 003。《申江服务导报》和《新闻报》这是沪上多数年轻人喜欢的两份报，一份以休闲为主，一份以经济信息为主。内容：婚宴产品费用预算：RMB70 000。

三、营业推广活动

时间	活动内容	邀请对象	费用预算（元）
5月	著名球星婚宴（婚礼仪式、同心结仪式等）	由新人确定 新闻界人士（征得新人同意）	新人支付筵席成本，其余费用由饭店负责
6月	龙柏游园会观赏、游戏、抽奖等	沪上白领阶层、向沪上有影响的30家公司发请柬	30 000
8月	游泳比赛	与沪上有影响的50家公司合作	20 000
9月	龙柏室外音乐会	在沪境外人士、电视台爱情俱乐部专栏嘉宾	10 000
	龙柏啤酒节	境内外青年	售票
10月	赏月晚会	情侣们	售票
	焰火晚会	情侣们	售票
11月	桂花节	情侣们	售票
	爱情相约、联谊活动	由红娘公司选择100对寻觅者	1 000
12月	圣诞节晚会 圣诞大餐 水上芭蕾	情侣优惠6折	15 000

思考题：

1. 龙柏饭店为推出婚宴产品采取了哪些促销手段？

2. 有一家快餐企业欲在“六一”节推出针对儿童的餐饮产品，如儿童营养套餐，请你为餐厅设计一个促销方案。

相关知识

餐饮产品基价制定为餐厅菜单价格的确定提供了数量依据，但在市场经济条件下，各种产品的实际价格高低还要根据市场竞争需要来确定。在产品基价的基础上，价格可高可低，但最低一般不能低于成本。具体价格的掌握，主要取决于企业的价格策略。

一、餐饮定价策略

（一）新开业餐厅的价格策略

对新开张的餐厅或新开发的菜系、菜品，往往要决定是采取市场高价策略、市场渗透价格还是短期优惠价格。

1. 市场高价策略

当餐厅开发新产品时，将价格定得高高的，以牟取暴利。当别的餐厅也推出同样产品而顾客开始拒绝高价时再降价。市场高价策略往往在经历一段时间后要逐步降价，这项策略适合用于企业开发新产品需要的投资量大、产品独特性大、竞争者难以模仿、产品的目标顾客对价格敏感度小的场合。采取这种策略能在短期内获取尽可能大的利润，尽快回收投资资本。但是，由于这种价格策略能使企业获取暴利，因而会很快吸引竞争者，会很快产生激烈的竞争，从而导致价格下降。另外，在采取这种高价策略时，一定要考虑到政府对价格的监督程度。

2. 市场渗透价格策略

这项政策是自新产品一开发就将产品价格定得低低的，目的是使新产品迅速地被消费者接受，企业能迅速打开和扩大市场，尽早在市场上取得领先地位。企业由于获利低而能有效地防止竞争者挤入市场，使自己长期占领市场。市场渗透政策用于产品竞争性大且容易模仿、目标顾客需求价格弹性大的新产品。

3. 短期优惠价格政策

许多餐厅在新开张或开发新产品时，暂时降低价格使餐厅或新产品迅速投入市场，为顾客所了解。短期优惠价格与上述市场渗透价格政策不同，该政策是在产品的引进阶段完成后就提高价格。

（二）心理定价策略

心理定价策略，是针对顾客心理而采用的一类定价策略，通过定价刺激客人消费，获得优良经济效益。

餐饮产品心理定价策略，主要有三种表现：一是对追求餐饮享受的客人，他们往往认为，价格反映产品质量和服务质量，不计较花钱多少，价格越高，越能反映产品质量，提高自己的声望，因而餐饮价格应尽量从高；二是多数客人对产品价格比较敏感，可采用奇数定价法，以适合客人的消费心理；三是对一定声望的企业和一些高质量的产品，可采用偶数定价法。心理定价策略有以下几种。

1. 尾数定价策略

指保留价格尾数，采用零头标价，满足消费者廉价消费心理，又由于尾数标价精确给人以信赖感，对于需求价格弹性较强的商品，尾数定价策略可大大增加销售感。餐厅中一般菜肴可采用尾数定价策略。

2. 整数定价策略

餐厅在定价时，采用合零凑数的方法，制定整数价格，这是针对消费者心态对高档消费品的定价策略。消费者往往是通过价格来辨别产品质量，而整数价格又能提高"身价"，使消费者产生"一分钱一分货"的想法，因此，名贵菜肴一般多采用整数定价策略。

3. 招徕定价策略

利用消费者廉价消费心理，对产品以低价或降价的办法吸引消费者，借机扩大销售，打开销路：这种定价策略以餐厅的整体利益为目标，而不是以个别产品的收益为目标。如有的餐厅对某个菜肴定价采取招徕定价策略，牺牲部分餐饮产品利益而确保其他一些产品的高收益，最终实现整个餐厅的总收益。

4. 分级定价策略

把同类产品的价格有意识地分档，形成价格系列。针对消费者比较价格的心理，使消费者明显感到这是产品高低档次的差别，便于消费者按自己习惯的档次选择购买。

补充资料

目前法国出现了一种顾客按质定价的餐厅。餐厅只标明菜点的成本价，顾客结账时，根据自己食用的多少，对质量、服务的感觉定价付钱，可多给或少给，甚至不给钱。结果大多数顾客付的钱都超过了食品的价值，使餐厅效益大增。

不久前我国江阴市的一家三星级宾馆——扬子大酒店"自助村"开门迎客，也效仿上述自由付账法，结果开张仅四天，"君子餐厅"就招架不住了，不得不宣布"免战"，重新调整经营思路。原因是"君子餐厅"里备有菜点40种左右，质量也好，开业四天食品成本投入2万元，却仅收回数百元，平均每人每餐付款不足2元。营业中还遇到许多无聊的闲话、耍赖和扯皮的现象，真是令业者心寒！

（三）诱饵定价策略

有些餐厅为吸引顾客光顾，将一些菜品的价格定得低低的，甚至低于这些菜品的成本价格，其目的是把顾客吸引到餐厅来，而顾客来到餐厅后一定还会点别的菜，这些菜品就起到诱饵作用。

诱饵菜品的选择十分重要，通常选择一些顾客熟悉并选用较多的菜品，选择做工简单的菜品，选择其他竞争餐厅也有的菜品作诱饵，这样能吸引较多的顾客，他们会与其他餐厅作价格比较而选择价格便宜的餐厅。价格便宜符合顾客追求实惠的心理，并且这类菜品做工简单企业不易赔本。

（四）差别定价策略

根据不同市场或同一市场不同消费者群的具体情况，对同类餐饮产品制定不同的价格。相同的旅游产品以不同价格出售的策略，其目的是通过形成若干个局部市场以扩大销售，增加利润。

1. 地理差价策略

餐饮企业应根据所处地区的不同，采用地理差别价格以吸引消费者，保证客源市场。

2. 时间差价策略

即对相同的产品，按需求的时间不同而制定不同的价格。餐饮企业周末消费者较多，平时相对较少，则对同一种餐饮产品可以指定周末和平时两种不同的时间差价，有利于调节消费者的流量，降低饭店经济损失。差价一般可控制在20% ~30%，幅度大小也可视产品特点和市场需求情况而定。

3. 批零差价策略

即同种旅游产品，由于销售方式不同所引起的价格差别。批零差价有利于吸引婚宴、会议等团队客人就餐。

4. 竞争价格策略

该策略以开展市场竞争、扩大产品销售、增强竞争能力为主要定价目标。如果自己的产品和服务明显高于竞争对手，深受客人欢迎，应立即采用较高价格，造成产品名贵形象；如果自己的产品和同行竞争对手没有太大区别，则应以竞争对手同类产品价格作为参考，价格略低，形成竞争优势；如果同类产品竞争激烈，企业则应尽快开发新产品，吸引对方顾客，加速市场分化，形成局部优势。正确运用这种策略，关键在于及时掌握餐饮产品价格的调价时期和价格水平，竞争价格既不能过高，又不能过低，否则，必然影响企业经济效益，反而削弱了竞争实力

二、价格折扣与优惠政策

运用价格折扣是餐馆推销的一种手段。对公开牌价打一定折扣的优惠政策在餐饮行业运用甚广。

（一）团体用餐优惠

为促进销售，餐饮企业常常对大批量就餐的客人进行价格折扣，比如会议就餐、旅游团队就餐等，其价格往往比较优惠。会议和团队就餐通常以每人包价收费，在这个包价中提供各色菜肴。

（二）累积数量折扣

有的饭店为鼓励常住户和常客经常在店内就餐，以折扣价格鼓励客人在店内就餐。一般饭店中的常住户，其在店内就餐的需求只是一种日常生理性需求，而不是享受性需求，因此他们不愿在餐厅中花费很多的钱和时间。饭店如能提供价格折扣，就能有效地吸引他们在店内就餐。南京一家饭店以每天15元的折扣包价向常住户提供做工简单、经济价格给予折扣。折扣率的大小通常取决于客户光顾餐厅的次数和消费的金额。

如有的餐厅对于常客发放银卡、金卡或白金卡，持有不同的优惠卡，可享受不同

程度的折扣。如银卡九五折，金卡九折，白金卡八五折或八折。

（三）清淡时段价格优惠

餐厅通常在人们习惯的就餐时间达到营业高峰。为鼓励清淡时段客人前来光顾，管理人员常在清淡时段给予价格优惠，这种推销手段特别对经营时间长的咖啡厅和快餐店十分有效。许多这样的餐厅在下午2：00以后对就餐的客人给予价格折扣。也有的餐厅其午餐营业时间在中午1：00—2：00达最高峰，为使客人提前就餐以减少高峰时段的压力和增加总客源，对先结账的就餐客人进行价格折扣。

三、餐饮内部促销

餐饮促销分为两大类，即对外促销和对内促销。对外促销指为招徕宾客所做的一切工作。对内促销指采取措施使来到餐厅的宾客最大限度地消费。具体来说，内部促销是指与内部宣传广告相结合，由员工进行的特别推销活动，用来促进顾客的消费，增进顾客的满意程度。

（一）菜单推销

菜单不仅是餐饮企业生产的目录，同时也是餐饮企业重要的营销工具。一份好的菜单应该令人读后增加食欲，起到促销作用。

（二）人员推销

餐厅的每一个员工都是推销员，他们的外表、服务质量和工作态度都是对餐饮产品的无形推销。餐厅服务人员应按照饭店有关规定规范操作。员工的素质和魅力对吸引客源、餐饮推销起着很重要的作用。

（三）餐厅推销

餐厅服务人员要做好推销工作，就必须对服务工作感兴趣，乐于为顾客服务，具有敬业爱岗、乐于奉献的精神。在做好服务工作的同时，适时推销，寓推销于服务中。这是餐厅推销最有效的方法。

1. 根据不同对象、不同宾客适时推销

针对宾客就餐方式帮助顾客点菜，如顾客请客吃便宴，则可较全面地介绍各类菜肴；如顾客慕名而来，则应重点介绍风味菜肴，如顾客有用餐标准，可推荐一些味道可口而价格合适的菜肴。对那些经常来餐厅用餐的常客，应主动介绍当天的特色菜或者套菜，使顾客有一种新鲜感。

对带着孩子来用餐的顾客，可推荐适合儿童心理和生理特征的菜肴。如颜色艳丽、味道可口的菜肴会吸引孩子们的兴趣。

2. 及时向顾客提出合理建议

在顾客点菜时及时提示漏点的菜。如在西餐厅，顾客点了主菜而没有点配菜，这时服务员应及时建议点几种配菜，供顾客选择。在中餐厅顾客点了荤菜，可以建议增加几种素菜，顾客点了冷菜可建议点用酒水等。

3. 根据不同顾客推荐菜肴、饮品

江南的顾客喜欢油少清淡生鲜的菜肴，主食喜欢食用大米饭；北方的顾客一般喜欢吃油多色深的菜肴，主食以面食为主；欧美顾客一般喜欢吃肉类、禽类等菜肴；信仰伊斯兰教的顾客在饮食上禁忌较多。凡此种种，在介绍菜肴时要充分考虑到，从而进行有针对性的推销。

4. 结合菜肴加强酒类饮品的推销

在西餐厅，当顾客点要海鲜类菜肴时，可不失时机地介绍一两种白葡萄酒供其选择；顾客点要甜品时，可征求其是否要白兰地或其他利口酒类。在中餐厅，可以针对顾客的不同国籍而相应地提供一些品种的酒。

5. 主动询问

在进餐过程中，服务员应根据顾客用餐情况主动询问，增加推销机会。当顾客的菜已经吃完，但酒水还有许多时，应及时提出添加几样菜，如顾客同意则尽快进上餐桌。当顾客在西餐厅用餐时，主菜过后要向顾客递上甜品菜单。主动询问一方面使顾客感到受尊重，服务效率高；另一方面也为餐厅带来了效益。

6. 现场演示吸引顾客

许多餐厅每天都有特菜现场演示。一般由厨师在餐厅制作菜肴，顾客在欣赏厨师烹饪技艺的同时会被吸引而主动消费。当顾客用过主菜后，服务员应马上推来带甜品的餐车向顾客推销。一般情况下，顾客会点数种甜品。现场推销时应注意菜肴的制作必须精致美观，做到为顾客送上的菜肴与向客人所展示的样品相一致。

7. 适时向宾客推荐饭店的其他服务项目

在服务过程中，经常会遇到用餐顾客问及有关饭店服务设施等方面的情况，服务员可以因势利导，向顾客介绍饭店的健身房、游泳池和卡拉 OK 厅等，建议顾客在闲暇时去这些地方活动。如饭店正举办大型演出活动、时装展示会或餐饮部门正在推出某种美食展卖活动，服务员应利用各种服务机会向顾客多做宣传。

8. 推销工作注意事项

（1）严禁强迫推销。顾客来餐厅用餐，向服务员了解菜肴情况时，服务员决不可以因顾客不懂菜肴而仅推销价高的菜。对请客的主人，不得利用其爱面子的心理推销其并不喜欢的高档菜肴。强迫推销的做法有损餐厅形象，违背职业道德，会引起客人强烈不满，并对餐厅乃至整个饭店产生极为不良的影响。

（2）推销要有针对性。在为顾客服务时，注意使用恰当的服务语言，既有礼貌，又有针对性。如，当顾客问及什么样的菜肴味道好时，应针对顾客的身份、国籍相应地提出几种菜肴供其选择，而不能只推荐高档菜或漫无边际地回答："这里做得都不错。"这样的回答会令人不快，达不到应有的效果。在为顾客推销菜肴时，要注意语言技巧的运用，如你想为顾客订一份"今日特选菜"，可这样讲："您是否喜欢尝尝我们今天的特菜，今天的特菜是××，非常新鲜，与您订的酒水相配非常合适。"使用"您是否喜欢"或"您是否有兴趣"等语言在餐厅推销中较为合适。

（四）特殊活动促销

"特殊活动"在餐饮促销上被称为"Event"。餐厅出于销售上的需要，根据目标顾客的特点和爱好，在不同的场合下，举办多种类型的特殊促销活动。

1. 特殊活动推销的时机

（1）节日特殊推销活动。节日是人们愿意庆祝和娱乐的时光，是餐饮工作人员举办特殊推销活动的大好时机。在节日搞餐饮促销，需要将餐厅装饰起来，烘托节日的气氛。并且，餐饮管理人员要结合各地区民族风俗的节庆传统组织促销活动，使活动多姿多彩，让顾客感到新鲜。

在一年的各种节日里，如春节、圣诞节、国庆节、情人节、中秋节、复活节等都可以举办各种活动。

补充资料

北京丽都假日酒店，在各国的国庆节推出各国的风味餐和庆祝活动，将驻京的各国外交人员和商务人员吸引到丽都来就餐。新加坡皇冠太子酒店，在圣诞节与元旦期间，各餐厅都组织丰富多彩的特殊推销活动，其龙江川菜馆利用节日在推出特别节日套餐的同时，举办迪斯科舞会并赠送节日礼品。皇太子咖啡座推出自助餐并有圣诞老人光临助兴。酒廊中备有风味别致的“圣诞鸡尾酒”，并有歌星演唱为客人助兴。

（2）清淡时段推销活动。餐厅为增加清淡时段的客源和提高座位周转率，可在这段时间举办各种推销活动。有些餐厅将清淡时段的推销活动称作“快活时光（Happy Hour）”活动，在这段时间中对饮料进行“买一送一”的销售，进行各种演出等。有一个酒廊在这段时间中让客人以转盘抽取幸运吧座，坐在这个吧座上的客人可免费喝一杯饮料。

（3）季节性推销活动。餐厅可以在不同的季节中进行多种推销。这种推销可根据顾客在不同季节中的就餐习惯和在不同季节上市的新鲜原料来计划。最常见的季节性推销是时令菜的推销。同时，许多餐厅根据人们在不同季节的气候条件下产生的不同就餐偏好和习惯，在酷热的夏天推出清凉菜、清淡菜，在严寒的冬天推出砂锅系列菜、火锅系列菜以及味浓的辛辣菜等。

2. 特殊推销活动的类别

特殊推销活动的类别要多样化、要吸引人。常见的有以下几种：

（1）演出型。为给用餐宾客助兴，餐厅往往聘请专业文艺团体和艺员来演出。演出的内容有多种，如爵士乐、轻音乐、钢琴演奏、民族歌舞等。

补充资料

天津吉利大厦的食为天海鲜美食城在每晚7：00—9：00有音乐演出、歌舞表演、模特表演，顾客可一边享受美食，一边欣赏演出。昆明金龙饭店的团队餐厅原先营业很不理想，餐厅精心组织了一组以展示十四个少数民族绚丽多彩的民族服装为主线的歌舞节目，节目中穿插着让客人参与洒香水、送荷包、猜民族等活动，把就餐气氛推向高潮。这项活动使餐厅的营业额迅速上升，餐厅扭亏为盈。

（2）艺术型。餐厅中搞些书法表演、国画展览、古董陈列等也能吸引客人。例如，天津邦尼炸鸡店曾举办儿童画画竞赛，以吸引家庭客人来店就餐。

（3）娱乐型。为活跃餐饮气氛吸引客人，餐厅常举办一些娱乐活动，例如猜谜、抽奖、游戏等。有的餐厅还配备一台游乐器械，例如，以儿童为目标对象的天津三毛餐厅备有儿童游乐器械、木马等；新加坡文华酒店配备多种有趣的游乐器械，举行魔术表演，放映卡通片并进行抽奖等节目，吸引家庭客人光临自助午餐。

（4）实惠型。餐厅利用顾客追求实惠的心理进行折价推销、奉送免费礼品等活动。例如，某餐厅在情人节的当周，对光临餐厅的情侣免费赠送巧克力。又有一餐厅提出，凡在本餐厅订一份乳猪的客人，下次来就餐可免费赠送一份乳猪。使客人得到实惠的推销措施通常是很有吸引力的。

（五）赠品推销

餐厅往往采用赠送礼品的方式来达到推销的目的。赠送礼品的内容和赠送方式应该有讲究。企业要寻求获取最大效益的赠品方式。

1. 餐厅赠品的类别

（1）商业赠品。餐厅推销人员为鼓励大主顾企业经常来光顾，赠送商业礼品给一些大主顾。

（2）个人礼品。为鼓励顾客光顾餐厅，在就餐时可免费向客人赠送礼品，在节日和生日之际向客人和老主顾赠送庆祝的礼品或纪念卡。

（3）广告性赠品。这种赠品主要是起宣传餐厅，使更多人了解餐厅、提高餐厅知名度的作用。管理人员要选择价格便宜，可大量分送的物品作这类赠品。礼品上要印上餐厅的推销性介绍。比如给客人分发一次性使用的打火机、火柴、菜单、购物提包等。广告赠品对过路的行人和惠顾餐厅的顾客均可赠送。

（4）奖励性赠品。广告性赠品主要是为了让公众和潜在顾客进一步了解餐厅。而奖励性赠品的主要目的则是刺激顾客在餐厅中多购买菜品和再次光临。这种礼品是有选择的赠送，例如，根据顾客光临餐厅的次数，顾客在餐厅中的消费额多少等分别赠送礼品，有的则根据抽奖结果给幸运者赠送礼品。管理人员要选价值较高的物品作为这种礼品。

2. 赠品的要求

（1）要符合不同年龄接受者的心理要求。为使礼品达到最佳效果，有必要针对不同赠送对象选择不同的礼品。

（2）礼品的质量要符合餐厅的形象。一家高级餐厅决不能送低档次的礼品，如果经费不足，宁可不送或只送一件高档次的小纪念品。与其购大量低价的礼品，不如用同等价钱买少量精致的礼品。例如，赠送一打劣质汤匙不如送一个质量上乘的杯子。赠品是沟通餐厅与顾客关系的重要渠道，餐饮推销员要注意赠送符合餐厅形象的独特的礼品来招徕顾客。

（3）赠礼品要附上卡片。赠品上一定要附卡片，以表示对赠送对象的尊重。尽量不要使用印刷文字，最好附上经理亲笔写的风趣的文句、贺词或致谢词。这样的卡片更能将餐厅赠送小礼品的诚意传送到顾客心里。

（4）包装要精致。包装漂亮能提高人们对商品价值的评价。原本包装是为防止商品污染起保护商品的作用，现代社会利用包装点缀商品起到推销商品的作用。赠品的包装一定要精致、漂亮、独特。

（5）赠品气氛要热烈。为达到最佳赠品效果，在赠送时要尽可能创造热烈的气氛。例如，颁发抽奖奖品时与其在收银台上领取，不如在大众"恭喜中奖"的掌声、笑声中颁发。这样赠品能使顾客增加幸运感，并有感染其他顾客的作用。因而餐饮工作者要将赠品作为一项重要的推销活动加以周密的计划。

3. 餐厅常用促销赠品

（1）定期活动节目单。餐厅将本周、本月的各种餐饮活动、文娱活动印刷后放在餐厅门口或电梯口，或由总台发送、传递信息。这种节目单要注意，一是印刷质量要与餐厅的等级相一致，不能太差；二是一旦确定了的活动，不能更改和变动。在节目单上一定要写清时间、地点、餐厅的电话号码，印上餐厅的标识，以强化推销效果。

（2）火柴。餐厅每张桌上都可放上印有餐厅名称、地址、标记、电话等信息的火柴，送给客人带出去做宣传。火柴，可按各种规格、形状、档次定制，以供不同餐厅使用。

（3）小礼品。餐厅常常在一些特别的节日和活动时间，甚至在日常经营中送一些小礼品给用餐的客人，这些小礼品要精心设计，根据不同的对象分别赠送，其效果会更理想。常见的小礼品有：生肖卡、特制口布、印有餐厅广告和菜单的折扇、小盒茶叶、卡通片、巧克力、鲜花、精制的筷子等。值得注意的是，小礼品要和餐厅的形象、档次相统一，要能起到好的、积极的推销和宣传效果。

（六）展示推销

展示食品是一种有效的推销形式。这种方法利用视觉效应，激发宾客的购买欲望，吸引宾客就餐，并且刺激宾客追加消费。

1. 原料展示推销

强调陈列原料的"鲜""活""贵"，一些餐厅在门口用水族箱养殖鲜鱼活虾，由宾客自由挑选。厨师按宾客的要求加工烹调。由于顾客亲自选择原料，容易对质量产生满意感。有的餐厅陈列鲍翅等八珍，显示餐厅档次，介绍传统珍贵原料的知识和营养价值，吸引消费。

2. 成品陈列推销

将烹调装点后十分美观的菜肴展示在陈列柜里，胜于很多文字的描绘。宾客对厨房产品直接观察，消费决策和点菜速度会加快。餐厅中陈列一些名酒，也会增加酒水的销售机会。

3. 餐车推销

由服务员推着菜肴车、点心车，巡回于座位之间向宾客推销。餐车推销的菜点多半是价格不太贵，且放置后质量不易下降的冷菜、糕点类。有时，客人点的菜不够充足，但又怕再点菜等待时间过久，推车服务就方便了客人。餐车推销是增加餐厅额外收入的有效措施。

4. 现场烹调推销

在宾客面前展示面案、烹炒等技艺绝活，会使宾客产生兴趣，诱导宾客消费。这种形式能减少菜点加工后的放置时间，使宾客当场品尝，味道更加鲜美，还能利用食品烹调过程中散发出的香味和声音来刺激宾客的食欲。

（七）其他推销

1. 针对儿童推销

儿童是许多家庭出外就餐的决策者。因此，不失时机地针对儿童进行推销，往往效果较佳。

（1）提供儿童菜单。儿童菜单的设计要活泼多彩，多给儿童一些特别关照。

（2）提供为儿童服务的设施。例如专用座椅、餐具、围兜等。

（3）赠送儿童小礼物。尤其选送他们喜欢的与餐厅宣传密切联系的礼品。

（4）儿童生日推销。儿童生日宴的设计要有主题，要针对儿童的心理，在饰物、餐具方面进行美化等。从长远看，这些小朋友是餐厅的潜在宾客。

2. 试吃

在特别推销某一菜肴前，采用让顾客试吃的方法促销。用车将菜肴推到客人的桌边，让客人先品尝，如喜欢可现点，不合口味再点其他菜肴。这既是一种特别的推销，也体现了良好的服务。

3. 宾客参与推销

让宾客亲自参与食品原料的种植、养殖、采摘、捕捞、加工、烹调等，能起到良好的促销效果。

4. 酒瓶挂牌推销

对光顾酒吧的宾客，在他品用过的名酒酒瓶上挂上其“尊姓大名”的牌子，然后将余酒瓶陈列在酒柜里。高贵名酒与客人身份相映生辉。当客人再次光顾时，必定与新朋结伴而来，“故地重游”。各类名酒摆设越多越有名气，这是充分利用宾客的炫耀心理进行推销的方式之一。

5. 知识性服务

在餐厅里备有报纸、杂志、书籍等，以方便客人阅读。或者播放新闻、外语会话等节目，或者将餐厅布置成有图书馆意味的吧厅等，这些方式往往可以吸引文艺界、新闻界、学术界的宾客。

6. 附加服务

宾客在接受常规服务的同时可享受到的额外服务。如在下午茶服务时，给宾客赠送一份蛋糕，给用餐的每位女士送一支鲜花等。

7. “外带”推销

宾客餐后剩下的菜肴较多时，应主动征询客人意见为其打包。一是不浪费，帮助宾客节约；二是刺激宾客再买一点，凑足下一顿所需，形成餐厅“外卖”食品；三是精心设计的打包袋或盒被宾客带走，是餐厅有效的广告。

8. 餐饮特色促销

许多餐厅因为菜点有特色、用餐形式有特色、服务方式超前、餐厅建筑装饰新奇，而成为促销的方式。

（1）菜品特色鲜明。凡是经营成功的餐厅都有自己的当家菜品或独特菜品。随着时代的变化，人们的口味在变化，特别是年轻消费者，求新求变的心理非常强烈。因此，要求餐饮产品不断创新，变化出新口味或新品种来吸引宾客。

（2）餐厅新奇。针对宾客的猎奇心理，在餐厅装饰、用餐形式上标新立异，以吸引客人。

补充资料

日本松本市，有一家倒立餐厅。外墙倾斜成50°，屋内的装饰摆设都是倒置的。桌上的电视，其图像和字幕，是反字反像；墙上的时钟，朝逆时针方向旋转；茶杯和茶壶，一律口在下，底朝上。大门口放着一面哈哈镜，一进门就看见自己脚上头下的模样，仿佛进入了一个奇妙的倒立世界。

巴西巴伊亚洲有一家“足球餐厅”。招待员身着球服，墙壁上挂着各队的队旗，顾客离开时，每人均可获得餐厅自己制作的足球椰子糖。

土耳其汤瓦斯市，有家餐厅内有个鱼塘，顾客如果想品尝鲜鱼，可以向店主借钓竿垂钓，鱼过秤付款后，由厨师代为烹调。

（3）餐厅建筑新颖。新颖的建筑本身就是吸引宾客的资源之一。很多宾客就是因为想目睹某餐厅新颖的建筑而光顾某店的。如花园餐厅，通常设在饭店的花园池畔。也有的设在屋顶的平台上，因为这些地方空气清新，视野开阔，景色宜人。旋转餐厅，设在高层饭店顶层，沿窗即可俯瞰饭店周围景色。

（4）特色服务。在既定的餐饮服务规范和标准的基础上，开展特色服务。因其独特的服务方式，针对性强，使用餐者获得多方面的享受，因而特色也是餐饮促销的资源。

四、餐饮外部促销

所谓餐饮外部促销是一种市场营销技术，主要是聘用销售人员在餐饮企业外部进行的一般性的推销。目的是引起广泛的社会关注，扩大知名度，增加餐饮产品的销售。

（一）餐饮人员推销

餐饮销售人员推销指餐饮推销人员通过面对面与客户洽谈，向宾客提供信息，引导宾客光顾本餐厅。

1. 餐饮人员推销的优势

（1）推销员可以直接接触宾客，给宾客留下较好的印象。

（2）可以加深宾客对餐饮产品和服务的了解。

（3）可以有机会纠正宾客对餐厅菜肴和服务的偏见，改善其印象。

（4）可以及时回答宾客的询问。

（5）可以从宾客那里得到明确的许诺和预订。

当然，人员推销也是成本费用较高、覆盖面较小的一种推销方法。

2. 餐饮人员推销的程序

（1）搜集信息。餐饮推销人员要建立各种资料信息簿，建立客史档案，注意当地市场的各种变化，了解当地活动开展情况，寻找推销的机会。特别是那些大公司和外商机构的庆祝活动、开幕式、周年纪念、产品获奖、年度会议等信息，都是极好的推销机会。

（2）计划准备。在上门推销或与潜在客户接触前，推销人员应做好销售访问前的准备工作，确定本次访问的对象，要达到的目的，列出访问大纲；备齐推销用的各种有关餐饮资料，如菜单、宣传册、有关活动的图片等。

（3）上门推销。访问一定要守时，注意自己的仪容和礼貌，要作自我介绍。并直截了当地说明来意，尽量使自己的谈话吸引对方。

（4）介绍餐饮产品和服务。重点介绍本餐厅餐饮产品和服务的特点，引起宾客的兴趣。介绍时要突出本餐厅所能给予宾客的好处和额外利益，要设法让对方多谈，从而了解宾客的真实需求，借助各种资料、图片证明自己的菜肴和服务最能适应宾客的要求。

（5）处理异议和投诉。碰到客户提出异议时，餐饮推销人员要保持自信，设法让宾客明确说出怀疑的理由，首先应表示歉意，然后要求对方给予改进的机会。再通过提问的方式，让宾客自我否定这些理由，重新树立对餐厅的信任。

（6）商定交易。要善于掌握时机，商定交易。要使用一些推销策略，如代客下决心，给予额外利益和优惠等，争取预订成功。

（7）跟踪推销。如果推销人员希望宾客满意，并与对方保持业务往来，需在销售访问后进一步保持联系，采取跟踪措施。逐步确认预订。假如不能成交，则要分析原因，总结经验，继续向对方推销。

（二）电话推销

电话推销包括餐饮推销人员打电话给宾客进行推销和推销人员接到宾客来电进行推销两种。电话推销能获得信息，便于了解情况，预约面谈时间。有时，通过电话联系，推销人员还能直接获得宾客预订。

电话预订不能代替人员推销访问，但与派员上门推销相比，电话推销费用低、费时少，因此，有关人员要积极利用电话进行推销。

（三）广告推销

餐饮广告是通过设置广告物，如餐厅招聘、食品陈列以及通过刊物、广播、电视等媒介，把有关餐饮产品和服务的知识、信息有计划地传递给宾客，在生产者、经营者和消费者之间起沟通作用。

1. 主要广告媒介的运用

（1）报纸。报纸是餐饮广告常用的媒介。

优点：时间性强，消息迅速；广告费比电视便宜；可直接引起消费者的购买行为；灵活性较大，覆盖面广。

要树立良好的餐饮市场形象，一是经常刊登广告，反复传递重要广告词句；二是偶尔刊登广告介绍最新信息、新的服务项目等。

在选择刊登广告的报纸时，应考虑报纸的内容特点、读者对象、出版时间、广告位置、大小、色彩和广告费用等因素。

缺点：色彩单调，无法穿插声音和动作，外观缺乏吸引力，其作用时间短暂。

(2) 电视。

优点：宣传范围广泛；表现手段和形式丰富多彩；宣传的影响和作用巨大；便于重复宣传；直观性强；声誉高。

缺点：广告费用高，缺乏选择性，且转瞬即逝，观众看后极易忘记。

(3) 户外广告。在交通路线、商业中心、机场、车站等行人和车辆较多的地方设立路边广告牌、标志牌，进行餐饮推销。常用的户外广告有广告牌、空中广告、餐厅招牌等。

优点：信息传播面广；费用较低；持续时间长；可选择宣传地点。

(4) 交通广告。指设在飞机、火车、轮船、汽车等交通工具上的广告。这些广告内容一般有餐饮企业的名称、地址、电话、服务项目以及如何前往等。这类广告可引起顾客的兴趣，其广告效果相当显著。

2. 广告应注意的问题

(1) 开业准备不充分，不要超前做广告。有些餐厅做出开业的广告后，由于装饰工程未完成，没有按期开业，只好写致歉书请宾客原谅；有些餐厅仓促开业，设施设备未完全到位，宾客需求无法满足；有些餐厅在菜品质量和服务质量差的情况下超前做广告，等宾客上门时，服务又跟不上。这样，不但起不到好的作用，反而得罪顾客，造成不良影响。

(2) 餐厅广告必须做到诚实无欺。以诚待客是经营成功的基础。因为餐厅追求的是持续的效益，搞欺诈尽管有可能会一时获利，但最后受损失的仍然是餐厅本身。

(3) 标题短小明快。餐饮广告的标题要短小，开门见山，一般标题 8 个字以内为好。通过广告的作用使顾客一下被吸引住，自愿地到餐厅就餐，这样就会收到比较好的效果。

(四) 其他促销方法

1. 免费品尝

推出新品种最有效的方法之一便是免费赠送食品给宾客品尝。让消费者在不花钱的情况下品尝产品，他们定会十分乐意寻找产品的优点。由于不花钱食用产生的感情联系，使宾客乐意宣传你的产品。

2. 有奖销售

用奖励的办法来促进餐饮消费，使宾客寄希望于幸运获奖，即便不得奖也算是一种娱乐的方式。

3. 折扣赠送

现在国内的一些餐厅向宾客赠送优惠卡，宾客凭卡可享受优惠价进餐。这实质上也是一种让利赠送的办法。有时，一些宾客来就餐也许并不在乎一点点折扣，却在乎脸面、在乎身价。

4. 宣传小册子

设计制作宣传小册子的主要目的是向宾客提供有关餐饮设施和服务方面的信息，使他们相信本餐厅的餐饮设施和服务优于其他餐饮企业。宣传小册子一般宽 10cm、长 22cm，可以折叠，以便邮寄和携带。宣传小册子一般是彩色印刷，这样能更吸引人。

宣传小册子一般应包括以下内容：

（1）餐饮企业名称和相关标识符号。

（2）餐饮企业简介。

（3）说明如何抵达；标明交通路线图。

（4）电话号码。

（5）地址。

（6）更多信息由哪个部门提供或与谁联系。

（7）内部的设施、食品和服务的特色等。

（8）附近的旅游景点等。

5. 赠券优惠

赠券是餐饮营业推广的重要工具，它为宾客提供了代替他人购买餐饮产品和服务的机会。

6. 邮寄推广

邮寄推广指通过邮局向客户寄邮件进行营业推广。邮件一般包括信件、回函单、餐饮企业刊物、新闻稿、复印件、日历、菜单、明信片、公告、小册子以及其他印刷品等。

（五）餐饮推销注意事项

1. 推销注意要点

（1）宾客只对自己的爱好感兴趣，推销一定要有针对性，投宾客之所好。

（2）永远赞同宾客的观点，即使宾客提出一个错误的观点，也不要与其争辩。

（3）访问宾客一定要专门拜访，千万别说，“我是顺便来看看”。

（4）学会使用名人效应，告诉宾客某某要人或某某重要组织曾在餐厅举办过宴会，并给予了很高的评价。

（5）第一次访问失败后不要气馁，要有恒心和毅力。

（6）不要做出不能履行的承诺。

（7）不管餐饮企业的名气多高、生意多好，都不要摆架子。在客人面前要谦虚有礼。

（8）如果餐饮产品或服务设施在某一方面有明显优势，强调这一点就够了。

2. 推销对话过程中的常见错误

（1）垄断对话，滔滔不绝，试图指导和控制对话的方向，不给宾客说话的机会。

（2）打断宾客的谈话，宾客说话时不注意倾听，走神或东张西望。

（3）废话太多，漫无边际。

（4）说话速度太快，给人以紧张和压抑的感觉。

任务实施

步骤1：确定活动主题，选定活动方式。

餐饮促销活动的主题，是确定和影响整个活动一切工作的依据。活动的主题，必须具有独特性。既不能人云亦云，步人后尘，更不可哗众取宠、故弄玄虚。确定促销活动的主题，必须兼顾时令性和技术力量的来源，以确保活动能如期举办并取得好效果。

确定活动主题的同时，应选择好举办活动的方式。比如，饭店在公共场所举办开放式冰淇淋食品节，同时举办吃冰淇淋比赛，不仅能吸引众多客人参加，还可以增加其新闻价值，从而扩大对活动和对餐馆的宣传报道。无论哪种促销活动，都应针对其目标顾客，计划、选定活动举办的方式，如自助餐、套餐、宴会、零点、外卖或综合几种方式举办等。

步骤2：编排活动计划，指定促销菜单。

编排全面详细的活动计划，可以避免活动期间的差错，尤其是要请外地、外单位的人员来本饭店厨房主持的促销活动，计划应包括活动起止日期、每天生产和营业时间、场地、用具、人员、原料的组织和人员费用等。对有外单位技术人员参加的促销活动，还应将其抵达饭店工作的日期、人员要求及数量，以及其在本饭店的接待安排情况全部计划在内。

提前制定一份富有新意和吸引力的促销菜单（包括小吃、点心等）是十分重要的。菜单风味品种的选定要突出活动的特点，充分考虑厨房的技术力量，结合整个活动计划，合理安排原料的筹措与菜品的制作。菜单不仅要突出活动的主题，还要合理进行菜点搭配组合，进而测算每份菜的成本、毛利和售价。为了保证菜单品种的如期推出和出品质量，至少应将所有推出菜点的主料、配菜及配菜小料和盛器与装盘规格，列表做出明确规定。如果可能，及时给每一菜点制定标准化菜谱，这样不仅对生产操作极为有利，对厨房的成本控制也是十分有用的。

步骤3：落实人员、场地、计划安排时间。

如果促销活动是依靠本饭店厨房内部的技术力量举办的，则要指定专人分别负责活动期间的各类食品生产，并同时协调安排好其他正常生产营业工作。如果遇到厨房人手紧张的时候，也应调剂、落实各岗位人员，以保证活动的正常进行。要根据促销活动菜点生产制作和服务的需要，提供必需的场地。如有可能，尽量将食品生产与餐厅销售集中在同一楼层、同一区域。

一般促销活动都选择在本饭店餐饮业务较淡的季节，尽管如此，也应安排好活动开展的起止及生产和营业时间，以便及时组织货源，保证原料新鲜、营养卫生和食用方便。如果既定的促销活动万一碰到厨房生产比较繁忙的时候，更要作好详细的时间计划，力求使有限的场地、设备用具发挥更大的作用。

步骤4：组织货源，调剂用具设备。

促销活动开始之前，菜单确定之后，一个很重要的工作就是筹措促销活动所需的各种原料，不仅要备齐促销活动推出菜点的主料、配料，同时还要根据促销活动用料清单，想方设法备全各种调味品、盛装器皿和装饰用品。例如，药膳促销活动所需要的各种药材，冰淇淋促销活动所需的各种杯边装饰品，宫廷菜促销活动所需的各种金边餐具和餐厅服务人员的头饰和旗袍等。

大多数饭店都不愿为了某一促销活动而专门添置大型的设备和用具。因此，在促销活动举办之前应做好设备用具调剂使用的安排，如能错开生产时间当然最好，比如同样烧烤食品，温度对成品质量影响不十分明显的可提前生产；如果不能错开生产，则应考虑设备和人员是否可以兼用，比如通过培训可以使炉灶厨师既能烹制正常营业菜肴，又能烹制促销活动的菜品；如果上述两点都做不到，则应区分生产必需程度，合理分配现有设备用具的使用，使各项生产和出品能有序进行。

步骤5：开展广告宣传，印刷有关材料。

促销活动的影响大小和成功与否，很大程度上取决于广告的宣传作用。要在促销举办之前，详细计划和分步实施广告宣传活动。要针对促销活动的特点和主题，选择一定的广告宣传媒体，进行相应的广告宣传工作。若促销活动的主题或菜式具有特别意义而又鲜为人知，则更应作详细宣传。促销活动的印刷品除了广告宣传单，还有菜单、酒单等。这些印刷品的设计和印刷质量，应与饭店餐饮规模、档次相适应，既要美观大方，又要突出促销活动的主题，还要注意保持餐厅一贯的宣传风格和强化给客人的印象。

步骤6：试制菜肴，培训生产和服务人员。

促销活动前要对促销活动上即将推出的菜品进行试制，无论是在店外邀请的技术力量，还是本饭店的厨师，都应进行试菜，并根据情况，请饭店主要管理人员及有关行家进行品尝鉴赏。试菜可以了解当地客源市场对菜品的认可和接受程度，如确有必要，对用料和口味可稍作调整。通过试菜制定全面详细的标准食谱，以有利于控制成品和培训、存档之用。借试菜的机会，对参与促销活动的厨师和服务人员进行现场培训，使其充分了解将要生产和推销菜点的用料、制作程序和成品特点，如有典故和相关趣闻，也应一并培训，以增加生产制作的精细程度和服务的情趣。

步骤7：如期布置场地，推出各类食品。

促销活动举办期间，先要设计布置出一定气氛、特定主题的餐厅。餐厅应有一个独特、鲜明的形象，如宫廷菜的雕龙画凤，江南水乡的莲茂谷香，川湘风味的茅舍檐前缀以串串红椒等，给光顾促销活动的客人留下深刻的印象。餐厅的布置也非越地道越逼真越好，有些只宜神似，有某种氛围即可。如促销活动布置一些绿色植被、陈列一些“三菇六耳”便能达到效果。

制作和如期推出各类食品是促销活动组织控制的重点。促销活动期间不仅要保证菜单所列品种如数按时供应，还要注意其规格质量，标准不能低于试菜效果。生产中出现的原料、场地、设备、人手等方面的问题，厨房管理者要随时协调，并做到善始善终，确保广告宣传词的落实和慕名品尝的客人如愿以偿，切不可虎头蛇尾。

步骤8：总结评估，积累资料。

促销活动结束，除了及时清理场地，收拾并妥善处理剩余原料、食品及装饰用品外，应对促销活动全过程进行总结评估，以积累一定的组织筹划、原料采供、生产制作等方面的经验教训，并注意与外邀技术人员搞好关系，做好经济、交通等其他善后工作。无论此类促销活动以后再举办与否，都要做好一定的文字资料积累，为菜肴的推陈出新和其他不时之需做好准备。

任务四　餐饮服务管理

任务布置

某五星级涉外饭店，近一段时间内，客房服务投诉比例持续上升，居高不下，客房部张经理率领部门员工，采用问卷调查方式，依据投诉事件原始记录统计、现场检查记录等，分析客房服务质量症结所在，具体数字如下：

质量问题	卫生条件	服务效率	服务态度	客房设施	服务项目	外语水平	合计
问题数量	231	60	40	22	18	14	385

要求：

（1）请你计算餐饮部主要质量问题所占的比例及累计比例。

（2）请运用 ABC 分析法绘制服务质量问题曲线图，并找出餐饮部质量问题中的 A 类问题。

（3）请结合 4M1E 因素，使用因果分析图分析上述餐饮部主要质量问题存在的原因。

（4）根据分析的原因，制定提高服务质量对策。

相关知识

一、餐饮服务质量的内容

餐饮服务是有形产品和无形劳务的有机结合，餐饮服务质量则是有形产品质量和无形劳务质量的完美统一，有形产品质量是无形产品质量的凭借和依托，无形产品质量是有形产品质量的完美体现，两者相辅相成，共同构成完整的餐饮服务质量内容。

（一）有形产品质量

有形产品质量是指餐饮部提供的设施设备、实物产品和服务环境的质量，主要用于满足客人在生理上、物质上的需求。

1. 餐饮设备设施

餐饮设备设施须齐全、先进、方便、舒适，能够满足客人物质享受和精神享受的需要，这是提高餐饮服务质量的物质基础和硬件要求，也是其基础条件。主要包括以下几项内容：

（1）餐厅容量。酒店须配有各种类型的餐厅，提供各种风味服务，以满足客人多类型、多层次的消费需求。为满足宾客的消费需求，餐厅总座位数最低不少于客房数 ×2 ×80%，若餐饮经营状况良好，流动客多，则可减少一定的餐位数。同时要求餐厅空间宽敞，色调柔和，家具舒适，功能齐全。另外，餐厅温度分布要均匀，空气要清新。

（2）餐饮环境布局。设备配置要齐全、舒适、安全、方便，各种设备的摆放地点和通道尺度要适当，运用对称和自由、分散和集中、高低错落对比和映衬以及借景、延伸、渗透等装饰布置手法，形成美好的空间构图形象。同时，要做好环境美化，主要包括装饰布局的色彩选择运用，窗帘、天花板、墙壁的装饰，盆栽、盆景的选择和运用。

（3）照明。光线柔和，分布均匀。照明装置和控制器要符合国家质量要求，灯光亮度要能适应工作需要，适合客人阅读菜单。高档餐厅灯光照明度应可以调节。

（4）音响。音量要适中，曲目要合适。餐厅内噪声不应超过 50dB，最好控制住 45dB 以内。

（5）家具。家具的选用应考虑客人舒适、服务方便、空间合理。餐厅家具摆放要合理，便于客人进餐行走和服务员操作服务。家具选择和室内装饰要协调，桌椅必须牢固、光滑，式样、高度和色彩、质地必须协调一致，桌椅配套，同时应备有儿童座椅。

（6）餐具、用品。各种餐具要配套齐全，种类、规格、型号须统一，质地优良，与餐厅营业性质、等级规格和接待对象相适应，新配餐具和原配餐具规格、型号一致，无拼凑现象。餐巾、台布、香巾、口纸、牙签、开瓶器、打火机、火柴等各种服务用品配备齐全，酒精、固体燃料、鲜花、调味用品要能适应营业需要。筷子要清洁卫生，不能掉漆、变形，不能有明显磨损的痕迹。

（7）其他。

1）热水温度。餐厅厨房洗碗处水温一般为 70 ~ 80℃。

2）电梯速度适宜。至 3 ~ 4 层楼，电梯上速为 26m/min，下速为 38m/min；至 5 ~ 7 层楼，电梯上速为 38m/min，下速为 53m/min；至 8 ~ 15 层楼，电梯上速为 52m/min，下速为 91m/min。

2. 菜肴花色品种

（1）合理安排菜肴品种，能适合客人多类型、多层次的消费需求。

（2）根据餐厅的营业性质、档次高低、接待对象的消费需求，选择产品风味和花色品种。

（3）花色品种应与厨房烹调技术、原料供应、生产能力相适应。

（4）通常情况下，零点餐厅花色品种应不少于 50 种，自助餐厅应不少于 30 种。咖啡厅应不少于 35 种，套餐服务应不少于 5 ~ 10 种。

（5）产品类型多样，冷菜、热菜、面点、汤类、甜食齐全，各产品结构高中低档应做到比例合理，餐厅产品数量要能适应多方面的消费需求。

3. 餐饮价格

价格合理包括两方面含义：一定的产品和服务，按市场价值规律制定相应的价格；客人有一定数量的花费，就应该享受与其相称的一定数量和质量的产品或服务。如果使客人感到“物有所值”，经营的经济效益和社会效益都能实现。

制定合理的价格考虑的因素：

（1）餐厅各种类型的产品毛利有明显的区别，产品的价格要充分体现质价相符的原则，能够调节市场供求关系。

（2）产品定价以毛利为基础。

（3）中西餐、食品、饮料等分类测算毛利率。

（4）服务等级与服务价格相吻合。

（5）顾客的接受和反应程度。

（二）无形服务产品质量

无形服务产品质量是指餐饮部所提供的劳务服务的质量，主要是指其适合和满足客人在心理上、精神上的需求程度。它具体体现在服务人员的仪容仪表、礼节礼貌、服务态度、服务技能、服务效率和清洁卫生等方面。

1. 仪表仪容

餐厅服务员必须着装整洁规范，举止优雅大方，面带笑容。根据规定，餐厅服务员上班前须洗头，吹风。剪指甲，保证无胡须，头发梳洗整洁，不留长发，牙齿清洁，口腔清新，胸章位置统一，女性化妆清淡，不戴饰物。

餐饮服务的全体从业人员要注重仪容仪表，讲究体态语言，举止合乎规范。要时刻表现出彬彬有礼、和蔼可亲、友善好客的态度，为宾客创造一种入店如归的亲切之感。

2. 礼貌礼节

餐饮服务中的礼貌礼节通过服务员的语言、行动或仪表来表示。同时，礼貌礼节还表达谦逊、和气、崇敬的态度和意愿。餐厅所有人员要将礼貌礼节贯穿于服务过程的始终。

3. 服务态度

从迎宾、就餐到送走宾客，整个餐饮的销售过程自始至终伴随着服务员的服务性劳动。因此服务人员要用良好的服务态度去获得客人的信任与好感，从双方一开始接触就建立起友好的关系。良好的服务态度是进一步做好服务工作的基础，是贯彻“宾客第一”和员工有无“服务意识”的具体表现。

【补充阅读】

良好服务态度主要表现：

（1）面带微笑，向客人问好，最好能称呼客人的姓氏。

（2）主动接近客人，但要保持适当距离。

（3）含蓄、冷静，在任何情况下都不急躁。

（4）遇到客人投诉，按处理程序进行，注意态度和蔼，并以理解和谅解的心理接受和处理各类投诉。

（5）在服务时间、服务方式上，处处方便客人，并在细节上下功夫，让客人体会到服务的周到和效率。

4. 服务技能

服务技能的掌握，是一个由简单到复杂，经过长期磨炼、逐步完善的过程。

5. 服务效率

服务效率是服务工作的时间概念，是服务员为客人提供某种服务的时限。它不但反映了服务水平，而且反映了管理的水平和服务员的素质。为了保证服务效率，必须对菜点烹制时间、规程，翻台作业时间，客人侯餐时间等做出明确的规定并将其纳入服务规程之中，作为员工培训的指南和操作的标准。

餐饮服务效率有三类：其一，使用工时定额来表示固定服务效率，如摆台用五分钟等；其二，使用时限来表示服务效率，如办理结账手续不超过三分钟，接听电话不超过三声等；其三，是指有时间概念，但没有明确的时限规定，是靠宾客的感觉来衡量的服务效率，如点菜后多长时间上菜等。这类服务效率问题在餐饮中大量存在，若是客人等候时间过长，很容易让客人产生烦躁心理，并会引起不安定感，进而直接影响客人对餐饮企业的印象和对服务质量的评价。

6. 安全卫生

餐饮安全状况是宾客考虑的首要问题，因此，餐饮部门要在环境气氛上营造出一种安全的气氛，给宾客以心理上的安全感。

餐饮清洁卫生主要包括餐饮部各区域的清洁卫生、食品饮料卫生、用品卫生、个人卫生等。餐饮清洁卫生直接影响宾客身心健康，是优质服务的基本要求，所以必须加强管理。

有形产品质量和无形劳务质量的最终结果是宾客满意程度。宾客满意程度是指宾客享受餐饮服务后的道德感受、印象和评价。它是餐饮服务质量的最终体现，因而也是餐饮服务质量管理努力的目标。宾客满意程度主要取决于餐饮服务的内容是否适合和满足宾客的需要，是否为宾客带来享受感，餐饮管理者重视宾客满意度自然也就必须重视餐饮服务质量构成的所有内容。

二、餐饮服务质量的特点

（一）综合性

餐厅服务是一个复杂的过程，环节众多。从服务计划的制订。到服务产品提供，服务所依赖的设施设备维修与保养、食物与物品供应、服务得以实现的主体——服务人员的素质与状态，任何一个环节出现问题，都会导致服务链条的断裂，影响服务质量的整体水平。

（二）短暂性

餐厅服务的时间非常短暂，餐饮服务质量的形成过程也相应地非常短暂。对于餐饮企业来说，就要在非常短暂的时间内争取给客人提供一个完美的就餐经历。时间紧迫，要求餐饮企业必须提高工作效率和服务的准确性。另外餐厅服务的生产提供与宾客的消费几乎是同时进行的，不存在检验或退换的可能性，这对每一个餐厅服务人员都是严峻的考验。

（三）协调性

餐饮服务质量是由众多因素构成的，任何一个因素的缺陷都可能使整个服务成为残品、次品。良好的服务质量是以每个环节之间的协调衔接为基础的。特别应该强调“二线保一线，全员创优质”的企业文化，形成以宾客为中心的工作协调机制。

（四）一致性

管理学中的“木桶理论”认为，木桶的盛水量取决于那根最短的木条的长度。餐饮服务质量构成中的环境氛围、产品质量、服务水平等应保持一致的标准，相辅相成。餐饮服务质量可以有自己的强项和特色，但不能有明显的弱项和不足，否则就会影响服务质量的整体水平。

（五）餐饮服务质量认定的主观性和一次性

虽然餐饮服务质量水平是客观存在的，但由于宾客对服务质量的认定存在较大的主观性，而且宾客会传播对餐饮服务质量的评价，影响餐厅的声誉与客源的增减。服务中应有意识地引导宾客，将宾客吸引到餐厅的整个经营活动中来，与宾客建立融洽的客我关系，强化宾客对服务的优质感受，弱化某些“偏见”。

客人对餐饮服务质量的认定同时具有一次性的特点。如果客人经历了一次不愉快的用餐，餐厅就可能失去了再次提供服务的机会。因此，要重视客人的投诉，把它看作是改进服务、补救与客人关系的良机，尽可能让客人对处理结果满意，以不断提高餐厅的服务质量。

三、餐饮服务质量分析的内容

餐饮服务质量的构成因素是服务质量分析的主要对象，如服务态度、礼节、礼貌、语言动作、安全卫生、食品菜点质量、饭店服务质量的稳定程度和产生的质量问题，这就构成了服务质量分析的主要内容。

（一）餐饮服务质量水平分析

以各种信息反馈的资料、检查和考核资料、日常统计数据为依据，正确分析本饭店餐饮服务质量的水平，本饭店与本市、本地区、国内餐饮服务水平相比所处的位置，本饭店餐饮服务质量的绝对水平所处的档次，本饭店餐饮服务质量提高的潜力有多大，有什么不足之处等。

（二）餐饮服务质量的稳定性分析

服务质量的稳定性包括餐饮服务各环节、各工序协调的稳定，相互之间质量水平的稳定，服务水平在时间上的持续性（未发生明显波动）。稳定性分析一般选定一些对质量影响较大的项目，通过图表或数字进行比较做出分析。

（三）餐饮服务质量的问题分析

针对餐饮服务质量，主要分析几个问题：服务质量上出现的问题、产生问题的原因、用什么方法去解决问题等。

四、餐饮服务质量控制的基础

促使餐厅的每一项工作都围绕着给宾客提供满意的服务是进行餐饮服务质量控制的目的。要进行有效的餐饮服务质量控制，必须具备以下三个基本条件。

（一）必须建立服务规程

餐饮服务质量的标准就是服务过程的标准。服务规程即是餐饮服务所应达到的规格、程序和标准。为了提高和保证服务质量。服务员应把服务规程视作工作人员应该遵守的准则，视作内部服务工作的法规。

餐饮服务质量标准制定时，首先，要针对客户群进行多方面的了解和分析，掌握宾客的消费水平和服务需求等；其次，不应照搬照抄别家的标准，应结合本餐厅的产品及服务特点，制定适合自己的有特色的服务规程和标准；另外，服务质量标准的制定要全面、细致，对每一个服务环节都要细细推敲、琢磨，服务顺序、服务时机、服务用语、服务姿态以及对特殊客人的服务和突发事件的处理都要做详细规定。同时，每一项服务质量标准的开始和结尾处都要有与上一道工序和下一道工序的衔接规定，使各个环节相互协调又责任明确。

管理人员的任务主要是执行和控制规程，特别要注意抓好各套规程即各个服务过程之间的薄弱环节。一定要用服务规程来统一各项服务工作，从而达到服务质量标准化，服务过程的程序化和服务方式的规范化。

（二）必须收集质量信息

餐厅管理人员应该知道服务的结果如何，即宾客是否满意，从而采取改进服务、提高质量的措施。质量信息的收集主要来自于三个方面：

第一方面：管理人员依据餐饮服务质量标准，在走动管理的过程中发现问题，并通过与宾客交流等方式收集到的服务质量信息。

第二方面：质量信息来源于一线服务人员。许多餐厅要求服务人员做每餐的工作总结，将当餐客人的消费情况、对产品及服务的评价如实反映到部门，分析整理出有价值的服务质量信息。另外，定期召开前后台沟通会也是获取服务质量信息的有效途径。餐饮服务质量问题往往出现在各环节的衔接处，前台服务与后台生产的沟通可以帮助我们发现问题、解决问题，不断提高服务质量。

第三方面：质量信息来源于宾客。由于餐饮服务质量的认定有很强的主观性，因此宾客对服务质量的反馈信息尤为重要。可以采用调查问卷、反馈卡、电话调查、网上调查等多种方法进行，调查内容一般有以下方面：服务态度是否令宾客满意；服务速度如何；服务是否规范、标准；菜肴质量是否达到宾客期望；接到投诉时，处理是否及时，结果是否令宾客满意；服务还应做哪些改进等。

有效的服务质量信息有助于餐饮企业采取针对性的措施，更好地提高餐饮服务质量水平。

（三）必须抓好员工培训

餐饮服务质量的竞争说到底是人才的竞争，是员工素质的竞争，没有高素质的员工就没有优质的服务。向宾客提供优质服务要求员工选择一种利他的价值观念，为了宾客的利益而约束自己的行为。服务中付出的不仅是辛劳，更要有真诚、热情和智慧。现代餐饮企业的管理人员应该树立以人为本的理念，为员工服务，造就愉快的员工去争取愉快的宾客。

随着餐饮业的不断发展，高素质人才短缺问题越来越严重。特别是一线的部分关键岗位缺少优秀的服务人员。人员素质严重影响了餐饮服务质量的提高。这就要求管理人员必须重视员工培训，通过培训强化员工的服务技能，改变员工的心智模式，激发员工的自身潜能，充分调动员工的积极性和创造性，不断提高员工素质。

实施培训的同时，还要通过建立有效的激励机制，使员工的个人发展与组织目标相结合。通过引导和激发员工的内在需要，促使员工自觉地学习和实践，爱岗敬业，不断提高服务意识和技能，把为宾客提供高质量的服务作为自己的人生追求之一。

【引导案例】

4万元赔偿的教训

北京一家四星级饭店的韩国烧烤餐厅，一对丹麦夫妇带着一个一岁大的婴儿正在进餐，不料婴儿突然从螺丝松动的椅子上摔下来，划破了头皮，引起了客人的强烈投诉。饭店经理建议马上将婴儿送到附近的一家中外合资医院，客人不同意，坚决要求速送北京亚洲急救中心，饭店只好派人将其送去。亚洲急救中心仅床位费每天就高达4 700元人民币，婴儿住了一个月后出院，客人提出要求饭店赔偿7万美元，并将此事告知了中央电视台、中国消费者协会、《人民日报》等数家新闻单位。后经多次协商，双方达成一致意见：饭店赔偿4万元人民币。

思考：1. 此案例的教训是什么？

2. 饭店如何做好质量服务的预先控制？

五、餐饮服务质量控制的方法

根据餐饮服务的三个阶段（准备阶段、执行阶段和结果阶段），餐饮服务质量可相应地分为预先控制、现场控制和反馈控制。

（一）餐饮服务质量的预先控制

所谓预先控制是指为使服务结果达到预定的目标，在开餐前所做的一切管理上的努力。预先控制的目的是防止开餐服务中所使用的各种资源在质和量上产生偏差。预先控制的主要内容有以下几个方面。

1. 人力资源的预先控制

餐厅应根据自己的特点，灵活安排人员班次、数量与岗位，以保证有足够的人力资源。那种“闲时无事干，忙时疲劳战”，或者餐厅中宾客多而服务员少，宾客少而服务员多的现象，都是人力资源使用不当的非正常现象。人员安排时要考虑工作量负荷的相对平衡，同时从人性化管理的角度，充分考虑员工的服务技能技巧及特点，人尽其才地安排到合适的岗位上。

2. 物资资源的预先控制

服务过程是否顺利、高效，餐前准备是基础。根据所掌握的宾客信息和菜单内容准备相应的布件、餐具、服务用具和调味品，并按规定整齐地摆放在固定位置以备用。

3. 卫生质量的预先控制

根据餐厅卫生质量标准，开餐前要进行全面检查，其内容包括环境卫生、设施设备卫生、餐用具卫生等，发现问题，马上催改。

4. 事故的预先控制

开餐前，餐厅主管必须与厨师长联系，核对前后台所接到的客情预报或宴会通知单是否一致，以避免因信息的传递失误而引起事故。另外，还要了解当天的菜肴供应情况，如个别菜肴缺货，应让全体服务员知道。这样，一旦宾客点到该菜，服务员就可以及时向宾客道歉，避免事后引起宾客不满。

（二）餐饮服务质量的现场控制

所谓现场控制是指监督现场止在进行的餐饮服务，使其规范化、程序化，并迅速妥善地处理意外事件。这是餐厅主管的主要职责之一，餐饮部经理也应将现场控制作为管理工作的重要内容，现场控制的主要内容有以下几个方面。

1. 服务程序的控制

开餐期间，餐厅主管应始终站在第一线，通过亲身观察、判断、监督、指挥服务员按标准服务程序服务，发现偏差，并及时纠正。

2. 上菜时机的控制

掌握上菜时间要根据宾客用餐的速度、菜肴的烹制时间等，做到恰到好处，既不要让宾客等待太久，也不应将所有菜肴一下子全部摆上餐桌。餐厅主管应时常注意并提醒掌握好上菜时间，尤其是大型宴会，上菜的时机应由餐厅主管掌握。

3. 意外事件的控制

餐饮服务是面对面的直接服务，容易引起宾客的投诉。一旦引起投诉，主管一定要迅速采取弥补措施，以防止事态扩大，影响其他宾客的用餐情绪。如果是由服务态度引起的投诉，主管除向宾客道歉外还应替宾客换一道菜。发现有醉酒或将要醉酒的宾客，应告诫服务员停止添加酒精性饮料。对已经醉酒的宾客，要设法让其早点离开，以保护餐厅的氛围。

4. 人力控制

开餐期间，服务员虽然实行分区看台负责制，在固定区域服务（一般可按照每个服务员每小时能接待20名散客的工作量来安排服务区域），但是，主管应根据客情变化，进行第二次分工、第三次分工……如果某一个区域的宾客突然来得太多，就应从另外区域抽调员工支援，等情况正常后再将其调回原服务区域。当用餐高潮已经过去，则应让一部分员工先去休息一下，留下一部分人工作到了一定的时间再交换，以提高工作效率。这种方法对于营业时间长的餐厅，如咖啡厅等特别必要。

（三）服务质量的反馈控制

所谓反馈控制是指通过质量信息的反馈，找出服务工作在准备阶段和执行阶段的不足，采取措施加强预先控制和现场控制，提高服务质量，使宾客更加满意。

信息反馈系统由内部系统和外部系统构成。内部系统是指信息来自服务员和经理等有关人员。因此，每餐结束后，应召开简短的总结会，以不断改进服务质量。信息反馈的外部系统是指信息来自宾客。为了及时得到宾客的意见，餐桌上可放置“宾客意见表”，在宾客用餐后，也可主动征求客人意见。宾客通过大堂、旅行社等反馈回来的投诉，属于强反馈，应予以高度重视，保证以后不再发生类似的质量偏差。建立和健全两个信息反馈系统，餐厅服务质量才能不断提高，更好地满足宾客的需求。

六、餐饮服务投诉处理

（一）正确看待投诉

目前，世界各地的现代化酒店都极为重视客人的投诉工作，把它作为收集客人意见的重要来源，通常在每个餐厅、房间都摆上顾客意见书，酒店的管理人员可以通过处理投诉，了解客人的需要和整个服务质量的趋向。

（1）从经济角度上去考虑，客人是我们的老板，是酒店的皇帝，只有客人才能给酒店带来财富，只有客人才能使酒店得以生存。

（2）酒店应给予客人重视感，这样做使客人觉得他真正是这里的主人，他所花费的时间和金钱是值得的。

（3）客人总是对的，并不表示我们永远是错的，而是在客人错的时候，我们将对的地方让给客人，将错的地方留给自己，以达到客人的满足感。

（4）任何人都会以为自己的工作是十全十美的，但是如果没有旁人提醒，他是不会发现自己工作的缺点的，酒店无论在服务素质上下了多少功夫，总不免会受到客人的投诉。

【引导案例】

客人永远是对的

“世界旅馆之父”斯塔特勒，在年轻时当领班，遇到这样一件事：一天有位客人怒气冲冲地直奔服务台投诉，叫值班经理评说服务员和他吵架孰是孰非。值班经理有点为难，因为他根本不知道发生了什么事，不知道他们为何而吵。而那位怒气未消的客人却认定，为什么吵架并不重要，而是吵架这事来说，谁对谁错。值班经理怀疑客人喝多酒了，于是就回答客人：“因为我认识那位服务员要比你认识得早，也了解得多，平时他很少与人争执，今天大吵，肯定你有什么事惹恼了他。”客人听罢，二话没说，马上结账，打道回府。斯塔特勒把此事记了下来，并加上了自己的感想，这就是流传至今的酒店服务座右铭——客人永远是对的。另一句名言出自法国里茨大酒店的创始人塞萨·里茨，他提出了“客人永远不会错”的观点。

思考：1. 如何理解“客人永远是对的”？

2. 怎样正确对待和处理客人投诉以维护酒店声誉和留住客人？

（二）正确认识投诉

（1）有投诉证明酒店有待改进的地方；从管理的角度来看，客人的投诉恰好说明了管理上有漏洞，如各部门工作不协调、筹划不周、计划不全面等，也就反映出酒店的管理是处于一个怎样的水平。处理投诉的目的是，表面上是客人胜利，而实际上是酒店受益。

（2）处理投诉是树立良好形象的机会及宣传完美酒店的过程。处理投诉的过程，也是酒店宣传推销完善酒店的过程，从广义角度讲，处理客人的投诉也是推销工作的一部分，让每一个客人把良好的“口碑”传送给他们的亲友，使公众对酒店产生好感，这种影响是长久、深远的，任何广告都不可比拟。我们应认识到酒店的每个员工都是推销员，推销员必须明确他要推销的产品，作为管理人员，这样的职业意识更为重要。

（3）处理好投诉可以争取回头客和长住客。酒店的宗旨是“顾客至上，服务第一”，客人来自世界各地，属于不同阶层，有各自的文化背景和不同的要求，对客人的要求我们应尽力去满足，使客人感到酒店员工良好的工作作风，我们要帮助客人解决困难，妥善处理客人的投诉，只有这样，才能真正服务好客人，以换取回头客和长住客。

（三）投诉处理的程序和技巧

1. 客人投诉的类型

（1）对设备的投诉。客人对设备的投诉主要包括：空调、灯光照明、音响设备、家具与餐饮卫生等。在投诉发生之前做好检查、维修、保养工作，把投诉减少到尽可能低的限度，才是招客生财之道。

（2）对服务态度的投诉。在客人的潜意识中，他们普遍有一种要享受特权的愿望，这种特权表现在“我是客人，我需要你为我提供服务”等。在服务过程中服务员用友好、热忱的态度对待客人，客人的这种特权愿望就得到了满足。

（3）对服务质量的投诉。任何客人对服务质量都会有一定的要求，无论是单独就餐的客人还是款待亲朋的主人，都不愿长时间地等待，食品或饮料服务不及时或者过快，都可能引起客人的不满。同样，客人既不愿长时间等待，也不愿被催促用餐，特别是西餐的宴会服务。酒和饮料的质量不佳也会引起投诉。

（4）对异常事件的投诉。对这类投诉，餐厅难以预见。如生意没有谈成、比赛输了球等，顾客心情不好，在服务中稍有不慎就可引发投诉，遇到这类问题，只要服务员的态度好，大部分客人都是能谅解的。

2. 宾客投诉心理

（1）求发泄的心理。客人在碰到令他们烦恼、恼怒的事情之后，或者被讽刺挖苦甚至被无礼对待、辱骂之后，心中充满怒气、怒火，要利用投诉的机会发泄出来，以维持他们的心理平衡。

（2）求尊重的心理。客人希望他的投诉是对的，应得到同情、尊重，希望有关人员重视他的意见，向他表示歉意，并立即采取行动。

【引导案例】

恼羞成怒的食客

某酒店的西餐厅里，一位客人点了一个套餐。浓汤上来后，客人一尝，皱起眉头，把服务员叫过来，抱怨说，汤不热、味儿不正，要求重做，还自我介绍他是吃西餐的行家。服务员忙向客人道歉，把汤端回了厨房。

过了一会儿，服务员把汤又端上来，厨师长悄悄跟在边上，客人尝了一口，向服务员表示满意时，厨师长急不可待地出来亮出了事实真相：“老实告诉你，这就是你刚才尝的那盘汤，只不过稍稍热了一下。根本没有重做。现在你怎么说？可见你根本不懂西餐，你是十足的外行。”厨师长如此说出真相。客人恼羞成怒，把他投诉到总经理处。

思考：1. 厨师长错在哪里？

2. 如何在服务中尊重客人？

（3）求补偿的心理。客人在蒙受了一定的损失后向有关部门投诉时，希望能补偿他们的损失，这是一种普遍的心理，如食物不洁希望退换或打折等。许多情况下，客人投诉的目的是综合性的，既有经济上的需求，又有心理上的需要。

任务实施

活动一　排班

班次要根据客人活动规律、劳动量大小及活动区域的集中程度来进行划分。班次安排一般是以岗位或班组为单位进行劳动分工，常见的班次形式有以下几种。

（一）一班制

即工作人员每天同时上下班的形式，又称“单班制”。它的优点是营业时间内没有交接班，缺点是营业时间短，因而对前台人员不合适，只能用于后台服务的行政、后勤人员。

（二）二班制

即一天当中分两批轮班的工作形式。在服务一线的人员，营业时间往往超过8h，为了保证服务的需要，可把员工分成先后两班，每班工作8h，中间有个交接班的过程。同时，考虑到餐饮服务的间隙性，大部分餐厅设一个跳班（机动班），即该班次的工作时间安排在餐厅的营业高峰时间，如10：00—14：00，17：00—21：00。

（三）三班制

即早班，中班，晚班的三班轮班制。在很多供应早餐的餐饮部里，餐厅服务员大都采用三班制。其班次安排大都从每餐的餐前准备到餐后工作完成结束。采用这种排班方式可以延长营业时间并方便客人，缺点是班次增多，排班难度增大，容易出现职责不清的现象。

表5－6是某四星级酒店餐饮部中式零点餐厅和餐饮包间的餐厅服务员的班次安排。

表5－6　某中餐厅服务员班次安排表

工作时间 餐别 / 员工	早餐（自助餐）	午餐	晚餐
员工A	6：00—9：00	10：00—14：00	—
员工B	—	9：00—14：00	16：30—21：00

（四）平衡式上班制

这种形式下的员工每天的工作时间根据实际需要可长可短，在一周或一个月内达到平衡，平衡后平均每天仍为8h。它的优点是人员配备能与工作量相匹配，保证在营业时间内有充足的人力，缺点是管理上较为复杂，员工上下班时间无规律性，容易引起员工反感。

（五）弹性工作制

近年来，弹性工作制在不少餐饮企业内实行，弹性工作制把员工上下班时间分为两部分：一部分为核心工作时间，在这段时间内员工必须到岗，一般为3～4h；二是弹性时间，员工在这部分时间内在管理人员协调的情况下自由选择上下班时间，两部分时间相加为规定的制度工作时间（如8h）。它的优点是员工可以有较多的自由支配时间，缺点同样是管理协调工作量较大。

活动二　组织召开班前会

步骤1：整队，检查仪容仪表和整理着装。

（1）检查仪表仪容、行为举止等方面是否符合酒店及岗位要求，发现不符合要求的立即纠正，要有检查、有讲评。

（2）对《员工行为准则》的执行情况进行检查，并重点强调微笑、问候和关注。

（3）调整员工的情绪，使之以最佳的精神状态投入当日当班的工作。对员工的精神状态注意观察，注意调整员工的情绪，使其以饱满的精神投入到工作中。

检查员工仪容、仪表情况及衣着和精神面貌是第一个程序。散漫的队伍、凌乱的着装影响士气。此时整队者要声音洪亮，铿锵有力。员工收拾起各自的心情，昂首挺胸，呈现出一副积极向上的精神状态。

队形排列可以多样化，因情况而定，可以排行，可以排左右两列，可以两排面对面，人数少还可以围成圆。排行或排列易于上级向下级传达信息，培养士气。面对面的队形和圆形更有利于讨论和交流。

步骤2：点到。

（1）目的：检查出勤并做好考勤记录。

（2）实施办法与要求：被点到者左脚跨步出列，双手自然下垂，成立正姿势。声音洪亮回到：您好！然后退回队伍，右手在上左手在下放于腹前，呈站立姿势。

步骤3："每日一学"。

（1）目的：

1）使团队每个人在上班前获得一个轻松的心态，营造良好的工作氛围。

2）激发学习热情，还没正式上班前我已经学到了一些东西——我又进步了，我又提高了，自信心增强了。

3）锻炼团队成员的语言表达能力。

（2）学习内容：一段有寓意的话，国家时政时事，或经济学常识或者生活小常识，或5min演讲；（具体内容自己拟定）。

（3）实施办法与要求：轮流制，前一个工作日下班前10min由指定的人准备好次日"每日一学"内容，时间控制在5min以内。

步骤4："昨天的记忆"。

（1）目的：

1）增强团队成员之间的互动，积极分享成功经验和工作中的经验体会。

2）使每个人都勇于认识自己的不足或错误，有担当。

（2）内容：向团队说出在前一工作日感触体会最深的一件事情，分享自己的成功经验，勇敢说出工作中的失误教训和改正决心。

（3）实施办法与要求：由当日/当班班前会主持人随机指定的人完成，最好是团队成员毛遂自荐，说出前一个工作日中让自己工作中感受最深刻的一件事情，时间控制在3min以内。

步骤5："总结昨天，忘记昨天，开始今天"。

（1）目的：

1）"总结昨天"旨在让团队其他成员了解自己的工作进展情况，对自己也起到督促作用，克服自身懒散和惰性。

2）“忘记昨天”旨在让自己克服自满情绪，使自己时刻具有挑战能力，嗷嗷叫。

3）“开始今天”旨在培养团队所有成员工作的计划性。

4）锻炼团队成员的语言表达能力。

（2）内容：

1）“总结昨天”——即对前一个工作日的工作完成情况与未完成情况向团队所有人员做一总结和说明。

2）“忘记昨天”——忘掉自己已经圆满完成的工作，准备迎接新的挑战，开展下一项工作。

3）“开始今天”——对当日工作进行大概的计划，理清工作思路和工作重点。

（3）实施办法与要求：实行每人轮流依次发言的办法，主要简述自己前一工作日的重点工作完成情况和当日需要完成的重点工作。

活动三　餐饮服务质量控制

餐饮服务质量管理分析的目的是找出存在的问题，并采取有效措施解决问题，以提高餐饮服务质量。餐饮管理者在对服务质量进行分析时，通常采用 ABC 分析法、圆形分析图法、因果分析图法以及 PDCA 管理循环的方法。

（一）ABC 分析法

ABC 分析法的步骤：

（1）确定分析对象，如原始记录中的服务员工作记录、顾客意见记录、质量检查记录、顾客投诉记录等能如实反映质量问题的数据。

（2）根据质量问题分类画出排列图。

（3）通过各类问题所占比例找出主要问题。

（4）将分析结果总结出的问题分别采取措施并加以解决。

【补充阅读】

某饭店利用调查表向宾客进行服务质量问题的意见征询，共发出 150 张表，收回 120 张。其中，反映服务态度较差的 55 张，服务员外语水平差的 36 张，餐饮菜肴质量差的 24 张，饭店设备差的 4 张，失窃的 1 张。

（二）圆形百分比分析图法

圆形分析法采用圆形图，把所有问题按照百分比画到一个圆里面进行观察分析。例如，某餐厅在一个星期内随机调查了 100 位顾客对餐饮服务的意见，根据数据统计得出了百分比分析图（图 5－2）。

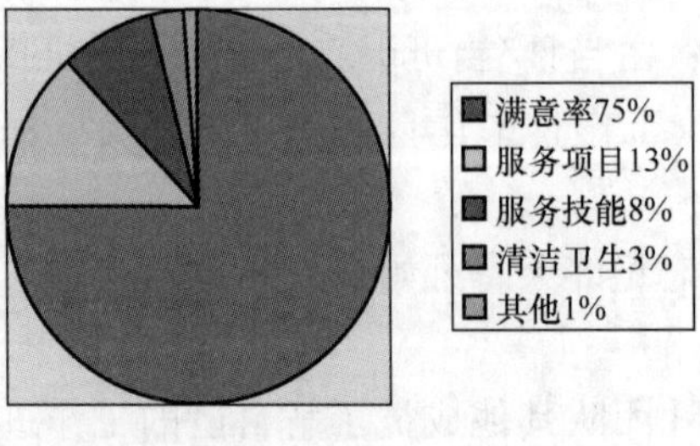

图 5－2　圆形分析图

由图分析可知，本餐厅当前需要重点解决的服务质量问题是增加服务项目和提高服务技能。

（三）因果分析图法

这是利用因果分析图对质量问题产生的原因进行分析的方法。

影响服务质量的原因较多，有五大类，这就是人（Man）、设施（Machine）、材料（Material）、方法（Method）和环境（Environment），称为4M1E因素。

（1）人：首先，餐饮服务工作与顾客的健康、心理等密切相关，这是顾客十分关心的。其次，餐饮服务工作是面向人的工作，面对面的服务是它的主要形式，即使不是面对面的服务，也与顾客需求质量相联系并有很大影响。作为服务者——员工，其服务工作的质量高低对整个餐厅服务质量的好坏起着关键性的作用，因此，要特别重视人的因素。

（2）设施：设施是饭店向顾客提供优质服务的物质基础，设施的完备和完好程度直接影响到顾客的需求满意程度。

（3）材料：这里所说的材料是指用于餐饮服务工作的所有材料，包括有形的物质材料（如食品材料）和无形的材料（如各种信息），这些材料对宾客需求满意程度的影响是显而易见的。

（4）方法：服务方法既是规律的又是灵活的，它包括服务技能、服务方式、服务程序、服务技巧以及管理方法等，服务方法是影响餐饮质量的一个重要因素。

（5）环境：服务环境直接影响到顾客的需求满意程度，这种影响是综合性的。环境差，会使功能性、经济性、文明性等不能正常发挥，使安全性、时间性不易保障，使舒适性大为逊色。

因果分析图法是整理分析影响服务质量的各因素之间关系的一种方法，它通过带箭头的直线，将质量问题与原因之间的关系表现出来（图5-3）。

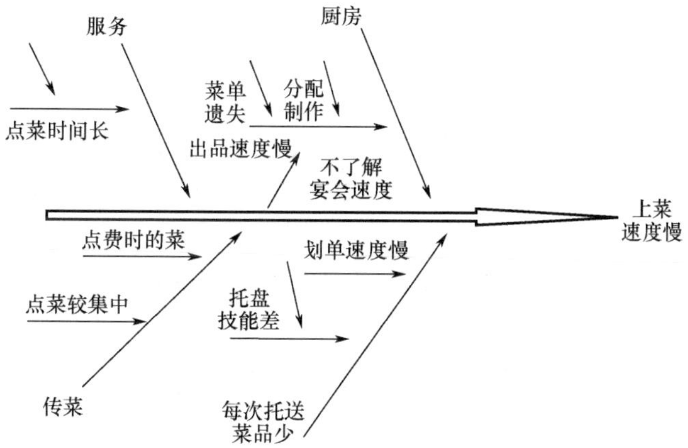

图5-3　问题因果分析图

分析步骤：

（1）找出质量问题，确定分析的内容。

（2）发动员工共同寻找产生质量问题的原因。

（3）将找出的原因进行整理后，按原因大小画在图上。

在进行分析时，要深入调查，请各方面人员参加，以听取不同意见。对原因的分析应详细到能采取具体解决措施为止。

（四）PDCA 循环法

1. 实施 PDCA 循环的 8 个步骤（图 5－4）

Plan 阶段：分析现状，找出存在问题；分析产生问题的原因（人、设施、环境、商品）；找出主要影响因素；制订解决问题的计划措施。

Do 阶段：严格执行预计计划。

Check 阶段：检查计划执行情况。

Action 阶段：总结经验教训，实行标准化；提出遗留问题，转入下一个循环。

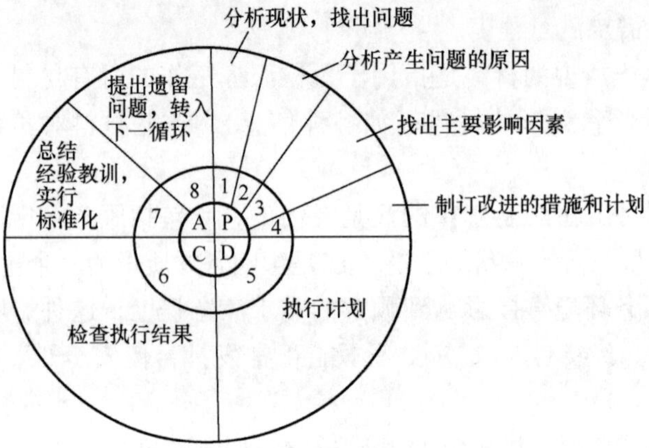

图 5－4　PDCA 循环图

2. 在运用 PDCA 循环工作法时应注意的问题

（1）PDCA 循环作为一种工作程序是周而复始不断进行的，这种循环逐步提高，呈螺旋式上升。

（2）PDCA 循环在各级都可运用，即饭店大环套部门环，部门环套班组环。大环套小（套）环，小环运动组成大环运动，大环运动又推动小环运动，大环与小环相互促进，彼此协调。

（3）PDCA 循环质量的关键是 A 阶段，即做好总结处理工作是推动质量提高的保证。

（4）运用 PDCA 方法时要排除枝节问题，选准目标，并在制订措施计划时进行时间控制，以提高管理效率。

（5）在运用 PDCA 循环的过程中，要做好各个步骤环节的原始记录，以便作为兑现奖惩的依据，从而使整个运动过程和循环系统充满生气。

活动四　处理客人投诉

步骤 1：承认客人投诉的事实。

为了很好地了解客人所提出的问题，必须认真听取客人的叙述，使客人感到他提出的问题受到了重视。倾听时应注视客人，不时点头示意表示理解明白，并表达歉意。为了使客人能逐渐消气息怒，还应对事件作好笔录，以示对客人的尊重。

步骤2：表示同情和歉意。

应设身处地考虑分析问题，对客人的感受要表示理解，用适当的语言给客人以安慰，如“谢谢您告诉我这件事”“对于发生这类事件，我感到很遗憾”“我完全理解您的心情”等。假如餐厅对客人提出的抱怨或投诉事宜负责，或者将给予一定赔偿，这时餐厅应向客人表示歉意，并说：“我们感到十分抱歉，先生。我们将对此事负责，感谢您对我们餐厅提出的宝贵意见。”在与客人交谈的过程中，注意用姓名来称呼客人。

步骤3：同意客人要求并决定采取措施。

当我们接到投诉时，应理解客人的心情，明白投诉事件的经过。当我们采取补救措施时，应征得客人的同意，将要采取的措施内容或行动计划有礼貌地通知客人，这样才会有机会使客人的抱怨变为满意，并使客人产生感激的心情。我们可采用问询语的方式以征求客人对即将采取改正措施的认可和同意。如“王先生，我们这样处理，您看是否合适?”“李小姐，假如我这样去做，你喜欢吗?”等。

步骤4：对客人的批评指教要充满感激之情。

我们经常会看到许多餐厅有这样两句广告词：“如果满意，请告诉您的朋友，如果不满意，请您告诉我。”如果客人遇到不满意的服务，他不告诉餐厅服务人员，也不提出投诉，但他把自己的不满告诉他的家人和朋友，这样就会极大地影响餐厅的未来客源市场，影响餐厅的声誉。为此，当餐厅遇到客人的批评、抱怨甚至投诉的时候，不仅要欢迎，而且要表示感谢。感谢客人给餐厅重新改正的机会。例如“谢谢您，刘先生，您及时让我们知道服务中的差错，太感谢您了!”

步骤5：要认真落实补偿客人投诉的具体措施。

处理客人投诉并获得良好效果，其中重要的一环便是落实、监督、检查自己采取的纠正措施。其一，要使改进措施顺利进行；其二，要使服务设施及服务水准均处于最佳工作状态；其三，要了解客人对处理结果的满意度。许多对餐厅怀有感激的客人，往往是那些因投诉问题得到妥善处理而感到满意的客人。

学习评价

一、基础知识测试

（一）填空题

1. 餐厅的每一道菜都要有（　　），每种原料都要有（　　），这样才能保证菜肴的质量稳定。

2. （　　）是先购进原料并生产出产品，之后再进行促销。

3. 原料加工的净料率一般包括（　　）和（　　）。

4. 冷菜又称（　　），通常是以开胃、佐酒为目的，大多是以常温或低于常温的温度出品的菜肴。

5. 餐饮促销分为两大类，即对外促销和对内促销。（　　）指为招徕宾客所做的一切工作。（　　）指采取措施使来到餐厅的宾客最大限度地消费。

（二）不定项选择题

1. 味，即味道，是菜点的灵魂。（　　）是五种基本的味道，基本味道的不同组合可以调制出各种各样的菜点口味。

A. 酸　　B. 甜　　C. 苦　　D. 辣　　E. 咸

2. 餐饮广告是通过设置广告物，如餐厅招聘、食品陈列以及通过（　　）等媒介，把有关餐饮产品和服务的知识、信息有计划地传递给宾客，在生产者、经营者和消费者之间起沟通作用。

A. 刊物　　B. 广播　　C. 电视　　D. 人员

3.（　　）是餐饮广告常用的媒介。其优点是时间性强，消息迅速；广告费比电视便宜；可直接引起消费者的购买行为；灵活性较大，覆盖面广。

A. 报纸　　B. 电视　　C. 户外广告　　D. 交通广告

4. 推出新品种最有效的方法之一便是（　　）给宾客品尝。让消费者在不花钱的情况下品尝产品，他们定会十分乐意寻找产品的优点。

A. 免费赠送食品　　B. 有奖销售　　C. 折扣赠送　　D. 优惠券

5.（　　）是确定和影响整个活动一切工作的依据。活动的主题，必须具有独特性。既不能人云亦云，步人后尘，更不可哗众取宠、故弄玄虚。

A. 餐饮促销活动的主题　　B. 落实人员、场地、计划安排时间

C. 组织货源，调剂用具设备　　D. 计划分工

（三）判断题

1.（　　）餐饮企业的日常运作从总体上可分为四大环节，即进货环节、生产环节和销售环节以及服务环节。这四大环节是一个有机整体，即餐饮企业要满足客人的需求，而食品原料的采购又必须满足生产的需求。

2.（　　）货库应保持干燥，相对湿度应控制在50%～60%，谷物类可再低些，以防霉变。

3.（　　）冷冻库的温度一般控制在－23～－18℃，这种温度有利于原料长时间贮存。

4.（　　）一般的葡萄酒可在室温下贮存，名贵的红葡萄酒在12～15℃贮存，名贵的白葡萄酒在10～12℃贮存。

5.（　　）为使仓库保管员有充足时间对库房进行整理，检查各种原料的库房情况，通常饭店都规定上午两个小时和下午两个小时为全天的发料时间（如上午8：30—10：30；下午14：30—16：30），其他时间除紧急情况外一律不准领料。

二、能力训练

（一）个人能力训练

某饭店一月一次采购菠萝罐头。菠萝罐头的消耗量为平均每天20罐，正常订货周期为4天。在当月的订货日，仓库保管员通过盘点，发现库存菠萝还有80罐。饭店确定菠萝罐头的保险储量为订购期内需用量的50%，则需订货数量是多少？

（二）团队能力训练

案例分析1：

某餐饮公司近日发生了一件事情：此公司于2008年5月份成立，招聘了一位采购人员，并由此采购人员联络了一系列相关供应商，并从该人员原先所在餐厅挖了一批厨房的精英过来。在此期间，此采购员通过高价采购、给供应商回扣来获利，并于当年9月份自己开了一家与此餐饮公司一样的餐厅。该采购员打算等时机成熟后，将原先他带过来的精英连同餐厅另一批表现优秀的服务员一起带走。公司现在虽已基本掌握这个情况，也已经找到此人自己经营的餐厅的地址，而且大概知道哪些人参与了此事，但苦于没有确切证据，不知究竟如何处理是好。

问题：

（1）如何解决采购回扣问题？

（2）如何解决同类餐厅开业问题？

（3）如果公司想解决当前的问题，并保持公司正常运转，需要做的工作有哪些？

案例分析2：

某晚，李先生与夫人邀请了一位好友到某餐厅就餐小聚。三人久未谋面，谈兴很浓，且菜肴味道很好，整个用餐过程十分愉快，酒足饭饱，李先生未认真看菜单就欣然支付了200多元餐费。回家的路上，李夫人无意间又拿出那张账单看了两眼，这一看不打紧，突然发现了一个问题，只见账单上列了一个消费项目：小毛巾30元，单价2元。“这就是说我们三人一顿饭用了15条小毛巾！”李夫人说。“怎么可能！”李先生十分生气，“这家餐厅还很有名气呢！我们得回去和他们说说。”回到饭店餐厅后，李先生径直走向一名领班处，对其说：“我们刚才在你们这里用餐，你们好像把账单给弄错了，这是账单，你们自己看看吧。”领班看了账单后，对李先生说：“请等一下，我去找主管。”一刻钟后，主管走出来，请李先生坐下后，直接说道：“实在对不起，我们把您的账单弄错了，小毛巾的数量是不对，多收了您钱，刚才实在是太忙了，收银员又是新手，所以结账时出现了错误，希望您能原谅。您是几位在这里用餐呢？”“三位。”“那我们多收了您12条小毛巾的款，这是多收您的24元钱，请您收好。”此时，李先生觉得心里有种说不出的滋味……

问题：1. 你如何看待本例中主管对此事的处理方法？

2. 饭店管理层应如何避免此类事件再次发生？

附　录

附录1　餐厅服务员国家职业标准

1. 职业概况

1.1　职业名称

餐厅服务员。

1.2　职业定义

为顾客安排座位，点配菜点、进行宴会设计、装饰、布置，提供就餐服务的人员。

1.3　职业等级

本职业共设五个等级，分别为：初级（国家职业资格五级）、中级（国家职业资格四级）、高级（国家职业资格三级）、技师（国家职业资格二级）、高级技师（国家职业资格一级）。

1.4　职业环境条件

室内、常温。

1.5　职业能力特征

头脑灵活，具有迅速领会和理解外界信息的能力，并具有准确的判断能力，较强的语言表达和理解能力，准确的运算能力，手、脚、肢体动作灵活、协调，视觉敏锐，能准确地完成既定操作。

1.6　基本文化程度

初中毕业。

1.7　培训要求

1.7.1　培训期限

全日制职业学校教育，根据其培养目标和教学计划确定。晋级培训期限：初级不少于400标准学时；中级不少于350标准学时；高级不少于250标准学时；技师不少于150标准学时；高级技师不少于100标准学时。

1.7.2　培训教师

培训初级或中级餐厅服务员的培训教师必须具有本职业高级以上职业资格证书或本专业讲师以上专业技术职务；培训高级餐厅服务员的教师必须具有本职业技师以上职业资格证书或本专业高级讲师以上专业技术职务；培训技师的教师必须具有本职业

高级技师职业资格证书或本专业高级讲师以上专业职务；培训高级技师的教师应具有本职业高级技师职业资格证书 2 年以上或具有相关专业高级专业技术职务。

1.7.3 培训场地设备

满足教学需要的标准教室。模拟教学场地布局合理，设备、设施齐全，符合国家有关安全、卫生标准。

1.8 鉴定要求

1.8.1 适用对象

从事或准备从事本职业的人员。

1.8.2 申报条件

——初级（具备以下条件之一者）：

（1）经本职业初级正规培训达规定标准学时数，并取得毕（结）业证书。

（2）在本职业连续见习工作 2 年以上。

（3）本职业学徒期满。

——中级（具备以下条件之一者）：

（1）取得本职业初级职业资格证书后，连续从事本职业工作 3 年以上，经本职业中级正规培训达规定标准学时数，并取得毕（结）业证书。

（2）取得本职业初级职业资格证书后，连续从事本职业工作 5 年以上。

（3）取得经劳动保障行政部门审核认定的，以中级技能为培养目标的中等以上职业学校本职业（专业）毕业证书。

——高级（具备以下条件之一者）：

（1）取得本职业中级职业资格证书后，连续从事本职业工作 4 年以上，经本职业高级正规培训规定标准学时数，并取得毕（结）业证书。

（2）取得本职业中级职业资格证书后，连续从事本职业工作 7 年以上。

（3）取得高级技工学校或经劳动保障行政部门审核认定的，以高级技能为培养目标的职业学校本职业（专业）毕业证书。

（4）取得本职业中级职业资格证书的大专以上毕业生，连续从事本职业工作 2 年以上。

——技师（具备以下条件之一者）：

（1）取得本职业高级职业资格证书后，连续从事本职业工作 5 年以上，经本职业技师正规培训达规定标准学时数，并取得毕（结）业证书。

（2）取得本职业高级职业资格证书后，连续从事本职业工作 8 年以上。

（3）取得本职业高级职业资格证书的高级技工学校毕业生，连续从事本职业工作 2 年以上。

——高级技师（具备以下条件之一者）：

（1）取得本职业技师职业资格证书后，连续从事本职业工作 3 年以上，经本职业高级技师正规培训达规定标准学时数，并取得毕（结）业证书。

（2）取得本职业技师职业资格证书后，连续从事本职业工作 5 年以上。

1.8.3 鉴定方式

分为理论知识考试（笔试）和技能操作考核。理论知识考试满分为100分，60分以上为合格。理论知识考试合格者参加技能操作考核。技能操作考核分项打分，满分为100分，60分以上为合格。技师、高级技师还须进行综合评审。

1.8.4　考评人员和考生的配比

理论知识考试每个标准考场每30名考生配备2名监考人员；初级、中级技能操作考核每2名考生配备至少1名考评员，高级、技师、高级技师技能操作考核每1名考生配备1名考评员。

1.8.5　鉴定时间

理论知识考试为120min；技能操作考核初级30min，中级40min，高级50min，技师、高级技师90min。

1.8.6　鉴定场所和设备

理论知识考试在标准教室里进行，技能操作考核场所要求在正规的餐厅或等同于正规餐厅的模拟餐厅，桌椅、工作台等必备物品齐全，设备、设施安全，卫生符合国家规定标准。

2. 基本要求

2.1　职业道德

2.1.1　职业道德基本知识

2.1.2　职业守则

（1）热爱本职工作，忠于职守，对消费者高度负责。

（2）热忱服务，讲究服务质量，自觉钻研业务，紧跟社会发展需要，不断开拓创新。

（3）树立为人民服务的思想，顾客至上，尊师爱徒。

（4）讲文明，讲礼貌，遵守国家法律及政策法规。

2.2　基础知识

2.2.1　饮食服务卫生知识

（1）食品卫生基础知识。

（2）食品卫生质量的鉴别方法。

（3）预防食物污染、食物中毒和有关的传染病。

（4）饮食业食品卫生制度。

（5）中华人民共和国食品卫生法。

2.2.2　礼节礼貌知识

2.2.3　饮食风俗与习惯

2.2.4　服务安全知识

3. 工作要求

本标准对初级、中级、高级、技师、高级技师的技能要求依次递进，高级别包括低级别的要求。

3.1 初级

职业功能	工作内容	技能要求	相关知识
一、接待服务	（一）接待	能准确、规范地使用文明礼貌用语，热情、规范地接待顾客，微笑服务	
	（二）菜肴、食品介绍及服务	能耐心向顾客介绍菜肴、食品，并将顾客所选菜肴、食品清楚准确地填入菜单	零餐接待服务知识
二、餐巾折叠	（一）餐巾折叠	能运用不同的折叠技法将餐巾折叠成20种以上的花形，花形规范有形	1. 餐巾折叠技艺知识 2. 根据风俗习惯选择餐巾花形的知识
	（二）餐巾花的选择、插放与摆设	餐巾花选择、插放、摆设要协调、艺术	
三、端托服务	（一）理盘	能按卫生要求整理托盘，达到无菌、整洁、美观、安全、方便服务的要求	1. 托盘使用知识 2. 端托服务形体训练知识
	（二）装盘	能按规范装摆物品，码放整齐、合理，重量分布适宜	
	（三）端托	1. 托盘能端托到位，端托平稳 2. 能按所托物品选择适宜的步伐	
四、摆台服务	（一）选择餐台	能根据客人就餐人数选择适宜的餐台	1. 摆台的基本知识及操作规范 2. 摆台卫生知识
	（二）铺台布	能按规范铺台布	
	（三）摆台	1. 能按就餐需要及摆台规范标准，摆放餐、酒用具 2. 能做到餐台及餐、酒用具摆放规范，符合客人要求，便于服务操作	
五、酒水服务	（一）选酒（饮料）并开启	1. 能准确、及时地向客人提供酒（饮料）单 2. 能根据酒（饮料）的种类，选用适当的方法开启酒（饮料）容器	1. 酒类基本知识 2. 饮料基本知识 3. 酒服务知识 4. 斟酒形体知识
	（二）斟酒（饮料）	1. 能准确选择斟酒（饮料）位置，采用标准姿势和正确程序为顾客斟酒（饮料） 2. 能做到斟酒（饮料）量恰当，保证斟酒（饮料）服务安全	
六、上菜服务	（一）介绍菜名	1. 能准确报出菜品名称 2. 能介绍菜品特点 3. 能介绍特殊菜品的食用方法	一般菜肴介绍
	（二）上菜	1. 能采用正确的程序和规则上菜 2. 能准确选择上菜位置，动作规范、准确 3. 上菜能规范摆放，保证操作安全	1. 上菜的基本程序和规则 2. 上菜的礼节

续表

职业功能	工作内容	技能要求	相关知识
七、撤换菜品及餐、酒用具	(一) 撤换餐、酒用具	能按礼仪及卫生规范要求，正确、及时地撤换就餐餐、酒用具	撤换菜品及餐、酒用具的知识
	(二) 撤换菜肴、食品	能按进餐速度及时撤换餐台上的残菜	
	(三) 撤换餐巾、毛巾、台布	1. 能根据客人用餐中餐巾、小毛巾的使用情况及时进行补充、撤换 2. 收台后能及时撤换台布	

3.2 中级

职业功能	工作内容	技能要求	相关知识
一、接待服务	(一) 接待	能主动引客入座，并热情服务	1. 名菜、名点的特点 2. 零点、团体菜单的编配知识
	(二) 点配菜点	1. 能主动介绍特色菜点 2. 能按顾客需求，编配团体餐菜单	
二、餐巾折叠	折叠餐巾	能运用不同技法，折叠30种以上餐巾花形（杯花、盘花），形象逼真	餐巾折叠技艺
三、摆台服务	(一) 餐前准备	开餐前能做好菜单、酒水（饮料）、餐具、用具等各项准备工作	宴会摆台知识
	(二) 中、西餐宴会餐台布局与摆设	1. 能根据宴会需要，选择适宜的餐台，合理安排宴会餐台布局及摆设 2. 能正确安排宴会的宾主桌次与座次	
四、酒水服务	(一) 特殊酒水开启	能够运用正确方法开启特殊酒水	1. 中国酒的分类与特点 2. 外国酒的分类与特点 3. 特殊酒水的开启、饮用方法
	(二) 特殊酒水服务	能够运用正确方法进行特殊酒水斟倒服务	特殊酒水斟酒服务程序
	(三) 酒水保管	能够进行酒水日常保管及服务中保管	酒水日常保管方法
五、分菜服务	(一) 分菜	能够运用正确方法进行宴会分菜服务	分菜服务的基本原则与方法
	(二) 分鱼	按鱼的不同品种及烹调方法，能独立完成各式整形鱼的分让服务	1. 整形菜拆分原则及操作规范 2. 常见水产品的种类与服务知识 3. 畜、禽类原材料的品种、加工与服务知识

续表

职业功能	工作内容	技能要求	相关知识
五、分菜服务	（三）整（造）型菜拆分	能对整鸡、整鸭及整体造型菜肴进行拆分服务，做到手法准确，动作利落，符合卫生要求和操作规范	1. 整形菜拆分原则及操作规范 2. 常见水产品的种类与服务知识 3. 畜、禽类原材料的品种、加工与服务知识
六、餐、酒用具管理	（一）餐、酒用具的配备、使用	1. 能正确配用餐、酒用具 2. 能按就餐顾客的实际需求配备相应数量的餐、酒用具	餐具、酒具、用具的配备、使用与保管知识
	（二）餐、酒用具的合理保管	能对使用后的餐、酒用具进行妥善保管	

3.3 高级

职业功能	工作内容	技能要求	相关知识
一、接待服务	接待	能够运用恰当的语言艺术独立接待中外就餐宾客	餐厅服务艺术用语
二、摆台服务	（一）中、高档宴会餐厅布置	能独立布置宴会厅，达到规范、典雅、方便、适用的要求	餐厅的布局、装饰与陈设知识
	（二）中、高档中餐宴会摆台	能独立完成中、高档中餐宴会摆台操作	中餐宴会摆台知识
	（三）中、高档西餐宴会及甜点摆台	能独立完成中、高档西餐宴会及西餐甜点摆台操作	1. 西餐宴会摆台知识 2. 西餐甜点摆台知识
	（四）中、西餐宴会餐台插花	能独立完成中、西餐宴会餐台插花	餐台插花知识
	（五）冷餐会、自助餐、茶话会、酒会摆台	能合理布置冷餐会、自助餐、茶话会、酒会餐厅及餐台	冷餐会、自助餐、茶话会、酒会摆台知识
三、宴会服务	（一）高档酒水质量鉴别与斟倒服务	1. 能运用看、嗅、品的方法对酒品进行鉴别 2. 能进行高档酒水和鸡尾酒斟倒服务	1. 酒品鉴别基本方法 2. 鸡尾酒的种类与特点
	（二）名菜、名点服务	能够进行名菜、名点服务	1. 特殊加工制作菜肴的特点、加工方法及服务 2. 名菜、名点的产地、特点及服务方式

续表

职业功能	工作内容	技能要求	相关知识
三、宴会服务	（三）茶艺服务	能够根据茶的不同饮用方法进行茶艺服务	1. 茶的种类及特点 2. 茶艺服务基本知识
	（四）营养配餐	能根据消费者需求拟定符合营养要求的高档宴会菜单	1. 营养基本知识 2. 宴会菜单的种类、作用和编制方法
四、餐、酒用具管理	高档餐、酒用具的使用、保管	能运用正确的方法使用、保管高档餐、酒用具	高档玻璃、金银器皿等高档餐酒用具的使用与保管方法
五、餐厅管理	（一）经营与销售	能够合理安排人力、物力，组织经营销售	餐厅服务与管理知识
	（二）沟通与协调	1. 能够及时将顾客的消费信息反馈给烹调师及有关人员 2. 能够组织协调餐厅服务与其他各个环节的关系	1. 市场预测知识 2. 服务与消费的关系 3. 餐厅服务与厨房制作的关系
	（三）妥善处理问题	具有一定的应变能力，能解决顾客提出的服务问题	公共关系基本知识
六、培训指导	培训指导	能够对初级、中级餐厅服务员进行指导	

3.4 技师

职业功能	工作内容	技能要求	相关知识
一、宴会组织	（一）特殊宴会的组织	能完成普通宴会、高档宴会、主题宴会、素食宴会、清真宴会等不同类型宴会的食品供应，餐、酒用具的配备、人员的配备与落实等宴会组织与实施工作	1. 宴会的组织与分工知识 2. 餐具、酒具、用具的配备知识
	（二）餐台设计与装饰	能够完成餐台台面的设计，并进行合理的装点美化	1. 餐台台面设计知识 2. 餐厅装饰、布置与宴会设计知识 3. 园艺、绿化知识
	（三）餐厅布局与装饰	能对餐厅内外设备、设施及陈设与布局进行合理设计、调整，达到美观、实用的要求，并利用花草等植物对餐厅环境进行美化	1. 餐台台面设计知识 2. 餐厅装饰、布置与宴会设计知识 3. 园艺、绿化知识

续表

职业功能	工作内容	技能要求	相关知识
二、餐厅管理	（一）组织管理	根据经营销售要求，组织、指挥服务人员完成销售指标	市场营销与导餐服务管理知识
	（二）质量管理	1. 能适应市场发展需求，运用服务设备、设施，改善与创新服务方式，提高服务质量 2. 能按季节、节日调整服务方式及服务供应品种 3. 能够鉴别餐饮产品及商品的一般质量	1. 服务质量与标准知识 2. 食品卫生质量的鉴别方法 3. 食品原材料知识
	（三）成本管理	1. 能正确制定饮食产品价格 2. 能准确计算饮食产品毛利率 3. 能准确计算宴会成本	饮食业成本核算知识
	（四）设备、设施管理	能指导服务人员正确使用及保养餐厅内的设备、设施	餐厅设施、设备的配备与管理知识
	（五）协调管理	1. 能协调烹饪与服务的关系，开展高效益的经营与销售 2. 能反馈消费信息，对菜肴制作提出合理化的改革与创新建议	1. 烹饪与饮食服务的关系 2. 消费与饮食心理需求知识
三、公共关系	（一）妥善处理服务中的突发事件	能够及时、妥善处理服务中的突发事件	妥善处理服务中突发事件的知识
	（二）涉外礼仪	能运用恰当的方式接待不同国家、不同民族、不同地区的顾客	涉外礼仪知识
四、培训指导	（一）专业培训	能够按培养目标要求，组织实施培训	1. 餐厅服务实施与指导 2. 教学法常识 3. 服务心理学知识 4. 餐厅服务与管理 5. 论文写作常识
	（二）日常培训	能对所管辖员工的日常工作随时随地进行指导，讲解关键技术要领，亲自示范，言传身教	
	（三）撰写论文	能够撰写有一定水平的论文	

3.5 高级技师

职业功能	工作内容	技能要求	相关知识
一、餐饮服务的设计与创新	（一）餐饮服务设计	1. 能设计富有时代特色的宴会布置格局 2. 能策划和组织中、西餐大型宴会活动及酒会、自助餐、冷餐会或各种命题的饮宴活动 3. 能进行茶市、舞厅（卡拉 OK 厅）、酒吧、咖啡厅的布置与整体设计	1. 旅游饭店管理知识 2. 餐厅接待服务知识 3. 宴会的组织与服务知识 4. 餐厅的布局、装饰与陈设知识
	（二）服务创新	能结合市场需求，开发、设计新的服务内容，以引导服务工作不断创新、发展	国外餐饮服务发展趋势
二、餐厅管理	（一）日常管理	1. 能合理调配餐厅人员，创造最佳劳动效率 2. 能做好部门、人员协调工作 3. 设置服务接待大事记，能进行宴会档案管理	1. 档案管理常识 2. 公共关系常识 3. 营销基础知识 4. 服务与消费的关系
	（二）解决疑难问题	能够处理服务、销售中出现的各种疑难问题及突发事件	
	（三）经营管理	1. 能够进行市场需求预测，不断修订、调整经营计划 2. 能积极开发新市场，扩大销售量，保证完成经营利润指标 3. 能正确运用服务与消费的关系，制定相应营销策略，成功地推动市场	
三、培训指导	培训指导	1. 能够编制餐厅服务员培训讲义 2. 能够撰写较高水平的论文	教育学、心理学基本知识
四、外语应用	外语应用	1. 具有基本的外语会话能力 2. 能够借助工具书查阅、翻译本专业资料	外语日常用语和基本的专业外语用语

4. 比重表

4.1 理论知识

项目			初级（%）	中级（%）	高级（%）	技师（%）	高级技师（%）
基本要求	职业道德		15	5	5	5	5
	基础知识	饮食服务卫生知识	40	30	20	20	10
		礼节礼貌知识					
		饮食习俗与习惯					
		服务安全知识					
相关知识	接待服务	餐厅接待服务知识	30	30	20	—	—
		酒水、饮料服务知识	15	15	10	—	—
		餐厅装饰与布置	—	10	10	5	—
		餐、酒用具管理	—	10	5	—	—
		食品营养	—	—	10	5	5
		商品原材料知识	—	—	—	5	5
		烹饪与制作知识	—	—	5	5	5
	宴会服务	宴会的组织与服务	—	—	5	5	10
		宴会设计	—	—	—	10	10
	餐厅管理	设备设施管理	—	—	5	5	5
		成本核算	—	—	—	5	5
		公共关系与协调	—	—	5	5	5
		市场营销管理	—	—	—	5	5
	培训指导	心理学知识	—	—	—	5	5
		培训方案	—	—	—	10	5
		培训组织与实施	—	—	—	5	10
	外语应用	外语应用	—	—	—	—	10
合计			100	100	100	100	100

4.2 技能操作

项目			初级（%）	中级（%）	高级（%）	技师（%）	高级技师（%）
技能要求	接待服务	开餐前准备工作	5	5	5	—	—
		点配菜点	5	10	—	—	—
	餐巾折叠	餐巾花形折叠	20	15	10	10	—
	端托服务	托盘端托服务	10	10	5	—	—
	摆台服务	中西餐餐台摆设	30	20	20	15	—
	酒水服务	酒水斟倒	10	10	10	5	—
	上菜服务	上菜服务	10	—	—	—	—
	分菜服务	分菜服务	—	15	—	—	—
	撤换菜品及餐、酒用具（餐、酒用具管理）	餐间撤换菜品及餐酒用具（餐、酒用具管理）	10	5	—	—	—
	宴会服务（宴会组织）	餐台设计与布局	—	5	15	20	30
		设备配备与管理	—	—	5	10	10
		菜单编制与拟定	—	5	10	10	10
		人员组织与配备	—	—	—	—	10
		餐厅布局设计	—	—	—	10	20
		餐厅插花、绿化	—	—	20	20	20
合计			100	100	100	100	100

附录2　中国饭店行业服务礼仪规范——餐饮部分

前言

本规范是对《中国旅游饭店行业规范》的深化和补充，适用于在中国境内开办的各种类型的饭店，含宾馆、酒店、度假村等。

本规范由中国旅游饭店业协会发布并负责解释。

本规范于2007年10月11日发布，自发布之日起试行。

总则

第一条　为全面提升中国饭店行业员工的整体素质和服务水平，塑造文明礼貌的职业形象，培养爱岗敬业的职业道德，以礼仪促规范，中国旅游饭店业协会依据《星级饭店访查规范》和《中国旅游饭店行业规范》，特制定《中国饭店行业服务礼仪规范》（以下简称《规范》）。

第二条　《规范》所指饭店，是指在中国境内开办的各种类型的饭店，含宾馆、酒店、度假村等（以下简称“饭店”）。

第三条　《规范》所称服务礼仪，是指饭店员工在岗服务全过程中应具备的基本素质和应遵守的行为规范，包括仪表规范、仪态规范、见面常用礼仪规范、服务用语规范及不同岗位服务礼仪规范等。

第四条　《规范》应成为饭店员工自觉实践行业服务礼仪的基本原则。

第一篇　基本礼仪规范

第一章　仪表规范

第五条　饭店员工应容貌端正，修饰得体，衣着整洁美观。

第六条　饭店员工应保持面部洁净、口腔卫生。女员工可以适度化妆以符合岗位要求。

第七条　饭店员工应保持头发干净，长短适宜，发型符合岗位要求。

第八条　饭店员工应保持手部清洁，指甲长短适宜，符合岗位要求。在不违反具体岗位要求的情况下，女员工可以涂无色指甲油。

第九条　饭店员工应统一着装。工装干净整洁、外观平整、搭配合理，并符合饭店形象设计要求。

第十条　饭店员工应佩戴胸卡。胸卡应标明饭店标志、所在部门、员工姓名等。从事食品加工工作的员工可将胸卡内容绣在上衣兜口处。鼓励有条件的饭店为具备外语、手语接待技能的员工佩戴特殊胸卡。

第十一条　饭店员工佩戴饰品应符合岗位要求。饰品应制作精良，与身份相符。

第十二条　从事食品加工工作的员工应佩戴专用的工作帽、口罩、手套等，不应涂指甲油。从事食品加工工作的员工和工程部员工应穿无扣服装，不佩戴任何饰物。

第二章　仪态规范

第十三条　饭店员工应体态优美，端庄典雅。

第十四条　饭店员工站立时，应头正肩平，身体立直，应根据不同站姿调整手位和脚位。

第十五条　饭店员工入座应轻稳，上身自然挺直，头正肩平，手位、脚位摆放合理，应合理使用不同坐姿。

第十六条　饭店员工下蹲服务时，应并拢双腿，与客人侧身相向，应合理使用不同蹲姿。

第十七条　饭店员工应行走平稳，步位准确，步幅适度，步速均匀，步伐从容。

第十八条　饭店员工使用引领手势时，应舒展大方，运用自然得体，时机得当，幅度适宜。

第十九条　饭店员工应合理使用注视礼和微笑礼。与客人交流时，宜正视对方，目光柔和，表情自然，笑容真挚。

第三章　见面常用礼仪规范

第二十条　饭店员工自我介绍时，应目视对方，手位摆放得体，介绍实事求是。介绍他人时，手势规范，先后有别。

第二十一条　饭店员工与客人握手时，应明确伸手的顺序，选择合适的时机，目视对方，亲切友善。把握握手的力度，控制时间的长短，根据不同对象做到先后有别。

第二十二条　饭店员工行鞠躬礼时，应面对受礼者，自然微笑，身体前倾到位。行礼时，应准确称谓受礼者，合理使用礼貌用语。

第二十三条　饭店员工应在不同场合向客人施行不同的致意礼。行礼时，次序合理，时机得当，自然大方。

第四章　服务用语规范

第二十四条　饭店员工应遵守公认的语言规范，应针对不同的服务对象使用不同的服务语言，服务用语应符合特定的语言环境。

第二十五条　饭店员工为客人服务时应使用对方易懂的语言，使用规范的服务用语，称谓恰当，用词准确，语意明确，口齿清楚，语气亲切，语调柔和。

第二十六条　鼓励饭店员工掌握和运用外语、手语，为不同需求的群体更好地提供语言服务。

第二篇　通用服务礼仪规范

第五章　对客通用服务礼仪规范

第二十七条　饭店员工迎送客人时，应选择合理的站位，站立端正，微笑着目视客人。正确使用肢体语言和欢迎、告别敬语。用客人姓名和尊称称呼客人。

第二十八条　接打电话时，应讲普通话及相应的外语，发音清晰，语速适中，音量适宜，力求通过声音传递愿意为客人服务的信息。电话铃响 10 秒内应及时接听电话，先自我介绍，并致以诚挚问候，结束通话时应向客人真诚致谢，确认客人已完成通话后再轻轻挂断电话。

第二十九条　饭店员工应合理设定和使用手机振动或铃声。铃声应与工作身份相匹配，音量适宜，内容健康向上。

第三十条　向客人递送登记表格、签字笔、找零等物品时，应使用双手或托盘，将物品的看面朝向客人，直接递到客人手中。递送带尖、带刃的物品时，尖、刃应朝向自己或朝向他处。递送时，应正确使用肢体语言和礼貌用语。

第三十一条　递赠名片时，应将名片的看面朝向对方，用双手直接递到对方手中。收受名片时，应双手捧收，认真拜读，礼貌存放。递接名片时，应正确称谓对方，及时致谢。

第三十二条　如果在接待服务场所，服务人员多次与同一位客人相遇，应使用不同的问候语。在走廊遇到客人或必须从客人面前通过时，应缓步或稍停步，向旁边跨出一步，礼貌示意客人先行。

第三十三条　进出有客人的房间时，服务人员应站立端正，平视门镜，敲门并通报身份。见到客人时应礼貌问候。离开房间到门口时，应面对客人退出房间。开关房门动作应轻缓。

第三十四条　引领客人出入无人服务的电梯时，引导者应先入后出。在电梯轿厢内，引导者应靠边侧站立，面对或斜对客人。中途有其他客人乘梯时，引导者应礼貌问候。出入有人服务的电梯时，引导者应后入先出。

第三十五条　客人有任何合理需求时，服务员应尽力满足，不能满足时，应帮助客人通过其他途径解决。

第六章　处理特殊情况服务礼仪规范

第三十六条　受条件制约，饭店无法满足客人要求时，应向客人表示理解和同情，并婉拒客人。

第三十七条　接待投诉客人时，应诚恳友善，用恰当的方式称呼客人。倾听客人说话时，应目视客人，及时将投诉事项记录下来。对客人愿意把问题告诉自己表示感谢，把要采取的措施及解决问题的时限告诉客人并征得客人同意。事后及时回访，确认投诉得到妥善处理。

第三十八条　当出现火灾等紧急情况时，服务人员应根据饭店突发事件处理程序及时处理。处理时，应保持镇静，语气坚定，语调平缓。应安抚客人，向客人传递安全的信息。接到上级的疏散命令后，应疏散有序，忙而不乱。

第三十九条　当客人受伤或突发疾病时，服务人员应根据饭店突发事件处理程序及时处理。处理时，应保持镇静，适时安抚客人。

第四十条　饭店紧急停电时，服务人员应镇静自若，及时向客人说明停电的原因和来电的时间。应及早安抚受到惊吓和被困在电梯内的客人，并真诚道歉。

第五篇　餐饮服务礼仪规范

第十六章　餐前服务礼仪规范

第九十一条　客人到餐厅用餐，领位员应根据不同客人的就餐需求安排合适的就餐座位并祝客人用餐愉快。引领入座应一步到位，手势规范，走位合理，步幅适度。

第九十二条　餐厅应备足酒单、菜单，保证其整洁完好。领位员应选择合理的站位，目视客人，用双手呈递酒单、菜单。服务的次序应符合中西餐就餐程序。

第九十三条　客人入座后，餐厅服务员应选择合理的站位，按次序为客人铺放口布。铺放动作应轻巧熟练，方便客人就餐。

第九十四条　向客人推荐菜品时，应使用规范的手势，尊重客人的饮食习惯，适度介绍酒水。

第九十五条　书写菜肴订单时，服务员应站立端正，将订单放在手中书写。下单前，应向客人重复所点菜品名称，并询问客人有无忌口的食品，有些西式菜品还应征求客人对生、熟程度的要求。

第十七章　餐间服务礼仪规范

第九十六条　厨房出菜后，餐厅应及时上菜。传菜时应使用托盘。托盘干净完好，端送平稳。传菜员行走轻盈，步速适当，遇客礼让。

第九十七条　西餐的上菜速度应与客人的用餐速度相适宜。热菜和冷菜应分别放入经过加热或冷却处理的餐盘中。

第九十八条　值台服务员应根据餐桌、餐位的实际状况，合理确定上菜口。上菜时，应用双手端平放稳。跟配小菜和作料的，应与主菜一并上齐。报菜名时应吐字清晰、音量适中。

第九十九条　摆放菜肴应实用美观，并尊重客人的选择和饮食习惯。

第一百条　所有菜肴上齐后，应告知客人菜已上齐，并请客人慢用。

第一百零一条　需要分菜时，服务员应选择合理的站位，手法熟练，操作卫生，分派均匀。

第一百零二条　服务员应以尽量少打扰客人就餐为原则，选择适当的时机撤盘。撤盘时，应遵循饭店相关工作程序，动作轻巧，规范到位。

第一百零三条　为客人提供小毛巾服务前，应对毛巾进行消毒，保证毛巾温度、湿度适宜，无异味。服务员应随时巡台，及时撤下客人用过的毛巾。

第一百零四条　客人抽烟时，服务员应用饭店配备的专用器具及时为客人提供点烟服务。划燃火柴和熄灭火柴应远离客人。如果用打火机点烟，应事先调好火苗的大小。

第一百零五条　服务员应根据实际情况，以不打扰客人为原则，为抽烟客人适时更换烟灰缸。服务时，应使用托盘，先征询客人意见，得到许可后再服务。

第一百零六条　餐厅服务员应随时观察客人用餐情况，适时更换骨碟。更换骨碟时，应使用托盘，先征询客人意见，得到许可后再服务。操作手法应干净卫生，撤换线路和新骨碟的摆放位置应方便客人用餐。

第十八章　酒水服务礼仪规范

第一百零七条　服务员应尊重客人的饮食习惯，根据酒水与菜品搭配的原则，向客人适度介绍酒水，下单前，应重复酒水名称。多人选择不同饮品的，应做到准确记录，服务时正确无误。

第一百零八条　斟倒酒水前，服务员应洗净双手，保证饮用器具清洁完好，征得客人同意后，按礼仪次序依次斟倒。斟酒量应适宜。续斟时，应再次征得客人同意。

第一百零九条　服务酒水时，服务员应询问客人对酒水的要求及相关注意事项，然后再提供相关服务。

第一百一十条　服务整瓶出售的酒品时，应先向客人展示所点酒品，经确认后再当众开瓶。斟倒饮料时，应使用托盘。

第一百一十一条　调酒员面客服务时，应做到操作卫生，手法娴熟。客人间谈话时，调酒员应适时回避。客人对所调制的酒水不满意时，应向客人致歉，争取为客人提供满意的服务。

第一百一十二条　服务热饮或冷饮时，应事先预热杯具或提前为杯子降温，保证饮品口味纯正。服务冰镇饮料时，应擦干杯壁上凝结的水滴，防止水滴滴落到桌子上或客人衣服上。服务无色无味的饮料时，应当着客人的面开瓶并斟倒。

第十九章　明档制作服务礼仪规范

第一百一十三条　厨师明档制作前，应按规定穿好工装、戴好工帽和口罩，保证灶面清洁卫生，作料容器干净整洁。

第一百一十四条　制作时，厨师应尊重客人的意愿，严格按配量烹饪，做到手法熟练，操作卫生。

第一百一十五条　服务时，一般应遵循先点先做的原则。

第一百一十六条　受到客人称赞时，应真诚致谢，并主动征求客人对菜品的意见。

第二十章　宴会自助餐服务礼仪规范

第一百一十七条　宴会自助餐台设计应突出主题，造型新颖，餐台布局实用美观。摆放菜点时，应按照人们的就餐习惯，按就餐顺序依次摆放。

第一百一十八条　客人用餐时，服务员应及时巡视，随时添加餐具、食品和饮料，适时提供更换烟灰缸服务和添加饮料服务。

第一百一十九条　服务员应随时保持餐桌整洁，适时撤走客人用过的餐具。撤餐具时，应礼貌示意，征得客人同意。

第二十一章　餐后结账服务礼仪规范

第一百二十条　服务员应随时留意客人的用餐情况，客人示意结账时，应及时提供服务。账单应正确无误，呈递动作标准、规范。

第一百二十一条　客人付账时，服务员应与客人保持一定距离，客人准备好钱款后再上前收取。收取现金时应当面点验。结账完毕，服务员应向客人致谢，欢迎客人再次光临。

第一百二十二条　结账后客人继续交谈的，服务员应继续提供相关服务。

第二十二章　特殊情况用餐服务礼仪规范

第一百二十三条　接待要求比较特殊的客人时，服务人员应耐心、诚恳。客人对服务工作提出意见和建议时，应真诚地向客人致谢。提供后续服务时，应保证服务态度和服务质量的一致性。

第一百二十四条　有急事的客人用餐时，服务员应提供迅速便捷的服务，向客人介绍容易制作、符合口味的菜品，告知客人每道菜品所需的制作时间，并做好随时结账的准备。

第一百二十五条　如服务员因工作原因导致客人衣物污损，应真诚地向客人道歉并立即报告上级。饭店在征求客人意见后，应及时为客人提供免费洗衣服务，并尽快将洗好的衣物送还客人。

参考文献

[1] 吉根宝．餐饮服务与管理［M］．北京：清华大学出版社，2009.

[2] 甘华蓉．餐饮管理与实务［M］．北京：对外经济贸易大学出版社，2009.

[3] 李翔迅．酒店经营与管理［M］．北京：对外经济贸易大学出版社，2009.

[4] 蔡万坤．餐饮管理［M］．北京：高等教育出版社，2003.

[5] 于英丽，李丽．餐厅服务技能实训教程［M］．大连：东北财经大学出版社，2006.

[6] 黄文刚．餐饮管理［M］．成都：四川大学出版社，2005.

[7] 巩隽，邢夫敏．餐饮服务与管理［M］．北京：冶金工业出版社，2008.

[8] 李勇平．餐饮服务与管理［M］．大连：东北财经大学出版社，2009.

[9] 贺正柏．菜点酒水知识［M］．北京：旅游教育出版社，2007.

[10] 吴吟颗．餐饮服务与管理实训教程［M］．上海：上海财经大学出版社，2008.

[11] 李瑛．餐饮运营与管理［M］．北京：电子工业出版社，2009.

[12] 马艳平，王玲．餐厅服务与管理［M］．武汉：武汉大学出版社，2009.

[13] 谢定源．中国名菜［M］．北京：中国轻工业出版社，2005.

[14] 陆朋．餐饮服务与管理［M］．北京：中国物资出版社，2009.

[15] 薛永刚．图说餐饮管理［M］．北京：人民邮电出版社，2011.

[16] 陈增红．饭店餐饮管理［M］．北京：旅游教育出版社，2010 年．

[17] 何丽芳，牛小雯．酒店酒水服务与管理［M］．广州：广东经济出版社，2005.

[18] 王瑛，王向东．餐饮管理［M］．成都：西南财经大学出版社，2009.

[19] 杨爱华，苗长川．餐饮服务与管理［M］．北京：清华大学出版社，北京交通大学出版社，2011.

[20] 周秒炼．餐饮经营与管理［M］．杭州：浙江大学出版社，2008.